本书系2017年度国家社会科学基金青年项目“正犯与主犯关系的重构与应用研究”（17CFX067）的最终研究成果。

山东大学法学文丛

正犯与主犯关系的重构与应用

周啸天／著

法律出版社
LAW PRESS·CHINA
北京

图书在版编目（CIP）数据

正犯与主犯关系的重构与应用 / 周啸天著. -- 北京:
法律出版社, 2024
（山东大学法学文丛）
ISBN 978-7-5197-9112-4

Ⅰ. ①正… Ⅱ. ①周… Ⅲ. ①犯罪—研究—中国
Ⅳ. ①D924.114

中国国家版本馆CIP数据核字（2024）第089154号

正犯与主犯关系的重构与应用
ZHENGFAN YU ZHUFAN GUANXI DE
CHONGGOU YU YINGYONG

周啸天 著

责任编辑 金 姗
装帧设计 贾丹丹

出版发行 法律出版社
编辑统筹 辞书·融出版编辑部
责任校对 晁明慧
责任印制 吕亚莉
经　　销 新华书店

开本 710毫米×1000毫米 1/16
印张 21 字数 265千
版本 2024年7月第1版
印次 2024年7月第1次印刷
印刷 北京虎彩文化传播有限公司

地址：北京市丰台区莲花池西里7号（100073）
网址：www.lawpress.com.cn
投稿邮箱：info@lawpress.com.cn
举报盗版邮箱：jbwq@lawpress.com.cn

销售电话：010-83938349
客服电话：010-83938350
咨询电话：010-63939796

书号：ISBN 978-7-5197-9112-4
定价：78.00元

山东大学法学文丛

编审委员会

“山东大学法学文丛”总序

学术既是探索未知领域之路途、个人品格之表达，也为兴国之利器，在中国现代社会转型的大背景下，恐怕尤为如此。毕竟，一百多年命运多舛的中国近代史，以及国人谋求民族振兴、学术昌隆的梦想，是一个让当代学人任其如何潇洒和毅然也走不出的背景。

近代中国遭遇的是“三千年未有之大变局”。先有清廷大举洋务，推行实用科学，苦心孤诣造就“同治中兴”，然而甲午之败，让人不免慨叹国家之积贫积弱不只在于器物，也在制度和人心，对“百代都行秦法政”之弊，认识日深，于是立宪制，开国会，倡共和，修律法。然而以中国之大国，难有小国“船小易调头”之利，沉重的传统，也不易收获一转百转、立竿见影的效果，中国转型之艰，历时之久，似乎是国运使然。

然而我们在奋力前行。中国早已从一个传统的“文化共同体”转变为现代民族国家，它对秩序的需要，也愈来愈依赖于制度的力量。据此视角，新中国的六十年亦可一分为二：前三十年百废待兴、徘徊探索，后三十年踌躇满志、励精图治。其间法制的昌明与否，几乎也成为时代进步与否的风向标，法制兴隆则国泰民安，法制衰微则万马齐喑。下一个三十年将如何?中国恐怕要从谋求经济富强转入以构建现代法治文明为中心的历史阶段。即便以我们最为之自豪的经济成就而论，当放权让利所能获致的功效愈来愈有限时，其继续维持也需要以坚实的民主法制为保障，否则可能有功亏一篑的危险。

故而，下一个三十年我们将步入以确立、保障我们国家长治久安的宪政和法律体制为使命的时代。这个时代的生命，将以人权为灵魂，以法制为肌体，以民主为血脉。我们正处于这样一个历史的关头，它将历练我们的勇气，挑战我们的智慧。千里之行，始于足下，我们每个人都应尽心竭力为这个大背景涂写绚丽的色彩。

山东大学地处齐鲁文化之邦，文博史远，历久弥新，其法学教育也可谓源远流长。20世纪20年代的山东高等法律专科学校，是当时山东大学的六所学校之一。改革开放以来的山大法学教育，始于1980年，先是初建法学专业和法律系，1994年后法律系转制为法学院，汇集精英学人，筚路蓝缕，影响日隆，现已跻身中国法学教育重镇之列。近三十年来，山大法学从以中国法律史研究见长，正逐渐展现出多个研究领域均衡发展、齐头并进的发展态势。

呈现在您面前的这本著作，是“山东大学法学文丛”的一种。这套丛书诞生于中国法学教育如火如荼的时代。它是一只眼望蓝天的雏鹰，正伸展着年轻而有力的翅膀；它是一棵茁壮生长的大树，奋力展现的是生命的力量。丛书精选山东大学中青年法律学人力作，以学术创新、理性平和、品质均衡为追求。所谓学术创新，即或对既存法律问题提出独到见解，或开拓前人未涉之领域，或提出新的理论命题；所谓理性平和，即融汇正义的激情于深思熟虑的笔墨之间，允执厥中，力戒以情绪代替判断；所谓品质均衡，即严格选目，宁缺毋滥，以学术价值为唯一遴选标准。我们期冀这套文丛展现山大法学教育和研究的最新成果，不揣浅陋，以求教于学界。

山大法学教育这棵茁壮成长的大树，是以著名法律史学家乔伟先生为代表的诸位创立者以及在这里学习和工作过的人们的智慧和汗水浇灌出来的。乔老先生性情刚直，学通古今，垂范后学，令人感念有加。今“山东大学法学文丛”付梓之际，距先生驾鹤西去已二十二载，谓稚嫩，谓探索，皆表心怀，也以之告慰先生，并督促后继者自勉。

文丛拟每年推出三五种，以期若干年后有集腋成裘之效，专业领域涵盖民商法、刑事法、宪法与行政法、诉讼法、国际法、中西法律史、法理学等学科门类。

捷径往往是最长的弯路，善积跬步，方能行千里，学术的成长须从点滴开始，这是我们在编辑这套文丛时始终铭记的。

是为序。

徐显明

2009年夏于山东大学

序

山东大学法学院周啸天教授邀我为其即将出版的新作《正犯与主犯关系的重构与应用》一书作序。因该书所涉及的主题也是我长期关注和研究的共同犯罪领域，于是欣然提笔。

啸天和我虽年岁有差，却有同门之缘。我们都曾在清华大学黎宏教授门下学习刑法，离开清华园以后，也一直保持着良好关系，因而我对他的学术成长之路有所了解。啸天在博士学习阶段就对共犯问题抱有浓厚兴趣。在日本东北大学留学期间，他以日本刑法为“窗口”而深入研习精深细腻的大陆法系刑法学理论，并掌握了以小见大、理论与应用相结合的研究方法。在此期间，他便选择了以“身份犯的共犯”问题为博士论文选题。经过两年的辛苦写作，最终顺利完成博士学位论文答辩，于2012年获得博士学位。

啸天教授就职山东大学法学院后，反复修改和完善其博士论文，形成专题性著作《共犯与身份论的重构和应用》，于2017年年底由法律出版社出版。该书从分析德日身份犯共犯理论的立法与学术发展入手，全面反思了以定罪身份与量刑身份、真正身份与不真正身份之形式化的身份分类作为问题解决之道的学说路径。在指出我国既有学说存在值得商榷之处的基础上，提出身份所起的实质作用是解决身份犯共犯问题的关键。身份要素的意义必须置于犯罪论体系之下予以审视，通过将身份与违法、责任相关联，啸天教授将身份分为违法身份与责任身份。违法身份包含为违法性奠定基础的构成的违法身份，和加重、减轻违法性程度的加减的违法身份，责任身份包含为可谴责性奠定基础的构成的责任身份，和加重、减轻责任程度的加减的责任身份。结合这种实质化的身份分类，基于“违法连带、责任个别”之客观违法论立场，其重构出“违法身份连带、责任身份个别”的教义学原理，并加以具体应用。

我亦是阶层犯罪论体系的支持者，对于啸天的前述理论重构深表赞同。近期，我参与了苏惠渔先生主编（张明楷教授担任执行主编）的《刑法学》（第7版）的修订再版工作。该书的“共同犯罪”一章由我负责撰写，在身份（犯）的分类上，我便采纳了啸天所主张的实质化身份分类说。

近年来，啸天教授持续深耕共犯领域，笔耕不辍，不断有论文成果发表。近日又将共犯领域的一部新作交由法律出版社付梓，令人感到欣喜。“学术研究贵在创新”，作为《正犯与主犯关系的重构与应用》一书的第一位读者，在我看来，本书可以说是进一步地深化我国共犯理论研究的又一力作，其中不乏创新性的观点。例如，对于要素的从属性问题，本书以利用合法行为为切入点，对居于中外学说支配地位的限制从属性说予以了批判，提倡在引起法益纠葛的状态下，应以最小从属性为选择。对于正犯与主犯的界定及其关系问题，本书认为，主犯不仅包含违法要素，还包括责任要素中的主观恶性、特别预防必要性要素，甚至政策性要素。主犯规范内涵的丰富性是我国共犯立法的优越之处，闪耀着中国立法者的智慧。就正犯与共犯的关系而言，书中指出，实行行为概念无法决定正犯与共犯的区分，应提倡溯责禁止论。具体地说，正犯与共犯的区分是一个结果归责的问题，应将行为和结果之间的所有因果流程都作为判断对象，又因为自律和负责是一体两面的关系，所以，在因果发展的流程中，一个基于故意的自律主体的介入导致其在自我答责的范围内直接实现了构成要件结果从而应当承担正犯责任，背后者在符合共犯成立条件的基础上只能成立共犯。在这一基础上，啸天构建出了“递进型”正犯、主犯关系理论模型，并分别应用于普通主体的共犯、身份犯的共犯、不作为犯的共犯之中。

总体来说，啸天教授对于其书中的诸多创新观点都做了比较详尽的论证和说理，这充分表明其具有扎实的专业知识基础和较高的理论修为。尽管对于书中的一些结论，就我个人乃至其他学者或许会认为仍存进一步的探讨空间，但这种理论创新的勇气值得嘉许。

“宝剑锋从磨砺出，梅花香自苦寒来。”啸天教授从攻读博士学位时起，就确立了要深入研究共同犯罪的学术目标。十余年来，他潜心问道，深入挖掘，不断追求创新与卓越，18年教授职称的破格晋升也表明其具备良好的学养与努力奋进的学术研究精神。啸天教授迄今已出版一系列富有学术含量的论文成果及两部专题性著作，在国内刑法学界产生了一定反响。完全可以说，共犯论已经成为啸天的学术形象与标签。作为啸天的师兄、同仁，我衷心地期望他能继续在学术研究的道路上越走越远，写就更多更好的学术文章，成就更大的学术业绩，以期为中国刑法学的理论发展贡献智识。

钱叶六

2024年1月15日于上海城开云外寓所

目　　录

下编　具体应用编

导　语

就共同犯罪问题，我国立法采取的是以作用为主、兼顾分工的模式，在这一模式之下，主犯、从犯是典型的立法用语。在学界，学者们则多以正犯、共犯的术语作出理论探讨，由此形成了立法用语与学术用语之间的差异。这一差异提示出一个亟待解决的核心问题——正犯与主犯之间的关系如何？这一问题的解决，建立在准确厘定正犯、主犯概念内涵的基础之上。

长久以来，我国都存在共同犯罪“分主从”“首恶必惩”的立法技术与刑事政策，而正犯、共犯则是“舶来品”。与正犯、共犯的区分位于违法层面不同，主犯、从犯的区分囊括了违法、责任以及刑事政策等层面的多重因素，因而极具内涵延展性。这一点由主犯、从犯决定量刑的功能决定。简言之，决定量刑的是违法、责任以及政策性等因素，故而主犯、从犯的区分不仅体现在违法层面上的轻重之别，在责任层面、政策性要件层面也势必存在不同。显然，主犯、从犯的区分并非只能够决定量刑而无法决定定罪，因为主犯的内涵本身就囊括了正犯，既然正犯具有指导定罪的功能，那么，主犯理当也能够指导定罪。与此同时，主犯还能够指导量刑。主犯所具有的定罪、量刑双重指导功能，是我国共犯立法的一大优越之处。〔1〕

〔1〕 从这一角度来看，很多问题都需要重新解读。比如2000年6月30日《最高人民法院关于审理贪污、职务侵占案件如何认定共同犯罪几个问题的解释》第3条规定：“公司、企业或者其他单位中，不具有国家工作人员身份的人与国家工作人员勾结，分别利用各自的职务便利，共同将本单位财物非法占为已有的，按照主犯的犯罪性质定罪。”2003年11月30日最高人民法院《全国法院审理经济犯罪案件工作座谈会纪要》二、关于贪污罪之（三）中规定：“对于在公司、企业或者其他单位中，非国家工作人员与国家工作人员勾结，分别利用各自的职务便利，共同将本单位财物非法占有的，应当尽量区分主从犯，按照主犯的犯罪性质定罪。”这一规定受到来自学者的一致批判，认为主犯无法决定定罪。但是，既然主犯包含正犯，则主犯自然也能够决定定罪。

综上，本书的宗旨便是充分挖掘主犯的理论内涵，为构建中国特色共犯学术话语体系抛砖引玉。在这一宗旨之下，本书分上编、下编展开。

上编为基础理论编。其逻辑思路为，先回到历史之中，梳理我国的共犯立法模式沿革，继而对共犯体系作出选择，在选择区分制共犯体系的基础上，在不法的归责层面实质性地填充正犯概念的规范内涵，并根据主犯内涵的强延展性而构建出“递进型”正犯、主犯关系模型。“递进型”正犯、主犯关系模型的理论核心内涵是：在坚持正犯、共犯概念属于不法形态的基础上，以自我答责理论（溯责禁止论）填充正犯概念的规范内容，并在能够区分出正犯、共犯的场合，将正犯直接认定为主犯，共犯直接认定为从犯（因为没有超出不法的责任），在无法区分正犯与共犯而是认定为共同正犯的场合，可进一步根据责任因素、刑事政策等多重因素，区分出主犯、从犯。

下编为具体应用编。其逻辑思路为，在普通犯罪的共同犯罪场合，以及包含身份犯共犯、不作为犯共犯[1]之特殊犯罪的共同犯罪场合，就本书所构建的“递进型”正犯、主犯关系模型作出应用功能阐明，为司法实践中对主犯、从犯的认定提供简洁明快的理论指引。

需要指出的是，我国刑法理论界以海纳百川之势吸收了大量德日优秀理论积淀，并围绕正犯、共犯之话语体系作出了卓有成效的前期研究。因此，我们既不能也不应抛开我国前期理论积淀，即共犯与正犯的话语体系而单论主犯、从犯，否则，主犯的判断标准便易超出教义学的藩篱而成为政策化的思考“黑箱”和“大杂烩”，丧失了判断过程与判断标准的清晰性和可辨性。同时，也不能不顾我国共犯立法情况而全盘照搬德日的正犯、共犯话语体系，否则，我国的主犯概念势必被正犯化，这显然忽略了德日正犯概念发展历程中的主犯化趋势。

---

〔1〕 特殊犯罪的共同犯罪包含身份犯的共犯、不作为犯的共犯问题。在逻辑上，这两个问题应当合为一个问题，以便与普通犯罪相对应。但是，鉴于这两个特殊问题的理论难度以及与其相应的讨论篇幅，本书将其分列为两章。

上编

基础理论编

第一章　共同犯罪规定的历史沿革与主犯的规范内涵

第一节　共同犯罪规定的历史沿革

一、夏、周、秦时期的共犯规定

在我国奴隶社会时期，便有关于共犯的规定见之于早期历史文献。例如，描述夏朝历史的《尚书·胤征》中记载："歼厥渠魁，胁从罔治。"这句话的意思是对于首恶者处以极刑，而对胁从者不予处罚。[1]该规定体现出的区分主犯、从犯，有选择性地重点打击犯罪的思想受到学者们的高度评价，被认为是在同时期的世界立法史中带有进步性的规定。[2]

在西周时期，奴隶制发展进入了完备期。《尚书·周书·康诰》中记载："凡民自得罪，寇攘奸宄，杀越人于货，暋不畏死，罔弗憝。"《书集传》对此的解释是：凡属于民众自发犯罪，像拦路抢劫、奸淫肆虐、杀人越货等，如果不给予严加惩处，难免招致民生积怨。有学者推测，这体现出早期立法者将诱惑、教唆等因素考虑进来，以便有区分地处罚共犯人的思想。[3]另外，在《尚书·酒诰》中也记载："群饮，汝勿佚，尽执拘以归于周，

[1] 宁汉林：《中国刑法通史》(第2分册)，辽宁大学出版社1986年版，第164页。

[2] 陈兴良：《共同犯罪论》(第3版)，中国人民大学出版社2017年版，第4页。

[3] 陈兴良：《共同犯罪论》(第3版)，中国人民大学出版社2017年版，第4页。

予其杀。”这是周公对康叔的告诫，即禁止聚众饮酒，如有违反，将其逮捕并论以死刑。这里的重点在于“群”而非“饮”，体现出严厉打击聚众犯罪的思想。

在刑法中首次正式规定共同犯罪的，是战国时期魏国李悝制定的《法经》。《法经·杂律》中规定：“越城，一人则诛，自十人以上夷其乡及族，曰城禁。”意思是，对于一人翻越城墙的，论以死刑，对于十人以上翻越城墙的，对同乡、同族论以死刑。这一规定，无疑在连坐思想之外，还体现出对共同犯罪相较于单独犯罪加重处罚、从严打击的思想。〔1〕

从以上可知，虽然并无这一时期直接记载共同犯罪处罚规定的法律文献，但根据史书记载，我国早在夏朝、周朝就已经出现了处罚共同犯罪和集团犯罪，并且区分首犯、从犯的制度。但是直到战国时期，才首次出现了对共同犯罪的正式立法文献，以及对共同犯罪相较于单独犯罪加重处罚，从严规制的立法规定。另外，《尚书》中对“胁从”的规定以及对胁从者的特别处理，对现行《刑法》第28条胁从犯的规定也不无影响。〔2〕

总结以上时期的立法思想不难发现，这一时期的立法思想包含两个方面：第一，注重犯罪的自发性与主观恶性；第二，重点打击共同犯罪。

秦朝实行法家统治，以法令严苛而著称。在1975年于湖北省云梦县睡虎地1号墓发掘的睡虎地秦简之中，发现了秦朝大量的法制记载，成为研究当时共同犯罪相关规定的珍贵史料。在《睡虎地秦简·法律答问》中依次存在六条有关共同犯罪的重要规定。

第一，“害盗别徼而盗，驾（加）罪之。何谓加罪。五人盗，赃一钱以上，斩左止，又黥以为城旦。不盈五人，盗过六百六十钱，黥劓以为城旦。不盈六百六十到二百廿钱，劓为城旦。不盈二百廿以下到一钱，迁之。求

〔1〕 畢英達「『共謀共同正犯』に関する試論（二）—日中両国の共犯理論に即して」北大法学論集46巻4号（1995年）203頁。

〔2〕 謝佳君「中国古代刑法における共同犯罪」早稲田大学大学院法研論集140号（2011年）167頁。

盗比此。"[1]这个规定的意思是：脱离官吏治安管辖的地域而盗窃的，加重处罚，五人以上共同盗窃一钱以上价值财物的，将其左脚趾砍下，并在脸上刺字，发配其筑城墙。五人以下的人共同盗窃六百六十钱以上价值财物的，论以黥刑、劓刑并且发配其筑城墙。盗窃二百二十钱以上六百六十钱以下价值的财物的，论以黥刑并且发配筑城墙。盗窃一钱以上二百二十钱以下价值的财物的，论以移住边境的迁刑。这一规定以五人为界，体现出加重处罚五人以上犯罪的立法理念。同时，并不区分首从，对全体共同犯罪人论以相同处罚，可以看作是我国早期对共同正犯者全体予以同等处罚的思想萌芽。

第二，"甲谋遣乙盗。一日，乙且往盗，未到，得。皆赎黥。"[2]这是有关两人共谋盗窃，一人在到达目的地之前被捕而停留于犯罪预备形态的规定。根据该条规定，对两人都论以赎黥刑（一种能够以钱或者劳役抵黥刑的刑罚措施）。这一规定体现出共谋者之间违法连带，同等处罚的思想。

第三，"人臣甲谋遣人妾乙盗主牛，买（卖），把钱偕邦亡。出徼，得，论各可（何）殴（也）？当城旦黥之，各畀主。"[3]这句话的意思是，一家男奴隶教唆、指使女奴隶偷盗主人家的牛然后卖了，将赃物带出秦国边境时被捕，对两人都论以黥刑。虽然甲并无实行行为，但是仍然要与实行犯处以同等刑罚，体现出秦律不注重区分首从，对共犯等同处罚的思想。

第四，"夫盗三百钱，告妻。妻与共饮食之，可（何）以论妻。非前谋殴也，当为收。其前谋，同罪。"[4]即丈夫盗窃价值三百钱的财物，将犯行告诉妻子之后，两人将财物换成金钱，一起消费。在两人事前并无共谋的

〔1〕睡虎地秦墓竹简整理小组编：《睡虎地秦墓竹简》，文物出版社1990年版，第371简、第372简。
〔2〕睡虎地秦墓竹简整理小组编：《睡虎地秦墓竹简》，文物出版社1990年版，第374简。
〔3〕睡虎地秦墓竹简整理小组编：《睡虎地秦墓竹简》，文物出版社1990年版，第375简。
〔4〕睡虎地秦墓竹简整理小组编：《睡虎地秦墓竹简》，文物出版社1990年版，第385简。

场合，妻子应被收为官奴，在有事前共谋的场合，两人成立盗窃罪的共犯。这体现出秦律注重共谋，在事前有共谋的场合论以共犯，在事前无共谋的场合否定事后共犯的成立，分别论罪处罚的思想。

第五，"甲乙雅不相智，甲往盗丙，才到，乙亦往盗丙，与甲言，即各盗，其臧直各四百，已去而偕得。其前谋，当并臧以论；不谋，各坐臧。"〔1〕其意思是，两人在事先有共谋的场合，属于共同犯罪，并赃论罪，但在两人事前并无共谋，即便到达同一地点并相互交谈，然后分别盗窃并在离开盗窃场所时一同被捕，也不成立共同犯罪，而是根据其各自所盗窃的财物价值论罪。由这一规定可知，秦律对共同犯罪的成立要件采取了类似于今天的犯罪共同说，对共犯之间的主观意思联络——事前共谋十分重视，从共同犯罪的成立范围来看，缩小了其处罚范围。因为，根据当下的行为共同说，共犯的成立主要是行为的共同，主观意思联络无须指向一个共同的故意，也无须事前的谋议、计划，共犯人之间的意思联络尽管十分稀薄，也不影响其共犯的成立。换句话说，在彼此知晓一起实施犯行之际，即可肯定彼此之间心理的帮助性因果关系，从而肯定其意思联络，成立共犯。〔2〕因此，在上述两人相互交谈并彼此知晓是在一起盗窃的场合，两人便存在行为的共同，两人的盗窃数额应当在客观上合并计算，并都能够归责于个人。

第六，"夫、妻、子五人共盗，皆当刑城旦。"〔3〕这仍然是以五人为界，对五人以上共同犯罪的全体成员等而视之，予以相同处罚的规定。另外，还

---

〔1〕 武汉大学简帛研究中心、湖北省博物馆、湖北省文物考古研究所编：《秦简牍合集》(壹)，武汉大学出版社2014年版，第200页。

〔2〕 因为"共同正犯的行为与结果之间的因果性完全可能只有心理的因果性，但心理的因果性并不以故意的共同为必要"，所以，在两人于盗窃之际互相交谈的场合，完全有可能肯定彼此之间的心理的帮助性、促进性。张明楷：《刑法学》(上)(第6版)，法律出版社2021年版，第540页。

〔3〕 睡虎地秦墓竹简整理小组编：《睡虎地秦墓竹简》，文物出版社1990年版，第506简。

有"夫、妻、子十人共盗，当刑城旦"[1]的规定。这也体现出对共犯全员给予相等处罚的思想。

总结上述规定可知，秦朝时期我国的共犯规定有以下三点特征：

第一，不注重区分首从，对共犯全体人员在处罚上等同视之，处以相等刑罚。这一做法体现出以同等重刑压制共犯者全体，从而有效发挥刑罚的一般预防功能的思想。

第二，以一定数量的共犯参与人为界，对共犯加重处罚。比如前述中的五人盗窃价值一钱以上财物的刑罚，要重于不足五人盗窃六百六十钱以上财物的刑罚的规定。显然，这里的加重处罚之原因在于共犯人数，因为共犯人数的多少对应着对社会秩序的扰乱程度。不以客观的法益侵害后果论罪，而是以对封建统治秩序影响的大小论罪，显然与现代法益保护主义思想不符。

第三，对意思联络的重视。如上所述，在两人知道对方的存在并且相互交谈的案例中，否定了共犯的成立，并且要分别根据盗窃数额论罪。这一案例即便放在今天，也完全有可能根据行为共同说而认定双方成立共同犯罪。

二、汉、唐时期的共犯规定

刘邦进入咸阳之后，搜集了大量秦朝的法条律令、制度典籍、人口册录，并废除繁杂严苛的秦朝法令，代之以约法三章。但是，在汉朝建立之后，其法制却在很大程度上继受秦律。就已发现的现存史料来看，汉律中对于共同犯罪的规定与秦律一样，并无一般性规定，而是散见于各种零星史料之中，其中尤以《汉书》为多。经总结，汉朝的共同犯罪法制体现出以

---

〔1〕 睡虎地秦墓竹简整理小组编：《睡虎地秦墓竹简》，文物出版社1990年版，第507简。

下特色：

第一，严惩首恶者、造意者。例如，《汉书·主父偃传》中记载："偃本首恶，非诛偃无以谢天下，乃遂族偃。"〔1〕根据这一记载，汉朝对于首恶的惩罚十分严厉，即诛其族。另外，在《魏志》中也记载："太祖怒，收逵等。当送狱，取造意者，逵即言'我造意'，遂走诣狱。"〔2〕由此看来，即便是官吏犯罪，对于造意者也不能免予刑罚，造意者始终是被重点规制的对象。

第二，杀人罪的指使者也要受到处罚。例如，《汉书》中记载："嗣侯毋害，本始二年坐使人杀兄弃市。武安侯弔，元寿二年坐使奴杀人免。乐侯义坐使人杀人，氾为城旦。阳兴侯昌坐朝私留他县，使庶子杀人，弃市。富侯龙，元康元年坐使奴杀人，下狱瘐死。"〔3〕这实际上是对指使者、教唆者也要予以处罚的早期规定。在今天看来，这一规定背后所蕴含的思想与共犯处罚根据论中的责任共犯论相近，责任共犯论认为正犯是犯罪人，指使者、教唆者是制造犯罪人的人。

第三，在伤害罪之中，汉律规定，对于仅仅参与共谋而无实行行为的人，也要予以处罚。例如，《汉书》中记载，"律曰'斗以刃伤人，完为城旦，其贼加罪一等，与谋者同罪'"，〔4〕即对用凶器伤害他人者，论以城旦之刑，在伤人之际另实施盗窃的，刑加一等，即便对于共谋而并未参与实施者，也论以相同刑罚。

唐朝是我国封建社会发展的全盛时期。在唐朝的法令里，并无"共同犯罪"的概念，而是代之以"共犯罪"。唐律中关于共同犯罪的规定很多。据统计，《唐律疏议》共计12篇502条，其中涉及共同犯罪的规定共计102条。〔5〕归纳起来，《唐律》中对于共犯的规定，有如下特点：

---

〔1〕 班固：《汉书》（第九册），中华书局2013年版，第2804页。

〔2〕 《魏志·贾逵传》。

〔3〕 《汉书·王子侯表》。

〔4〕 《汉书·薛宣传》。

〔5〕 范莉：《〈唐律疏议〉之共同犯罪研究》，中国政法大学2007年硕士学位论文，第5页。

第一，明确以造意作为首从的区分标准。《唐律·名例律》“共犯造意为首”条规定：“诸共犯罪者，以造意为首，随从者减一等。”〔1〕《唐律疏议》中进一步解释道：“共犯罪者，谓二人以上共犯，以先造意者为首，余并为从。”〔2〕

但是，并非任何犯罪都要一律区分首从，对此，有特别规定排除了几个罪名中对首从犯区分规定的适用。《唐律·名例律》中规定：“即强盗及奸，略人为奴婢，犯阑入，若逃亡及私度、越度关栈垣篱者，亦无首从。”〔3〕即对于抢劫罪、强奸罪、略人为奴婢罪、阑入逃亡罪、私度关栈垣篱罪，不区分首从犯，对于所有共犯参与人都按照正犯处罚。这表明，唐朝对共犯的刑事规制立法政策已然十分灵活，注重对一般与特殊的区分把握。〔4〕

第二，在共同犯罪中，往往将有身份者定为首犯，注重对其处罚的规定。例如，《唐律·名例律》中规定：“若家人共犯，止坐尊长。于法不坐者，归罪于其次尊长。尊长谓男夫。”〔5〕这是将一家之长定为首犯，并仅处罚其一人的规定。另外，《唐律·名例律》中还规定：“即监临主守为犯，虽造意，仍以监主为主，凡人常从论。”〔6〕即一般人能够成立身份犯的共同犯罪，但是即便一般人造意，身份者仍然是首恶，无身份者为从犯。

第三，对教令犯作出了较为系统性的规定。例如，《唐律·名例律》中规定：“九十以上，七岁以下，虽有死罪，不加刑；缘坐应配没者不用此律。即有人教令，坐其教令者。若有赃应备，受赃者备之。”〔7〕这里的教令，是指将九十岁以上的老人以及七岁以下的孩子作为工具一样使用的人，类似

〔1〕《唐律疏议》，中华书局出版社1983年版，第115页。

〔2〕长孙无忌等撰：《〈唐律疏议〉注译》，袁文兴、袁超注译，甘肃人民出版社2016年版，第165页。

〔3〕《唐律疏议》，中华书局出版社1983年版，第117页。

〔4〕此外，《唐律》在《贼盗律》《斗讼律》中都对共同犯罪有着特殊规定，此处不赘，具体请参见李丹阳：《〈唐律〉共同犯罪研究》，天津师范大学2021年硕士学位论文，第12页。

〔5〕《唐律疏议》，中华书局出版社1983年版，第115页。

〔6〕长孙无忌等撰：《〈唐律疏议〉注译》，袁文兴、袁超注译，甘肃人民出版社2016年版，第166页。

〔7〕长孙无忌等撰：《〈唐律疏议〉注译》，袁文兴、袁超注译，甘肃人民出版社2016年版，第115页。

于今天的间接正犯。同时，教令也包含了教唆的意思。例如，《唐律·斗讼律》“教令人告事虚”条规定：“诸教令人告，事虚应反坐，得实应赏。”〔1〕这里的教令，便是引起他人犯意的教唆行为。

由上可知，汉代的共犯立法已然逐步成熟，及至唐代，则到达了我国封建时代共犯立法的顶峰，对于造意者为首犯的区分标准的明确化，以及区分一般与特殊，分情况打击犯罪的立法思想，都对后世的立法有着重要的指导价值。

三、明、清时期的共犯规定

《明律》虽沿袭《唐律》，但比《唐律》更为严苛。明王朝的统治者为维系其封建统治，大行连坐之术。据统计，仅明朝初年有关政治性犯罪而遭到连坐的人数便超过3万人。概括《明律》中对共犯的规定特点，便是对连带性的强调，以及刑罚的严苛。例如，《明律》规定，对于颠覆国家政权的行为，除了对当事人处以极刑之外，还要诛其九族，甚至对于九族以外年满16岁的同居者（无论男女老幼）都要论以极刑。〔2〕

再如，《明律》规定：“凡强盗已行而不得财者，皆杖一百，流三千里，但得财者、以一主为重、并赃论罪。”同时还规定：“凡窃盗已行而不得财者，笞五十，免刺。但得财者以一主为重并赃论罪。”〔3〕这是对已经获得赃物的抢劫行为，不区分首从，也不问赃物数量多少、犯行轻重、社会危害性大小而一律处以极刑的规定。

清朝的刑事律法以《大清新刑律》为代表，其特点有以下几处：

第一，将共犯参与人分为共同正犯、教唆犯、从犯，并对标正犯，对后

〔1〕长孙无忌等撰：《〈唐律疏议〉注译》，袁文兴、袁超注译，甘肃人民出版社2016年版，第685页。

〔2〕林文肯、茅彭年：《共同犯罪理论与司法实践》，中国政法大学出版社1987年版，第182页。

〔3〕林文肯、茅彭年：《共同犯罪理论与司法实践》，中国政法大学出版社1987年版，第181页。

两者论以刑罚。例如,《大清新刑律》中规定,“二人以上共同实施犯罪之行为者,皆为正犯”“教唆他人使之实施犯罪之行为者,为造意犯”“于实施犯罪行为以前帮助正犯者,为从犯”。[1]对于教唆犯,《大清新刑律》规定,“依正犯之例处断”,对于从犯,“得减正犯之刑等或二等”。这与今天德日的将共犯参与人分为正犯、教唆犯、帮助犯,并且对于教唆犯论以正犯之刑,帮助犯减轻处罚的立法已然高度相似。

第二,规定了身份犯共犯的处罚条款。《大清新刑律》规定:“凡因身分成立之罪,其教唆或帮助者虽无身分,仍以共犯论。因身分致刑有重轻者,其无身分之人,仍科通常之刑。”该规定肯定了无身份者能够成立身份犯,但是在量刑上,对身份者与无身份者做了切割,显然会导致罪名与量刑的分离。这是一种在罪名从属性之中,倡导片面夸张从属性的观点。[2]

第三,肯定片面的共犯、过失犯的共犯。《大清新刑律》规定:“知本犯之情而共同者,虽本犯不知共同之情,仍以共犯论。”“于过失罪有共同过失者,以共犯论。”

四、新中国成立前后的共犯立法

其后,1928年的《中华民国刑法》以及1935年的《中华民国刑法》都对共犯作出了精细的规定。两部法典虽然在某些地方上[3]有所不同,但基本沿革了正犯、教唆犯、帮助犯的分工式立法体系。

中国共产党领导的新民主主义革命以其先进性而符合历史发展的客观需要。在较早期的革命根据地,中国共产党颁布了一系列单行刑事条

〔1〕 林文肯、茅彭年:《共同犯罪理论与司法实践》,中国政法大学出版社1987年版,第183页。

〔2〕 周啸天:《共犯与身份论的重构和应用》,法律出版社2017年版,第70-71页。

〔3〕 例如,1935年的《中华民国刑法》删除了有关过失犯共犯的规定,并且在教唆犯的处罚上,凸显了共犯独立性。

例，对共犯采取了分工分类法。而较早采取作用分类法且有据可查的革命根据地单行刑事法律是1948年晋冀鲁豫边区的单行刑事条例。1948年《晋冀鲁豫边区破坏土地改革治罪条例》第3条和第4条根据行为人在共同犯罪中所起的作用而将其分为带头者、次要分子、一般胁从分子等，分别予以不同处罚。中华人民共和国成立后，到1962年12月《刑法草案》(第2次稿)之前所颁布的单行刑法和刑法草案，对共犯人基本上采用了分工分类法。只是在1954年《刑法指导原则草案》第7条同时规定，组织、计划、指挥犯罪的人和实行犯罪的主要分子是主犯，对主犯应当比其他参加共同犯罪的罪犯从重处罚。帮助犯罪和其他实行犯罪的人是从犯，对从犯应当比主犯从轻或者减轻处罚。这说明当时对共犯人分类存有分歧。这是建国后第一次在刑法总则中规定主犯的概念和处罚原则。

1962年《刑法草案》(第27次稿)及其后的刑法草案、刑法典尽管在对共同犯罪的表述上有差异，但是在共犯人分类上都是采用了以作用为主、分工与作用相结合、寓分工于作用之中的新分类法。例如，1962年《刑法草案》(第27次稿)第22条规定："组织、领导犯罪集团进行犯罪活动的或者在共同犯罪中起主要作用的，是主犯。对于主犯，除本法分则已有规定的以外，应当从重处罚。"第23条规定："在共同犯罪中起次要或者辅助作用的，是从犯。对于从犯，应当比照主犯从轻或者减轻处罚。"第25条中规定："教唆他人犯罪的，应当按照他在共同犯罪中所起的作用处罚。"这是第一次采用作用为主的新分类法划分共犯人。〔1〕

其后出台的1979年刑法、1997年刑法两部刑法典都沿袭了1962年草案中以作用分类为主的共犯体系。由此，更为实质的、囊括性更强的主犯、从犯概念成为我国本土立法的一大亮点。在今天，充分挖掘主犯概念的教义学内涵，成为研究工作中的当务之急。

---

〔1〕 吴光侠:《主犯与从犯区分根据论》，载《法学评论》2008年第2期。

第二节　主犯的规范内涵

我国《刑法》第26条第1款规定："组织、领导犯罪集团进行犯罪活动的或者在共同犯罪中起主要作用的，是主犯。"一般认为，该条所规定的主犯包括两种类型：一是组织、领导犯罪集团进行犯罪活动的犯罪分子，也就是犯罪集团的首要分子。二是在共同犯罪中起主要作用的犯罪分子，相对于犯罪集团的首要分子，又称其他主犯或首要分子以外的主犯。〔1〕我国《刑法》第27条第1款规定："在共同犯罪中起次要或者辅助作用的，是从犯。"一般认为，该条所规定的从犯包含了分工分类法之下的次要实行犯和帮助犯两种类型。尽管我国《刑法》第28条是有关胁从犯的规定，但是，根据胁从犯的量刑优待力度大于从犯可知，胁从犯是一种减轻的从犯，因此可以认为，我国刑事立法在作用分类法中采取的是主犯、从犯二元体系。

不知"主"，何知"从"。主犯概念是我国作用分类法中的核心，充分挖掘主犯的规范内涵，在构建中国特色本土刑法教义学话语体系，倡导学术话语自主性的今天，无疑具有十分重要的意义。本书认为，可以分别从教义学层面、政策性层面两方面，充分诠释主犯的规范内涵。前者是指，主犯包括了构成要件符合性、违法性、有责性中的要素。后者是指，主犯除此之外还包含了政策性因素。

第一，犯罪的实体是不法与责任，不法与责任中的要素，能够成为界定主犯的标准。不法中的要素，是界定主犯时首先应当考虑的要素。无论

〔1〕 高铭暄、马克昌主编：《刑法学》(第9版)，北京大学出版社、高等教育出版社2019年版，第169页。

采取扩张的还是限制的正犯概念，将共犯理解为扩张处罚形态还是缩小处罚形态，正犯与共犯首先都是不同的构成要件类型，因为根据法律主义原则，任何犯罪的构成要件都必须由立法明文加以规定，而共犯立法所创设的，便是共犯的构成要件类型。根据共犯处罚根据论中的因果共犯论，共犯与正犯都与法益侵害结果之间存在因果关系，正犯"直接"侵害法益，共犯通过正犯"间接"侵害法益，两者之间仅仅是"量"的区别而非"质"的区别，在不法层面上，相同的法益侵害结果在原则上对于正犯与共犯的评价相同（违法连带）。那么，一个顺理成章的结论便是——"共同犯罪是不法形态，其成立不以特定的责任要素为必要，也不能解决责任层面的问题。"〔1〕

以上是在共犯论之中贯彻因果关系思考方法的必然结论。因为，只要我们不采取责任共犯论，而采取将正犯、共犯的处罚根据共同设定为法益侵害结果的法益保护主义思想，就必须肯定共犯是通过正犯"间接"引起法益侵害结果，既然如此，和结果之间存在相当因果关系就是正犯、共犯的共同成立要件。〔2〕通过正犯、共犯位于违法层面这一点，可以得出一个结论，即不论采取单一正犯体系，还是区分制共犯体系，正犯、共犯之间的区别标准，都应当与责任要素无关，将犯罪动机是否强烈、期待可能性大小作为正犯和共犯的区分标准有所不当，正犯、共犯概念的限定性便在于其仅位于不法层面而无法拓展到责任层面。当然，鉴于共同犯罪是人与人之间形成联结的一种团体现象，因而考察人与人之间的关系必不可少。那么，在正犯与共犯的区分之际，心理关联性或者心理上的优势地位，完全有可能成为主观的违法要素从而在正犯、共犯的区分层面发挥作用。

主犯概念完全可以包含责任要素的考量。在构成要件体系中，与正犯、共犯概念定位于违法层面不同，主犯、从犯概念定位于违法、责任层

---

〔1〕 张明楷：《刑法学》（上）（第6版），法律出版社2021年版，第496页。

〔2〕 島田聡一郎『正犯・共犯論の基礎理論』（東京大学出版会，2002年）95頁以下。

面。[1]因为主犯、从犯概念“从根本上说，是为了解决各共同犯罪人的刑事责任问题”[2]，而分工分类法则是解决共犯人的定罪问题。与分工分类法在共同正犯之中无法进一步决定量刑相较，作用分类法“圆满地解决了共同正犯的量刑问题”[3]，从而在指导量刑上具有不可替代的优势。

量刑过程并非脱逸出犯罪构成要件体系的思考活动，而是综合考虑违法、责任、刑事政策等因素的思维活动过程。现代量刑根据理论指出，责任刑（也即报应刑）、预防刑是量刑过程中必须予以考虑的两个向度，即刑罚的正当化根据是报应的正当性与预防犯罪目的的合理性。与报应相对应的是责任刑，与预防相对应的是预防刑。两者之间存在的最为主要的差别便是，“报应刑是基于过去的事实形成的刑罚，预防刑则是针对将来的事实适用的刑罚”[4]，“量刑时不能出于一般预防的考虑而使刑罚超出报应刑或者责任刑的程度”。[5]

影响责任刑的是“有责的不法”。其主要包含两方面内容：“一是不法事实（法益侵害事实）；二是表明责任程度的事实（已经作为定罪事实或者法定刑升格的事实进行评价的除外）。”[6]“责任程度不仅是由有责的不法程度决定的，同时也是由责任要素本身决定的”[7]。因此，责任要素中的期待可能性大小、故意、过失、刑事责任能力等要素，都会影响责任刑的轻重，那么一个结论便是，主犯的量刑指导功能决定——主犯概念的规范内涵必然涵盖了有责性中的诸多主观要素。

---

〔1〕 此处采取的是两阶层构成要件体系，即违法的构成要件符合性（不法）与责任。经过我国学者对犯罪构成体系的探讨，学界基本形成的一个共识是，犯罪的实体是违法与责任，本书也遵循这一犯罪构成体系分析问题。

〔2〕 高铭暄、马克昌主编：《刑法学》（第9版），北京大学出版社、高等教育出版社2019年版，第168页。

〔3〕 陈兴良主编：《刑法学》（第3版），复旦大学出版社2016年版，第137页。

〔4〕 张明楷：《责任刑与预防刑》，北京大学出版社2015年版，第94页。

〔5〕 张明楷：《责任刑与预防刑》，北京大学出版社2015年版，第134页。

〔6〕 张明楷：《刑法学》（上）（第6版），法律出版社2021年版，第762页。

〔7〕 张明楷：《责任刑与预防刑》，北京大学出版社2015年版，第281页。

第二，主犯的规范内涵不仅涵盖了违法、责任层面的诸多要素，还涵盖了刑事政策方面的因素。违法与责任位于教义学层面，但是，自弗兰茨·冯·李斯特（Franz von Liszt）提出刑法教义学与刑事政策学的鸿沟以来，直到克劳斯·罗克辛（Claus Roxin）建立融贯教义学与政策学的机能的构成要件体系之后，一个在今天刑法学界所形成的共识是，虽然刑法教义学是刑事政策的藩篱，能够起到以正当性限制目的性的作用，但是，在应罚性的基础之上，为了更好地达到一定的社会效果，我们必须机能地调节犯罪圈，让教义学的价值体系能够因应现实情况做出灵活调整。如此一来，目的的设定以及政策的考量在所难免。正因如此，在预防刑之中，存在诸多的政策性因素，尤其是影响行为人再犯可能性大小的特殊预防因素。“特殊预防是刑法所期待的未来的目的，但法官在追求特殊预防目的的刑罚裁量时，必须以已经发生或者已经存在的反映犯罪人的再犯危险性的事实为根据。在此意义上说，刑罚必须与犯罪人的再犯罪危险性相适应。”〔1〕“影响预防刑的情节十分宽泛，但只有一部分被类型化。其中，有的被刑法条文类型化（如累犯、自首、立功、坦白），有的被司法解释类型化（如退赃、退赔、当庭自愿认罪等）。除此之外，还有大量没有被类型化，但的确能够表明犯罪人特殊预防必要性大小的情节。”〔2〕

在上述影响预防刑的因素中，大部分都是一些政策性因素，比如立功、自首、坦白，毫无疑问，这些因素也是影响主犯的因素。这就使主犯的规范内涵不仅涵盖了违法、责任，还包摄了诸多政策性因素。实际上，司法实务界在认定主犯时，还考虑到了前科这一要素。如以下案件：

案例1：洪某非法经营案。〔3〕洪某与张某某未取得烟草专卖许可，私自

〔1〕 张明楷：《刑法学》（上）（第6版），法律出版社2021年版，第768页。

〔2〕 张明楷：《刑法学》（上）（第6版），法律出版社2021年版，第769页。

〔3〕 国家法官学院案例开发研究中心编：《中国法院2019年度案例（刑事案例二）》，中国法制出版社2019年版，第204页。

经营卷烟，其中洪某主要从事接送货而未从事经营行为，但因其有前科，法院认为不应区分主从犯。前科问题，对应着特殊预防必要性大小，属于典型的预防刑内容。本书认为，法官的这一考虑符合我国主犯的规范内涵延展性，从而是妥当的。

除了前科之外，现实中所需要考虑的政策性因素往往十分宽泛。比如下列案例之中，法院在认定主犯与从犯之际，便考虑到了家族式犯罪中限制死刑适用这一人道主义因素。

案例2：侯某齐、李某书、侯某山等人走私、贩卖毒品案。[1]一审法院查明：

（1）2003年年底，被告人侯某奇与儿子侯某山、妹妹侯某珍（另案处理）越境到老挝，通过他人购买毒品12千克，其中500克属侯某奇出资购买。三人携带毒品入境后，由侯某珍的司机李某（另案处理）驾车到贵州省贵阳市，四人乘王某龙（另案处理）安排的轿车到安徽省阜阳市。侯某奇与侯某珍将该毒品卖给王某龙。

（2）2004年6月，侯某奇与侯某山从被告人李某书处购得毒品1千克，李某书又委托侯某奇代卖毒品1千克。由侯某山驾车将侯某奇和杨某芬、侯某姬送到云南省曲靖市火车站。侯某奇与杨某芬、侯某姬携带毒品2千克乘火车到阜阳市后，将毒品卖给王某龙。

（3）2004年7月24日，侯某奇与王某龙联系毒品交易后，伙同李某书、侯某山、侯某姬、杨某芬驾驶两辆汽车，携带毒品8.5千克从云南前往阜阳与王某龙进行毒品交易。7月28日夜到阜阳后，次日6时许，侯某姬同王某龙电话约定交易地点后携带装有毒品的红色旅行箱到阜阳商厦门前将该箱交给王某龙。王某龙后将该箱交给同去的妻子王某梅。王某梅回到家

〔1〕 中华人民共和国最高人民法院刑事审判第一、二、三、四、五庭主办：《中国刑事审判参考指导案例·05》（增订第3版），法律出版社2017年版，第391–395页。

中，按照王某龙的安排，从所购毒品中称出约6.5千克，分为6大袋和1小袋交给前来购买毒品的被告人王某州和张某英，并将剩余毒品放回家中。王某州、张某英离开王某梅家时，被公安人员抓获。

上述案件为家族式贩毒案件。在上述8名涉案人员之中，一审法院将其全部论为主犯，仅将杨某芬、张某英判为死缓，剩余6人皆为死刑立即执行。二审改判侯某姬、王某梅死缓，但是，最高人民法院在核准之际进一步将侯某山、王某州改判为死缓。就侯某山的改判，法院实际上考虑了对家族式犯罪论以死刑判决时应把握的人道主义因素，比如对家族后代延续方面的政策性体恤。在此，法院给出的理由是："单纯从涉案毒品来看，侯某山涉案的毒品数量巨大，论罪当判死刑，但是与其父亲侯某奇相比，其所起作用相对较小、地位相对较低，主观恶性也相对较小，虽同为主犯，量刑上也不能搞'一刀切'，而应区别对待，故对其可酌情从轻判处……对于同属毒品共同犯罪的主犯，论罪当判死刑，但在对地位更高、作用更大的主犯判处死刑立即执行的情况下，对在共同犯罪中所起作用较小、所居地位较低的，尤其是本案这种家族式毒品共同犯罪中，从人道的角度出发，可以酌情从轻判处刑罚。"〔1〕

本书认为，在家族式贩毒案件适用死刑的场合，考虑到家族的延续从而对死刑标准从严掌握，既体现出宽严相济的刑事政策，也有利于少杀慎杀政策的落实，这一人道主义关怀无疑是正确的。但是，上述案例中不乏以下疑问——既然在一审的时候将全部行为人都认定为主犯，为何又在二审、死刑复核的时候将个别主犯的量刑调低，这不是实质性地在主犯之中又区分出了主犯、从犯吗？既然如此，主犯中的主犯、从犯的区分标准势必又成为问题。与其这样，本书认为，不如直接将其改判为从犯更为合适。

〔1〕 中华人民共和国最高人民法院刑事审判第一、二、三、四、五庭主办：《中国刑事审判参考指导案例·05》（增订第3版），法律出版社2017年版，第394-395页。

另外，主犯包含刑事政策上的考量这一点，还体现在分案审判的情形中。在同一案件中，共同犯罪人因各种因素而被分案审查起诉、审判的情形并不少见。这里的因素包含抓获的时间先后、在逃或者在境外、成年与未成年等众多因素。在分案审理时，能否对单一被告人论以主犯或者从犯也成为难以回避的问题。对此，有法官认为，在其他同案犯未到案的前提下，往往难以结合全案证据综合审查，因此，“从维护生效判决的稳定性角度考虑，对于现行抓获的单一共犯人，可以不作主从犯的区分、认定，但在处罚上适度从宽、留有余地为宜。”〔1〕这里的余地，指的是维护裁判既判力上的进退空间——即便结合后续到案人供述以及其他在案证据，认定已决犯为主犯，因为并未认定其为主犯，从而实质上对其有利，不必改判，即便认定其为从犯，因为在量刑上已经留有空间，所以也不必改判。由此可知，主犯、从犯的认定不仅仅能够起到调节量刑的作用，还能够起到刑事政策上的调节作用。

第三，主犯内涵的延展性是我国刑事立法的一大优势。梳理德日的正犯概念发展史可知，其正犯概念发展经历了由形式到实质的过程，当下德日的正犯概念不仅具有定罪功能，也有量刑功能，已经被“主犯化”。根据德日的共犯立法，教唆犯与正犯的处罚相同，帮助犯参照正犯减轻处罚。为了说明在某些场合下，对位于直接行为人的背后，形为教唆犯、帮助犯，实为正犯者重罚的理由，德日学界几乎一致肯定间接正犯的概念，并逐步扩大了间接正犯的范围（例如组织支配），〔2〕除此之外，还大范围地肯定共谋共同正犯，〔3〕这实际上是将背后者的支配行为以及共谋行为直接作为实行行为看待。因此，正犯与共犯的区分标准不可能是形式的实行行为，而必须是实质的实行行为。在某种程度上，我们可以如此理解——实行行为

〔1〕 黄祥青：《主从犯认定中的事实整理与价值考量》，载《法律适用》2011年第12期。

〔2〕 照沼亮介『体系的共犯論と刑事不法論』（弘文堂，2005年）107頁。

〔3〕 島田聡一郎『正犯・共犯論の基礎理論』（東京大学出版会，2002年）15頁。

实质化的路径，在德国是行为支配说，在日本是重要作用说。在德国，许多位于不同层次的要素（比如对原因的支配，对意志、计划、动机的支配）被统一到支配概念之下，以至于支配成为一个主客观要素都包含的“大杂烩”，被学者批判为失去了其作为区分标准的具体指导功能。[1]

而在日本，重要作用说是说明共同正犯之正犯性的通说性理论。其分别经历了以共同意思的主体性判断重要作用的理论模型，[2]以规范的实行行为即实行行为实质化判断重要作用的理论模型，[3]以及根据犯罪计划、犯罪实现的意欲程度、犯罪行为不可或缺的程度、共谋者和实行者的主从关系、在犯罪准备与实行阶段的作用承担等主客观方面因素来综合判断的理论模型。[4]至今，有日本学者沿着上述正犯概念实质化的路径进一步点破了窗户纸，认为正犯与共犯的区分标准并非唯一的，而是多元的，在判断正犯与共犯之际，应当综合考虑客观面、主观面上的诸多要素。[5]

上述一连串进程表明，日本的重要作用说所判断出的正犯，已经在实质上相当于我国的主犯。应当说，不是我国的主犯被正犯化，而是德日的正犯被主犯化。就此而言，不是我国的刑法学理论走向了德日化，而是德日的刑法理论走向了中国化，即其理论发展脉络早已被我国立法内涵所涵盖，能够内包于我国立法之中。

本书认为，我国主犯的内涵能够涵盖违法性阶层、责任阶层的诸多要素以及许多政策性因素，从而具有内涵上的延展性，这是我国立法的一大亮点，体现出我国共犯立法的前瞻性与优越性。

---

〔1〕 島田聡一郎「間接正犯と共同正犯」斉藤豊治、日高義博、甲斐克則、大塚裕史編『神山敏雄古稀祝賀論文集·第一巻·過失犯論·不作為犯論·共犯論』(成文堂，2006年）450頁。

〔2〕 小泉英一『刑法要論·総論』(改訂版）(厳松堂，1943年）277頁。

〔3〕 [日]西田典之:《共犯理论的展开》，江溯、李世阳译，中国法制出版社2017年版，第66页。

〔4〕 亀井源太郎『正犯と共犯を区別するということ』(弘文堂，2005年）136頁以下。

〔5〕 田川靖紘『正犯と狭義の共犯の区別論』における『多様な要素』の課題」高橋則夫、松原芳博編:『野村稔先生古稀祝賀論文集』(成文堂，2015年）151頁以下。

第二章　共犯体系的选择

第一节　两种共犯体系立法及其理论

在厘清了主犯概念的规范内涵之后，接下来要做的理论工作便是讨论与正犯概念相关的问题。首当其冲的核心议题，便是我国的共犯立法体系选择问题，即应当选择单一制正犯体系还是区分制共犯体系。

一、单一制立法列举与理论分析

单一制正犯体系，又称统一正犯体系，这种体系将共犯参与人都看作正犯，意大利、奥地利就采用了这种共犯体系。奥地利采取了统一正犯体系，《奥地利刑法典》第12条规定了全部参与者都是正犯便证实了这一点，即该条规定："自己实施应受刑罚处罚的行为，或者通过他人实施应受刑罚处罚的行为，或者为应受刑罚处罚的行为的实施给予帮助的，均是正犯。"〔1〕紧接着，《奥地利刑法典》第13条规定了"责任个别原则"，即"数人共同实施应受刑罚处罚的行为的，按责任的大小分别处罚。"〔2〕

除最具代表性意义的奥地利之外，尚有其他国家采取了单一制的立法方式。例如，《意大利刑法典》第110条规定："当数人共同实施同一犯罪

〔1〕《奥地利联邦共和国刑法典》，徐久生译，中国方正出版社2004年版，第5页。

〔2〕《奥地利联邦共和国刑法典》，徐久生译，中国方正出版社2004年版，第5页。

时，对于他们当中的每一个人，均处以法律为该犯罪规定的刑罚，以下各条另有规定者除外。”〔1〕再如，《巴西刑法典》第29条规定：“以任何方式共同加功于犯罪的人，根据他们的责任大小，按照法律对该罪规定的刑罚追究刑事责任。”〔2〕

单一制的共性在于，其认为所有给犯罪结果的发生提供条件的人都在不法内涵即价值判断上相当。就此意义上而言，单一制认为人永远是自己在单独犯罪。但是，在单一制之中，尚存两种立法类型：

一是形式的统一正犯体系。这一体系，“对全部犯行形式进行法条语言上的统一化，在构成要件该当性的层面放弃其概念的、范畴的区别。”〔3〕这一体系的特征是，在法律条文中，将所有为犯罪结果提供条件的人不进行任何区分，而以一个统一称谓进行称呼，如上述意大利、巴西刑法典就是如此。

二是机能的统一正犯体系。这一体系“与形式的统一性正犯体系一样，是一方面放弃了对特定的犯行形式进行价值上的级别区分，另一方面却维持了其概念性、类型性区别的体系。虽然从概念上对各个犯行形式进行了区别，但是，仍然可以说该体系属于统一性正犯体系”。〔4〕如上述《奥地利刑法典》就区分了“直接正犯”（第12条中“自己实施应受刑罚处罚的行为”者）、“诱发正犯”（第12条中“让他人产生实施可罚行为之犯意”者〔5〕）以及“参与正犯”（第12条中“为应受刑罚处罚的行为的实施给予帮

〔1〕《最新意大利刑法典》，黄风译注，法律出版社2007年版，第42页。

〔2〕《巴西刑法典》，陈志军译，中国人民公安大学出版社2009年版，第13页。

〔3〕［日］高桥则夫：《共犯体系和共犯理论》，冯军、毛乃纯译，中国人民大学出版社2010年版，第21页。

〔4〕［日］高桥则夫：《共犯体系和共犯理论》，冯军、毛乃纯译，中国人民大学出版社2010年版，第22–23页。

〔5〕为了突出“诱发正犯”的犯意引诱这一点，此处借鉴了日本法务部长办公厅司法法制调查部所翻译的《奥地利刑法典》。法務大臣官房司法法制調查部『オーストリア刑法典』法務資料432号（1975年），转引自十河太朗『身分犯の共犯』（成文堂，2009年）112頁。

助的”人)。“直接正犯”(unmittelbarer Täter)是指实行各刑罚法规所规定的实行行为之人。例如,收受赃物罪中的赃物的买入,盗窃罪中的财物窃取,强奸罪中的奸淫行为,自己实施这些行为的人,是直接正犯。

与此相对,“让他人产生实施可罚行为之犯意”的人,称为诱发正犯人(Bestimmungstäter),这是指教唆直接正犯,唤起其实施实行行为决意的人。命令、依赖、威吓、劝服、收买等凡是引起直接正犯犯意的行为,不问其方法、手段如何,都是诱发正犯。这个诱发正犯相当于德日的教唆犯。但是,奥地利的通说认为,不仅是故意行为,即便是让直接正犯实施过失、无过失的行为,也因让他人产生做出行为的意思故而能够成立诱发正犯。据此,在将不知情的他人作为工具利用而实现结果的场合,虽然在德日成立间接正犯,但在奥地利,也是诱发正犯。“为应受刑罚处罚的行为的实施给予帮助的”人是参与正犯人(Beitragstäter),这是指以引起犯意以外的方法使得直接正犯的实行行为更容易或对其有促进作用的人。如提供武器、送往现场、望风等方法。这几乎与德日的帮助犯相当。但是,和诱发正犯的场合一样,不仅是援助故意行为的场合,促进过失或者无过失的行为也成立参与正犯。诱发正犯和参与正犯的特征是介入直接正犯的行为来实现犯罪。因此,相对于直接正犯,诱发正犯和参与正犯被合称为间接正犯(mittelbare Täterschaft)。[1]

单一制正犯体系的理论特征主要有三个:

一是在定性与定量上,提倡“参与者等置原则”(Grundsatz der Gleichstellung aller Beteiligten)以及“参与者等罚原则”(Grundsatz der Gleichbestrafung aller Beteiligten)。[2]前者是指在构成要件以及不法内涵上,将全部参与犯罪,引起结果的人都一视同仁地看作正犯。后者是指在

〔1〕 十河太朗『身分犯の共犯』(成文堂,2009年)112-113頁。

〔2〕 斉藤金作『共犯判例と共犯立法』(有斐閣,1959年)184頁。

处罚上按照分则所规定的具体罚则处罚各个参与人（如《意大利刑法典》第110条“均处以法律为该犯罪规定的刑罚”的规定）。当然，在等罚原则下并不影响各个参与人在刑罚裁量上的差异性，即应依据各正犯对犯罪事实的加功程度及其个人责任的具体情况作出不同的具体量刑。

二是在违法性的判断上，提倡违法的独立性。单一制将每一个共同犯罪人都视作单独犯罪，从而在违法性的判断上，主张按照各自参与人的构成要件来进行独立的判断。每一个参与犯罪“共动”的人本来就互相利用，共同引起了结果，根据因果关系等价原则，在引起结果这一点上，每一个提供条件的人都是等价的，因此，我们很难从物理的因果关系层面，来区分各个共犯参与人的不法内涵，而只能以规范评价的视野来看待共犯问题。如果从规范的视野来看待犯罪“共动”现象，它与单独犯罪是完全一样的。正如黄荣坚教授所说：“人要支配世界的某一个情状的存在，必须（并且可以）透过一定的人体或物体的运动过程来让他实现。例如，某甲想要伤害某乙，那么他可以用自己的手去打某乙，可以用手枪让子弹飞出去击中某乙的脚，可以放一条狗让其咬某乙，可以叫一个十三岁大的小孩子用石头丢某乙，也可以用钱收买一个三十岁的大人去杀某乙。对于某甲而言，手枪、子弹、狗、十三岁的小孩以及三十岁的大人，事实上都是他实现伤害目的的工具。特别值得注意的是，人所存在的一切现象，真正的我就只是一个精神的我、意志的我。”〔1〕在这个意义上，所有的犯罪相对于自己的意志而言，都是直接犯罪，相对于意志之外，都是间接犯罪（除非以念力杀人）。直接犯罪、间接犯罪，在规范评价上完全一样，“如果要在这当中去做直接犯罪或间接犯罪的区分，恐怕是没有看清楚事实的真相”〔2〕。

既然所有的犯罪都是一个作为意志体的“我”通过外力（人、动物、自

---

〔1〕 黄荣坚：《基础刑法学》（下）（第4版），台北，元照出版有限公司2012年版，第763页。

〔2〕 黄荣坚：《基础刑法学》（下）（第4版），台北，元照出版有限公司2012年版，第764页。

然力）所引起的外界变动，那么，在犯罪现象中，就永远是“单子化”的作为意志体的“我”在实施犯罪。与之相应，不仅是责任，就连共犯参与人的违法性都要根据各自的构成要件进行独立判断。在奥地利，通说认为，间接正犯的不法、责任是从直接正犯的不法、责任中独立出来的。例如，就统一正犯概念已发表过不少文章，并强调其妥当性的迪特尔姆·金阿普费尔（Diethelm Kienapfel）认为，虽然在将正犯作为“第一次”的责任类型，共犯作为“第二次”的责任类型的共犯体系中，共犯从属于正犯，正犯行为的性质影响到共犯的成立，但是，在统一的正犯体系之下，由于参与正犯的人都同样地被看作正犯，参与者一方不能从属于另一方，全部的参与者都不考虑其他参与者的不法和责任，而仅基于自己的不法和责任而受到处罚。〔1〕根据这一违法独立性思想，帮助违法行为的人有可能并不违法。例如，为了帮助A从充满瓦斯的房子里中脱困，X指示Y将房子的窗户玻璃打碎，但是，Y却并不知道A处于危险中，在其根据X的指示将窗户玻璃打碎之际，直接正犯Y因为并无救助A的意思而不成立紧急避险，其行为违法，但是作为诱发正犯的X的行为却因成立紧急避险而阻却违法。反过来，对

---

〔1〕 Vgl. Kienapfel/Höpfel, Strafrecht Allgemeiner Teil I, 7. Aufl.2008, § 2 Rn. 29. 转引自十河太朗『身分犯の共犯』(成文堂，2009年）114頁。值得注意的是，在奥地利刑法学界，也存在批判通说，认为间接正犯之违法，从属于直接正犯的观点。如奥地利学者曼弗雷德·布格施塔勒（Manfred Burgstaller）、海因茨·齐普夫（Heinz Zipf）认为，间接正犯只有在参与符合构成要件且违法的直接正犯行为时，才能成立。这显然是共犯区分体系下限制从属性的观点，根据这一观点，对合法行为的参与行为，显然也是合法的。十河太朗『身分犯の共犯』(成文堂，2009年）117-118頁。除此之外，奥地利学者库尔特·施莫勒（Kurt Schmoller）在间接正犯对直接正犯之从属性中提倡最小从属性说，其认为间接正犯的成立，至少需要直接正犯符合构成要件。[日]高桥则夫：《共犯体系和共犯理论》，冯军、毛乃纯译，中国人民大学出版社2010年版，第41页。高桥则夫将上述布格施塔勒、齐普夫的观点称为“限制的统一正犯体系”，将施莫勒的观点称为“归属的统一正犯体系”。这两种正犯体系并非奥地利的通说。值得注意的是，在钱叶六所出版的著作《共犯论的基础及其展开》之中，在单一制正犯体系之下，只列举了形式单一正犯体系、机能单一正犯体系、限制单一正犯体系，而未列举施莫勒的“归属的单一正犯体系”。本书认为，形式单一正犯体系、机能单一正犯体系源自立法规定因而位于立法层面，而限制的单一正犯体系、归属的单一正犯体源自奥地利学者的解释因而位于学说层面，两者并非在同一个层面上，如果要将上述四种体系在同一个平台上进行总结，也不能只列举“限制的统一正犯体系”而不列举“归属的统一正犯体系”。钱叶六：《共犯论的基础及其展开》，中国政法大学出版社2014年版，第3-5页。何庆仁的文章也存在同样问题，何庆仁：《归责视野下共同犯罪的区分制与单一制》，载《法学研究》2016年第3期。

合法行为的参与行为，也有可能被评价为违法。例如，X教唆Y杀害A，Y基于正当防卫而杀害了A，直接正犯者Y的行为因正当防卫而合法，但是，由于作为诱发正犯的X并无防卫意思，在防卫意思必要说的前提下，其违法性并不被阻却从而成立杀人罪。

三是单一制必然以扩张的正犯概念为理论基础。扩张的正犯概念与限缩的正犯概念并非围绕正犯的概念内涵即正犯基准所做的不同定义，而是一对对立的，围绕刑法总则与分则之间的关系，从不同视角观察总分关系所得出的不同结论。〔1〕扩张的正犯概念在总则与分则的关系上，将分则中的构成要件行为做扩大理解，将引起法益侵害结果的行为都理解为分则中的构成要件行为，继而再将总则中的共犯规定理解为旨在缩小共犯处罚范围的特别规定。与此不同，限缩的正犯概念则认为分则中的构成要件行为仅仅包括正犯行为，而将总则中的共犯规定理解为处罚扩张事由。如前所述，单一制的核心观点是将与结果之间存在因果关系的人都视为分则所规定的正犯行为，这一点在后来甚至扩大到了身份犯的场合。如刘明祥教授便认为，分则所规定的身份犯中的构成要件行为，就不仅包含了身份者所实施的行为，还包含了非身份者通过身份者所引起的法益侵害结果行为（实际上是教唆、帮助行为），〔2〕即将非身份者的行为也囊括在分则身份犯的构成要件行为之下。这实际上是在扩张构成要件行为使之包含教唆、帮助行为之外，连身份也一起扩张的解释路径。

二、区分制共犯体系立法列举与理论分析

区分制共犯体系，“亦称二元参与体系、正犯·共犯分离体系，意指刑

〔1〕 市川啓『間接正犯と謀議』(成文堂，2021年)67頁以下。

〔2〕 刘明祥：《单一正犯视角下的身份犯的共犯问题》，载《政治与法律》2020年第11期。

罚法规不仅在概念上将参与人二元地区分为‘正犯’与‘共犯’(教唆犯、帮助犯),而且原则上就两者的刑罚予以不同评价之体系。”[1]最为代表性的立法例是德国与日本。

《德国刑法典》第2章“行为”之下第3节名为“正犯与共犯”,顾名思义,是对正犯与共犯的全部总则性规定。其中第25条第1项规定:“自己实行犯罪行为,或利用他人实行犯罪行为者,皆为正犯。”第2项规定:“数人共同实行犯罪行为者,均依正犯论处(共同正犯)。”第26条规定:“故意教唆他人使之故意实行违法行为者,为教唆犯。教唆犯之处罚,与正犯同。”第27条第1项规定:“故意帮助他人故意实行违法行为者,为帮助犯。”第2项规定:“帮助犯之处罚,应依第49条第1项规定,按正犯之刑减轻之。”[2]《日本刑法典》第11章名为“共犯”,其第60条规定:“二人以上共同实行犯罪的,都是正犯。”第61条第1项规定:“教唆他人实行犯罪的,判处正犯的刑罚。”第2项规定:“教唆教唆犯的,与前项同。”第62条第1项规定:“帮助正犯的,是从犯。”第2项规定:“教唆从犯的,判处从犯的刑罚。”第63条规定:“从犯的刑罚,按照正犯的刑罚予以减轻。”[3]

区分制的理论特征有两个:

一是在定性上,正犯与共犯并不相同。区分制在构成要件类型上以及不法评价上,将参与人分为承担“第一次责任”的正犯与承担“第二次责任”的共犯。按照形式客观说的理解,正犯是实施了实行行为的人,由于其亲手且直接引起了结果,故而应当承担“第一次责任”,教唆犯、帮助犯只是实施了教唆行为、帮助行为的人,应当承担“第二次责任”。作为共犯,它们从属于正犯。这就在构成要件类型上,区分出了正犯与共犯两个

---

〔1〕 钱叶六:《共犯论的基础及其展开》,中国政法大学出版社2014年版,第8页。

〔2〕《2017年最新版・德国刑法典》,李圣杰、潘怡宏编译,台北,元照出版有限公司2017年版,第21页。

〔3〕《日本刑法典》(第2版),张明楷译,法律出版社2006年版,第27页。

基本类型。既然不法是经过构成要件形塑而来的不法，那么，正犯、共犯构成要件类型的不同，势必带来其不法内涵的不同。这具体表现为："在各自的严重性程度上，正犯、教唆犯和帮助犯展现出一种由'多'到'少'的落差走向，从评价的角度观察，可称为规范上的层次关系。"〔1〕

二是在定量上，正犯与共犯之间不法内涵的不同带来刑罚规定的不同。如《德国刑法典》第27条第2项规定："帮助犯之处罚，应依第49条第1项规定，按正犯之刑减轻之。"《日本刑法典》第63条规定："从犯的刑罚，按照正犯的刑罚予以减轻。"这不仅表明区分制对正犯、共犯量刑的区别对待，更表明在区分制之下，正犯是整个共同犯罪的核心，无论是共犯的定罪还是量刑，都以正犯为参照系进行。

值得注意的是，在区分制之下，以分则所规定的构成要件与正犯概念之间的关系（也是正犯与狭义共犯之间的关系）为考察视角，对于正犯有可能产生两种理解：一是仅仅将分则所规定的构成要件看作正犯，而将总则所规定的共犯理解为刑罚扩张事由。这是限缩的正犯概念。〔2〕二是将分则的构成要件理解为包含共犯行为的所有引起结果的行为，如此一来，总则中的共犯规定就是刑罚缩小事由。这便是扩张的正犯概念。虽然上述单一制中的单一正犯概念与扩张正犯概念都来自因果关系条件理论，〔3〕但两者的不同在于，前者是立法政策上的概念，后者是法理上、体系上的概念，我们可以大体认为，"限制正犯概念与区分制具有对应关系，而扩张正犯概念与单一制并无必然的对应关系，扩张正犯概念也可能导致区分制，

〔1〕［德］约翰内斯·韦塞尔斯：《德国刑法总论》，李昌珂译，法律出版社2008年版，第333页。

〔2〕限缩的正犯概念中的正犯，并不一定要自己实施构成要件行为。在德国，自从韦尔策尔提出目的行为支配理论以来，正犯就被界定为"对面向最终结果发展的现象具有控制的目的行为支配者"，正犯当然不需要自己实施构成要件行为，在其后的犯罪支配理论者看来，正犯也当然不需要自己实施构成要件行为。另外，采取扩张的正犯论也并非不可能要求正犯的物理的自手实行性。島田聡一郎『正犯・共犯論の基礎理論』（東京大学出版会，2002年）36-39、51頁。

〔3〕许玉秀：《当代刑法思潮》，中国民主法制出版社2005年版，第551页。

但是单一制一定以扩张正犯概念为理论前提"[1]。"基于扩张正犯概念对区分制的解释已为多数学者所摒弃，因此，在现实意义上，我们将扩张正犯概念与单一制对应也并无大碍"[2]。

另外，有必要强调的是，扩张的正犯概念与限制的正犯概念的理论射程仅限于对正犯与狭义共犯之间关系的不同理解。扩张的正犯概念认为狭义共犯是基于总则特别规定而来的处罚缩小事由，在适用之际，先考虑适用总则，再考虑适用分则（先找出狭义共犯，剩下的都是正犯）。限制正犯概念认为狭义共犯是基于总则之补充规定而来的处罚扩张事由，在适用之际，先考虑适用分则，再考虑适用总则（先找出正犯，再判断狭义共犯）。无论是扩张的正犯概念还是限制的正犯概念，两者都并未规定正犯的内涵为何。正犯内涵为何是一个正犯原理如何确定的问题。因而，也并不意味着相较于采取限制的正犯概念，采取扩张的正犯概念定然会导致对共犯参与人处罚范围的扩大。[3]这一点，后文还将详述。

第二节　单一制反思与区分制选择

针对我国"以作用为主、分工为辅"的共犯立法模式，我国学界出现两

〔1〕 阎二鹏:《扩张正犯概念体系的建构——兼评对限制正犯概念的反思性检讨》，载《中国法学》2009年第3期。

〔2〕 阎二鹏:《扩张正犯概念体系的建构——兼评对限制正犯概念的反思性检讨》，载《中国法学》2009年第3期。

〔3〕 因为在扩张的正犯论之中，共犯是处罚缩小事由，所以共犯成立范围的扩大就意味着正犯成立范围的缩小，而在限制的正犯论之中，共犯成立范围的扩张固然意味着弥补处罚间隙的政策要求的减少，但并不意味着正犯成立范围的缩小。总之，在限制的正犯论之中，共犯成立范围的扩张，对共犯、正犯双方都成立。如此看来，采取限制的正犯论所导致的处罚范围，有可能反而比采取扩张的正犯论所导致的处罚范围还大。松生光正「錯誤を利用した間接正犯」犯罪と刑罰2号（1986年）95頁。

种不同解读：一为单一制解读模式；二为区分制解读模式。近年来，两种观点之间的论战逐渐升温，成为共犯论研究之热点问题。提倡单一制的代表性学者有刘明祥、[1]阮齐林、[2]江溯、[3]阎二鹏[4]等教授，坚持区分制的代表性学者有陈兴良、[5]张明楷、[6]黎宏、[7]周光权、[8]钱叶六[9]等教授。

应当看到，单一制有其一定的合理性，并且与区分制之间并非截然对立。单一制的合理思考方式完全可以被区分制所采纳。例如，在区分制体系下，于共同犯罪[10]是什么的“共同”，即共同犯罪的本质问题上，有越来越多秉承区分制体系的学者日渐支持行为共同说。[11]“行为共同说认为，共

---

〔1〕 刘明祥：《“被教唆的人没有犯被教唆的罪”之解释》，载《法学研究》2011年第1期；刘明祥：《主犯正犯化质疑》，载《法学研究》2013年第5期；刘明祥：《论我国刑法不采取共犯从属性说及利弊》，载《中国法学》2015年第2期；刘明祥：《从单一正犯视角看贿赂罪中的共同犯罪疑难问题》，载《法学家》2017年第2期。

〔2〕 阮齐林：《刑法学》（第3版），中国政法大学出版社2011年版，第169页。

〔3〕 江溯：《犯罪参与体系研究——以单一正犯体系为视角》，中国人民公安大学出版社2010年版，第242页以下。

〔4〕 阎二鹏：《扩张正犯概念体系的建构——兼评对限制正犯概念的反思性检讨》，载《中国法学》2009年第3期。

〔5〕 陈兴良：《教义刑法学》（第3版），中国人民大学出版社2017年版，第670-671页。

〔6〕 张明楷：《刑法学》（上）（第6版），法律出版社2021年版，第508-509页。

〔7〕 黎宏：《刑法学总论》（第2版），法律出版社2016年版，第255页以下。

〔8〕 周光权：《刑法总论》（第4版），中国人民大学出版社2021年版，第335-337页。

〔9〕 钱叶六：《双层区分制下正犯与共犯的区分》，载《法学研究》2012年第1期。

〔10〕 这里的共同犯罪，有学者认为仅限于难以互相从属的共同正犯，并将完全犯罪共同说、部分犯罪共同说、行为共同说置于罪名从属性之下研讨，小林憲太郎『刑法総論』（新世社，2014年）148頁。也有学者虽将上述三说置于罪名从属性之下探讨，但是却认为其理论射程除了共同正犯外，还包含教唆犯与帮助犯，[日]西田典之：《日本刑法总论》，刘明祥、王昭武译，中国人民大学出版社2009年版，第328页。还有学者将上述三说作为共同正犯“共同性”（担保共同正犯负“一次责任”的要件）的理论基础，[日]山口厚：《刑法总论》（第2版），付立庆译，中国人民大学出版社2011年版，第303-306页。实际上，上述三说的理论射程无非与我们能够在多大程度上坚持因果思考有关，彻底从因果关系的角度看待共犯现象，将行为共同说扩展到包含狭义共犯在内的整个共犯参与人之中，在实质上已经与单一制正犯体系仅有一纸之隔了。我国作此理解的文献，黎宏：《共同犯罪行为共同说的合理性及其应用》，载《法学》2012年第11期。

〔11〕 例如，张明楷便在其刑法教科书第4版中，由部分犯罪共同说转而支持行为共同说，参见张明楷：《刑法学》（第4版），法律出版社2011年版，第358-360页。另外持行为共同说的学者，钱叶六：《共犯论的基础及其展开》，中国政法大学出版社2014年版，第82-84页；陈洪兵：《共犯论思考》，人民法院出版社2009年版，第36页以下；阎二鹏：《共犯本质论之我见——兼议行为共同说之提倡》，载《中国刑事法杂志》2010年第1期。

同犯罪虽然在参与犯罪的人数上是和单独犯相区别的一种数人参与共同实施的犯罪类型，但在本质上仍然是行为人个人的犯罪。其和单独犯的差别仅仅在于，单独（犯）是自己亲自实施到引起结果为止的全部实行行为，而共犯的场合，行为人将他人的行为置于自己行为的延长线上或者作为自己行为加以利用而已。”[1]例如，甲以伤害的故意、乙以杀人的故意向丙开枪，与部分犯罪共同说先在故意重合（伤害）的范围内，承认两人成立故意伤害致人死亡罪的共同犯罪，其后再进一步肯定乙单独成立故意杀人罪（既遂）的分析思路不同，根据行为共同说，两人在伤害行为上是共同的，在共同犯罪是违法形态的意义上，两者共同引起了他人死亡结果，继而，根据“责任个别原则”，对两者分别根据各自的主观故意定罪。如此一来，甲成立故意伤害致人死亡罪，乙成立故意杀人罪（既遂）。

从行为共同说的思路不难看出，其核心要义在于将共同犯罪之“共同”理解为“相互利用对方的行为，实现‘各自’的意图（数人数罪）”。[2]只不过，在对行为共同说加以理解之际，我们往往渐渐强调了“实现各自意图”的一面，而忽略了“互相利用”的一面，这才导致行为共同说与单一制正犯体系越来越接近，以致两者之间仅有一纸之隔的局面。本书认为，共同犯罪首先是一种社会团体性现象，人与人之间能够经由意思联络而结成团体，并带来“1+1>2”的风险递增效应。因此，立法者规定共同犯罪制度，旨在以因果关系乃至于归责的扩张来实现刑法一般预防目的的发挥。例如，在甲、乙二人于意思联络之下一起向丙开枪的案件中，我们事后既无须证明因果关系，也无须区分正犯和共犯，而是将两者论以共同正犯，这是因果关系和正犯责任的双重扩张。在甲帮乙望风，乙入户盗窃的场合，虽然甲和结果之间具备相当因果关系，但是，基于一个人无须为另一

---

〔1〕 黎宏：《刑法总论问题思考》（第2版），中国人民大学出版社2016年版，第416页。

〔2〕 黎宏：《刑法学总论》（第2版），法律出版社2016年版，第262页。

个人出于独立意志的自律决定而负责的自我答责原理，因为甲和法益侵害结果之间介入了一个独立的自由意志主体乙，所以甲无须为乙所引起的结果负责（溯责禁止）。显然，前述案例中的甲、乙成立共同正犯，乙承担共犯责任，是基于共同犯罪制度的一般预防目的而导出的结论。

因此，就对行为共同说的理解而言，应当既强调其经由意思联络而达到相互利用的一面，也注重其实现行为人各自意图的一面。

一、单一正犯体系的反思性检讨

在视角层面，单一制无视共同犯罪的团体性本质；在立法层面，单一制与我国立法进程和胁从犯规定不相容；在理论与实践层面，单一制因归责理念缺失导致其无法指导定罪与量刑。因此，单一制不应成为我国共犯体系的选择。

（一）视角层面：无视共同犯罪团体性本质

单一制的核心理念是“犯罪永远是一个人在犯罪”〔1〕。然而，共同犯罪是一个彼此联系的整体，离开他人的行为便无从判断另一个行为的属性。例如，甲提供给乙一把钥匙，如果不判断乙是入户盗窃还是入户抢劫，便无从判断甲的行为为何。因此，提倡单一制的学者也提倡行为共同，即肯定双方将彼此行为作为“延长的手”加以利用，从而对整体行为所引起的结果负责，并举例认为，在甲、乙知晓对方并一起开枪的场合，尽管无法查明子弹系谁击发，但无非两种情况，乙打死了被害人，甲通过促进乙的心理，与结果存在心理的因果关系，或者相反。〔2〕不难发现，行为共同的本质是从个人视角出发，判定行为人各自的行为与结果之间存在物理或者心理

〔1〕 黄荣坚：《基础刑法学》（下），台北，元照出版有限公司2012年版，第785页。

〔2〕 刘明祥：《论犯罪参与的共同性：以单一正犯体系为中心》，载《中国法学》2021年第6期。

的因果关系。

首先，行为之间的有机结合需要通过"化合价"完成。在A持枪威胁被害人，B夺取其现金这一抢劫银行的案件中，单一制认为，虽然"单独来看A与B的行为，他们均没有实施抢劫罪的实行行为，都不能定抢劫罪"〔1〕，但是，因为"数人故意参与犯罪的场合，每个参与者都是把他人的行为作为实现自己犯罪的手段或工具加以利用、作为补充，将其作为自己的行为（或犯罪）的有机组成部分"〔2〕，所以，A、B的行为彼此合一而符合抢劫罪的客观要件。然而，抢劫罪并非暴行罪（我国无此罪名，可类比故意伤害罪理解）与盗窃罪的简单相加。这一点，只要看一下抢劫罪的刑罚高于对暴行罪与盗窃罪数罪并罚之和即可明白。抢劫罪是出于一般预防之需要，升高两者刑罚之和的特别犯罪形态。在此，暴行与取财之间的紧密关联，就是导致行为风险升高，一般预防必要性增大的实质因素。如果说两个氢原子与一个氧原子能够形成水分子是因为"化合价"使得分子之间有机结合，那么，暴行行为与盗窃行为之间的紧密关联，便是促成二者合成一个抢劫行为的"化合价"。

单一制无法说明上述"化合价"为何。一种行为一种选择，行为是意志的外在表达，在意志自由的前提下，每个人仅对自己的行动负责（行为归属）。A并未实施取财行为而仅仅是与取财结果存在因果关系，B也并未实施暴行行为而仅仅是与暴行结果存在因果关系。与结果的因果关系不能替代对行为的实施，否则便违背了行为主义原则，因而，与结果的因果关系自然也无法带来行为的有机结合。严格来说，在单一制视角下，A应当成立暴行罪的正犯与盗窃罪的共犯，B应当成立盗窃罪的正犯与暴行罪的共犯，双方都无法成立抢劫罪。至此，单一制陷入困境。

---

〔1〕刘明祥：《单一正犯视角下的共同正犯问题》，载《中外法学》2019年第1期。
〔2〕刘明祥：《单一正犯视角下的共同正犯问题》，载《中外法学》2019年第1期。

其次，当我们面向事实本身审视共同犯罪时，便会发现，共同犯罪是一种团队合作性社会现象。美国社会心理学家约翰·特纳（John C. Turner）的自我归类理论研究表明，在人类社会中，个体、群体、群际关系同时存在。人类既是个体也是社会群体中的成员，因此同时拥有个体身份和社会身份。人的行为是位于人际（interpersonal）行为和群际（intergroup）行为之间的连续体。个体总是会在群体之中定义自我，并将自我个体独特的属性和差异转变为共享的社会分类成员身份，并形成身份认同。这种认同带来关于自我的刻板印象（self-stereotype），其结果就是“去人格化”（depersonalization）。去人格化促使了群体行为的产生。[1]该理论揭示，人在团体之中，受其制度与文化影响，被其所定义，人的行为并不尽然是个人行为，而是具有一定的群体行为特征，个人行为与群体行为之间也并不具有截然两分的清晰界限而是取决于人的自我归类认知过程。

但是，在具体层面上，仅认识到上述这一点还不足以解释本文所提出的行为何以共同之问题。我们必须进一步解释人与人之间是如何经由沟通而达到协同合作、行为共同的。晚近行动哲学中的“共享合作行为理论”（shared cooperative activity，SCA）则良好地回答了这一问题。SCA理论认为，人的行为可以在满足一定条件下相互咬合，合而为一。其条件可简单概括为：(1)在彼此顾及下制定与完成共同目标；(2)目标实现之际彼此能够期待互相援助、协同配合；(3)双方在主观上对以上两点都有所认识。[2]如果各持己见，则不能称之为协同共动。比如甲、乙刷墙之际，一方坚持红色，另一方坚持绿色，即便两色各占一半，该墙也不能称之为“共同作品”。如果不能互相配合，则也不能称之为协同共动。例如甲、乙二人

---

〔1〕［澳］约翰·特纳等：《自我归类论》，杨宜音、王兵、林含章译，中国人民大学出版社2011年版，第69-70页。

〔2〕 See Michael E. Bratman, *Faces of Intention: Selected Essays on Intention and Agency*, Cambridge University Press, 1999, p.98-100.

合唱，甲跑调时，乙感到丢脸而不调整音调帮其补音，这不能叫作共同行为，只有在彼此都抱着为对方而调整下一步行动的想法，并且能够稳固地期待彼此之间会提供援助的场合，才可以称之为“共享合作行为”，〔1〕即行为共同。

SCA理论为前述“化合价”寻求到了正当性基础从而解释了行为何以有机合一。如果行为人彼此不能期待对方援助，便是各自为战，一盘散沙，确保这一份期待的，正是经由双方的意思联络而形成的心理拘束力，即前述的（3）。“兄弟齐心、其利断金”，在双方的心理意思联络足够紧密之际，彼此必然对背叛对方使其陷入孤立无援之境地抱以强烈的心理抵触。〔2〕这便形成了一种彼此之间的稳固性期待，即团队精神。团队精神“提高了引起结果的盖然性”。〔3〕这就是共同犯罪为何具有“1+1>2”之效应的根本原因。基于共同犯罪的本质是一种团体合作性社会现象，具有更大的社会危害性，立法者规定了共同犯罪制度，以“部分行为，全部责任”之法理，对其加以一般预防。

遗憾的是，单一正犯体系以原子化的个人视角审视共同犯罪现象，未能把握住其团体性本质，误将因果关系错当成行为之间得以咬合的“化合价”。

再次，或许有人认为，本文将共同犯罪的本质定义为团体性，仅能够说明共同正犯，而不足以说明教唆犯与帮助犯，实则不然。如前所述，彼此之间经由意思联络而形成较为稳定的配合期待，是团体性的本质。就教唆而言，教唆系经由沟通而“点亮”他人，其本质是一种“沟通现象”。〔4〕教

〔1〕 Michael E. Bratman, *Faces of Intention: Selected Essays on Intention and Agency*, Cambridge University Press, 1999, p.103-105.

〔2〕 杉本一敏「意思連絡について」高橋則夫、杉本一敏、仲道祐樹編『理論刑法学入門：刑法理論の味わい方』(日本評論社，2014年)229頁。

〔3〕 黎宏：《刑法学总论》(第2版)，法律出版社2016年版，第262页。

〔4〕 竹内健互『教唆犯処罰の根拠と限界』明治大学大学院法学研究科2017年博士学位申請論文209頁。

唆者通过沟通对他人形成了动机支配。事实上，德日教唆犯的量刑与正犯一样，并未减轻。现今，有越来越多的学者将教唆犯解读为共谋的共同正犯，[1]其团体性特征显而易见。

就帮助犯而言，帮助者所提供的物或者信息也必须“特别适合”于正犯行为才有可能成立帮助犯。比如给盗窃者提供万能钥匙而并非一顶鸭舌帽，给强奸者提供安眠药而并非一个避孕套，给盗墓者提供准确的墓穴位置而并非模糊方位，即在帮助行为与正犯行为之间形成咬合的前提下，才能够成立帮助犯。[2]这既是限定中立帮助的可罚性范围的要求，也是对现代归责原理的贯彻。在片面帮助的场合，因为双方欠缺意思联络，很难说双方都形成了对彼此较为稳固的期待。正犯完全有理由相信片面帮助者提供的物品是出于“钓鱼”目的而拒不使用。即便使用，也完全是一种偶然，不足以被从犯条文所规制。立法者不考虑偶然，写入刑法中的条文，都是具有足以动用刑罚加以预防的类型性风险行为。正因如此，否定片面帮助犯成立的观点在德日很有力。[3]

就我国而言，学界通说与实践都是以团体现象来理解共同犯罪的，双方之间的意思联络，是共犯成立的必要条件。通说认为，共同行为“要求各共犯人的行为在共同故意支配下相互配合、相互协调、相互补充，形成一个整体”[4]，就片面共犯而言，“比较可行的解决方法应当是在刑法当中直接对片面共犯这类情形作出专门规定”。[5]从帮助信息网络犯罪活动罪

〔1〕 德国的理论介绍参见吕翰岳：《互联网共同犯罪中的意思联络》，载《法学评论》2017年第2期。日本将教唆犯解读为共谋共同正犯的文献，田川靖紘『正犯概念の体系的再構成—共謀共同正犯と故意ある幇助道具の機能的分析を通じて』早稲田大学2015年博士学位申請論文115頁。

〔2〕 豊田兼彦『共犯の処罰根拠と客観的帰属』（成文堂，2009年）174-176頁。

〔3〕 德国的观点介绍参见［德］克劳斯·罗克辛：《德国刑法学·总论：犯罪行为的特别表现形式》（第2卷），王世洲等译，法律出版社2013年版，第148-149页。在日本，近来以团体本质审视共同犯罪，提出“新共同意思主体说”，并否定片面帮助犯的文献，曲田統『共犯の本質と可罰性』（成文堂，2019年）249-251頁。

〔4〕 《刑法学》编写组：《刑法学·上册·总论》，高等教育出版社2019年版，第231页。

〔5〕 《刑法学》编写组：《刑法学·上册·总论》，高等教育出版社2019年版，第235页。

（以下简称帮信罪）的法条设立来看，立法者正是通过设立单独条文来对片面帮助现象予以规制。倘若认为片面帮助本身便是帮助犯，那么，帮信罪的设立意义便大打折扣。除此之外，司法实践中也以团体性本质来划定共犯的处罚范围。例如，就帮信罪与诈骗罪共犯的区分标准，2022年3月22日最高人民法院刑事审判第三庭、最高人民检察院第四检察厅、公安部刑事侦查局《关于"断卡"行动中有关法律适用问题的会议纪要》中规定："明知他人实施电信网络诈骗犯罪，参加诈骗团伙或者与诈骗团伙之间形成较为稳定的配合关系，长期为他人提供信用卡或者转账取现的，可以诈骗罪论处。"这里的"稳定的配合关系"之要求，正是对共犯团体性本质的描述。

最后，将共同犯罪的本质理解为团体性的整体主义视角，并未违背个人责任主义原则。个人责任主义原则的核心要义是在尊重人格独立的基础上，肯定人仅仅是因其自身的行为而承担刑事责任。在团队协同中，人格并未合一，个人只不过通过各自的意思联络形成了行为之间的咬合，继而引发团体配合效应，带来了相比于单独犯罪更高的类型性风险，以及与此相应的一般预防必要性。如此看来，每个人仍然是为自己的行为贡献负责。

综上，我国的通说与司法实践以整体视角审视共同犯罪，准确地把握住了共同犯罪的团体性本质，在大方向上完全正确，无须引入德日外来学术资源予以方向性修正。

（二）立法层面：与我国立法进程与胁从犯规定不容

我国立法进程中曾经出现单一制方案，但最终并未被采纳。同时，单一制未看到胁从犯是立法者所设立的独立犯罪构成要件类型，不当地将其矮化为量刑情节，从而不能充分挖掘胁从犯这一我国独有的立法规定背后的中国智慧。

1.单一制在立法进程中已被否定

从立法历史脉络来看，"双层次区分式"的单一制已被立法进程所抛弃。“历史是现实的根源”,[1]只有在了解过去的基础上,才能锚定当下。1950年7月25日《中华人民共和国刑法大纲草案》第15条中规定,“二人以上共同犯罪,而有下列情形之一者,皆为正犯。各按其社会危险性之轻重处罚之”,并在第24条列明了各种轻、重处罚情节。[2]这体现出单一制的立法特征,即将所有的参与人都称之为正犯,并另行设立处罚条文,彻底实现了定罪与量刑的分离。其后,在两个草案之中,起草者区分了实行犯、教唆犯、帮助犯三类不同的参与类型,但仍然坚持定罪与量刑相分离。例如,1957年6月28日《中华人民共和国刑法草案(初稿)(第22次稿)》(以下简称1957年草案)第24条规定:“直接实行犯罪的,是正犯。对于正犯,根据他在犯罪中所起的作用处罚。”[3]

以上将实行犯根据作用大小而分别处罚的思路,与我国学者所提倡的实行犯、帮助犯、教唆犯和主犯、从犯之间是交叉关系的“双层次区分制”[4]不谋而合。“双层次区分制”符合单一制“先共犯,后正犯”的思维顺序,因而实质上是单一制。这一点已经在学界趋于共识。[5]然而,立法者并未采取“双层次区分式”的单一制立法方案。到1963年10月9日《中华人民共和国刑法草案(修正稿)(第33次稿)》颁布时,前述规定被删除,并转而基本形成了与“79刑法”、现行刑法相符的立法条文,采取了“主-从”区分式共犯参与体系。

上述立法转变至少传递了一个信号,立法者并未采取单一制立法方案,并以“主犯、从犯”之名,为中国特色“主-从”区分式共犯参与体系的

---

〔1〕 习近平:《在布鲁日欧洲学院的演讲》,载《习近平外交演讲集》(第一卷),中央文献出版社2022年版,第124页。

〔2〕 高铭暄、赵秉志编:《中国刑法立法文献资料精选》,法律出版社2007年版,第202—205页。

〔3〕 高铭暄、赵秉志编:《中国刑法立法文献资料精选》,法律出版社2007年版,第252页。

〔4〕 钱叶六:《双层次区分制下正犯与共犯的区分》,载《法学研究》2012年第1期。

〔5〕 张明楷:《共犯关系人的再思考》,载《法学研究》2020年第1期;刘明祥:《正犯主犯化质疑》,载《法学研究》2013年第5期;周啸天:《正犯与主犯关系辨正》,载《法学》2016年第6期;孟红艳:《〈刑法〉第27条“起次要作用的人”的教义学阐释》,载《法学评论》2022年第3期。

构建留下了充足的理论空间。

2.单一制将胁从犯矮化为量刑情节

从具体条文来看，以单一制解读我国立法势必矮化了胁从犯的立法价值。胁从犯是我国共犯立法的一大亮点，也是我们给世界刑事立法所带来的中国智慧。我国自古以来就有慎刑的思想。《尚书·舜典》有云："钦哉！钦哉！惟刑之恤哉！"[1]《尚书·胤征》中记载："歼厥渠魁，胁从罔治。"[2]"蛇打七寸""擒贼擒王"的刑事政策打击思路是慎刑思想的应然之理。经历了中华法系的漫长变迁，中华人民共和国成立后，"胁从者不问"[3]成为重要的刑事政策指针。其后，1957年草案第27条之中专门规定了胁从犯，即"对于被胁迫、被欺骗参加犯罪的，应当按照他的犯罪情节，减轻或者免除处罚"[4]。现行刑法除了不见被欺骗的情形之外，与该条规定完全一样。将胁从犯写入共犯立法，在世界上并无先例。

对于胁从犯的理解，单一制中存在两种观点。一是"量刑情节说"。该说认为，胁从犯是一种量刑情节，但是，胁从犯的必减主义规定可能导致对受胁迫的主犯根据"97刑法"第28条而当减，对于未受胁迫的从犯反而根据"97刑法"第27条而得减的失衡结局，因而建议将胁从犯改为得减主义，以供灵活裁判。[5]二是"特殊从犯说"。此说认为，胁从犯是从犯之下的子类型，在满足从犯条件的基础上，还须具备"被胁迫"条件。[6]

以上两说并无实质差异。在单一制之下，主犯、从犯是各种量刑因素的综合体，主犯、从犯的区分本身就是一个量刑问题。然而，胁从犯不能

---

〔1〕《尚书》，王世舜、王翠叶译注，中华书局2012年版，第20页。

〔2〕《尚书》，王世舜、王翠叶译注，中华书局2012年版，第377页。

〔3〕毛泽东：《为争取国家财政经济状况的基本好转而斗争：1950年6月6日在中国共产党第7届第3次中央全体会议上的报告》，载《新黄河》1950年第6期。

〔4〕高铭暄、赵秉志编：《中国刑法立法文献资料精选》，法律出版社2007年版，第252页。

〔5〕阎二鹏：《胁从犯体系定位之困惑与出路——一个中国问题的思索》，载《中国社会科学院研究生院学报》2012年第2期。

〔6〕刘明祥：《论胁从犯及其被胁迫的要素》，载《当代法学》2020年第4期。

被理解为量刑情节。倘若被胁迫是量刑情节，其应当被规定在“97刑法”第4章刑罚的具体运用之中才更为合理，或者至少规定在“97刑法”第29条教唆犯之后，因为教唆犯也完全有可能被胁迫。况且，将被胁迫理解为量刑情节，的确会在立法尚未修改的当下，造成受胁迫的主犯根据“97刑法”第28条而当减，对于未受胁迫的从犯反而根据“97刑法”第27条而得减的失衡结局。同时，将胁从犯理解为从犯，继而在从犯的基础上，再次以被胁迫为标准限定胁从犯，会导致一个逻辑漏洞，即将被胁迫情节仅仅限定于从犯之中，从而人为地区分出“被胁迫的从犯”和“被胁迫的主犯”，并以“被胁迫的主犯”并非从犯为由，将其排除在被胁迫情节量刑优待的适用范围之外，导致对胁从不问的刑事政策无法惠及全体共犯人。

应当看到，胁从犯是一种从犯构成要件类型，其立法价值在于彰显对人自由的尊重，与答责原理相契合。胁从犯基于不完全自律而导致社会危害性降低。例如，甲用枪顶着乙，胁迫乙去盗窃丙的电脑，基于紧急避险的利益衡量原则，人命远大于电脑，此时乙的行为出自“不得已”，成立紧急避险。在此，我们不能一方面肯定乙主观上受胁迫，另一方面又肯定其客观上实施了实行行为从而起到重要作用。实际上，乙仅仅起到纯粹的“工具”作用，导致这一点的是其完全不自律状态。将上述案例改变，甲用枪指着乙的5000元电脑，威胁乙砸坏丙的5000元电脑，否则就当场毁坏乙的电脑，乙服从。基于避险的连带原理，这里的乙是避险过当，同时，也是胁从犯。不难发现，胁从犯与避险过当具有相同的法理，即自由程度降低，而这也是他们都应被减轻或者免除处罚的原因。

至此，我们可以得出一个结论：“被胁迫的程度与其意志自由的程度是成反比例的，当然，也与其行为的社会危害程度成反比例。”[1]因为社会危害性（违法性）是受构成要件形塑的社会危害性，因此，胁从犯应当被理解

---

〔1〕 陈兴良：《规范刑法学》（上册）（第4版），中国人民大学出版社2017年版，第249页。

为一种立法者所设立的构成要件类型。我们不应当将其矮化为量刑情节。以胁从犯这一构成要件类型提示自由（他选可能性）程度减轻导致归责程度降低的道理，与现代社会的答责原理不谋而合，体现出我国立法者对人之自由的充分尊重，是我国共犯立法的一大先进之处。遗憾的是，单一制并未充分认识到这一点。

近期，有学者将共同犯罪的共同性区分为犯罪参与的共同性与共同犯罪的共同性。犯罪参与的共同性是客观上的行为共同，故意行为与故意行为之间、故意行为与过失行为之间、过失行为与过失行为之间，都可以结成犯罪参与的共同性。犯罪参与的共同决定定罪，在量刑时也须根据作用力与参与程度予以确定，因而也决定量刑。共同犯罪的共同，是由我国共犯立法所限缩的，仅限于故意犯罪之中的共同性。立法者之所以特别将故意犯罪规定下来，根本目的是打击首要分子与主犯，即突出打击或处罚的重点。[1]这显然将我国共犯立法条文全部矮化为针对故意共同犯罪的量刑规定，固然是将单一制逻辑贯彻到底的想法，但难言合理。因为我国刑法分则中存在大量的组织犯、聚众犯条文，其中已经将主犯、首要分子、积极参加者予以重点打击，根据分则即可准确量刑，再次在总则中专辟一节规定故意犯罪的量刑指导规则显无必要。同时，犯罪参与的共同性已然覆盖了故意犯罪，这里的共同性既能够决定定罪，也能够指导量刑。如果说再次规定共同犯罪的共同性，以其指导故意犯罪的量刑是全部立法理由，那么这充其量只能是一种政策性说明而无法代替教义学上的正当性论证。

（三）理论与实践层面：归责理念缺失导致无法指导定罪与量刑

单一制不可能真正引入归责理念。归责理念的缺失导致单一制存在诸多理论与实践缺陷。在定罪上，其无法合理划定处罚范围且对身份犯共

〔1〕 刘明祥：《论犯罪参与的共同性：以单一正犯体系为中心》，载《中国法学》2021年第6期。

犯的可罚性说明不能。在量刑上，其无法提供清晰的主犯、从犯区分标准。同时，单一制不能指导对主犯与从犯的刑事证明过程。

1.单一制难以真正引入归责理念

第一，单一制对间接正犯存在误解。自近代以来，归责理念已然伴随着间接正犯概念的出现而萌生。间接正犯概念的出现是正面肯定溯责禁止这一归责原理的必然结果。也正因为如此，在单一制对区分制所展开的批判中，以间接正犯概念承受的火力最为集中。〔1〕单一制将间接正犯概念理解为基于“替补角色”〔2〕而来的具有先天缺陷的“怪胎”。〔3〕“替补角色”的由来在于，因为根据德国早期立法所确立的极端从属性说，共犯的成立必须以正犯具备构成要件符合性、违法性、有责性为必要条件，所以，在教唆不具备责任的人犯罪之际，教唆者无法成立共犯，此时，为了弥补处罚漏洞，就只能创造出间接正犯这一概念。果真如此，那么间接正犯概念确实足以动摇区分制的基础，因为间接正犯背后的思维顺序是由共犯到正犯，这是典型的扩张的正犯概念的思维逻辑，与区分制所立基的限制的正犯概念格格不入。

然而，间接正犯概念的诞生并非来自共犯不成立时再判断正犯的“替补角色”式思考，而是在考虑到人之自律的基础上，对归责理念加以正面肯定的必然结果。德国刑法学家费尔巴哈（Paul Johann Anselm von Feuerbach，1775—1833）是近代刑法思想的奠基人，被誉为“近代刑法学之父”。其首要功绩莫过于协助巴伐利亚王国订立1813年《巴伐利亚刑法典》并且提出了罪刑法定主义理论。〔4〕1813年《巴伐利亚刑法典》首次在

---

〔1〕 阎二鹏：《论间接正犯概念的消解》，载《法学论坛》2011年第4期；刘明祥：《间接正犯概念之否定——单一正犯体系的视角》，载《法学研究》2015年第6期；黄明儒、王振华：《论单一正犯体系视域下间接正犯概念之否定》，载《东南大学学报（哲学社会科学版）》2017年第6期；张伟：《间接正犯泛化与统一正犯体系的确立》，载《法商研究》2018年第3期。

〔2〕 张伟：《间接正犯泛化与统一正犯体系的确立》，载《法商研究》2018年第3期。

〔3〕 刘明祥：《间接正犯概念之否定——单一正犯体系的视角》，载《法学研究》2015年第6期。

〔4〕 陈惠馨：《德国近代刑法史》（修订2版），台北，元照出版有限公司2016年版，第185页。

立法上区分了直接发起者与间接发起者，前者类似于今天的直接正犯，后者包含不可欠缺的帮助以及知的发起者。[1]顾名思义，发起者就是原因提供者（类似于今日的正犯）。在当时的知的发起者之中，并未区分教唆犯（广义的发起者）和间接正犯（狭义的发起者）。究其原因，是当时人们对因果关系的理解不够精细，将所有促成犯罪的原因一把抓地放入知的发起者之中，并未充分认识到人的自律对因果关系认定的重要意义。

其后，随着新康德学派的兴起，学界逐渐认识到自律的主体之前并无他因，人的自由决定本身就是原因。继而，有学者认识到，在知的发起者之中，存在直接实行者具备意志自由（自己是原因，对应教唆犯），以及受到背后者的压制而不具备意志自由（背后者是原因，对应间接正犯）这两种情况，并主张应当对此予以严格区分。[2]此时，间接正犯概念已然有从知的发起者之中脱颖而出的势头。进一步在理论上催生间接正犯概念的，是黑格尔学派的行为论。该学派认为，行为"应当是受意志支配的，是'有意'的"[3]。在这一理解之下，行为是意志与行动的统一体，是自由意志实现自身，改造外界，并将外界变动打上自己主体性烙印的实践活动。在此，归责概念与行为概念一体两面。既然如此，就必须在知的发起者之中，对直接行为人是否具备自由意志加以甄别。在直接行为人自由行动之际，溯

---

〔1〕 知的发起者的概念最早由费尔巴哈在其1801年《德国刑法教科书》中所提倡，最终体现在他所起草的1813年《巴伐利亚刑法典》中。1813年《巴伐利亚刑法典》第45条规定了直接发起者和间接发起者，前者是指通过自己的行为直接实现犯罪的人，后者包含不可欠缺的帮助者和知的发起者。不可欠缺的帮助者是指对已经产生犯意的人提供不可或缺之帮助的人，知的发起者是指抱着违法目的策动他人实行犯罪者。第46条则明确了知的发起者的定义，即"通过明示的建议、委任、报酬约定与支付、暴行、胁迫、命令，或者有意地引起错误，进而决定犯行实施者实行犯罪的"。显然，这里的知的发起者包含了教唆犯与间接正犯。市川啓『間接正犯と謀議』(成文堂，2021年）17-18頁。知的发起者，也可通俗称之为造意犯。[德]安塞尔姆·里特尔·冯·费尔巴哈：《德国刑法教科书》（第14版），徐久生译，中国方正出版社2010年版，第52页。

〔2〕 Carl Joseph Anton Mittermaier, Ueber Begriff, Arten und Strafbarkeit des Urhebers, NArchCrimR 3(1819), S. 130, 142 f.

〔3〕 张小宁：《黑格尔行为概念的困境及克服——"有意性"及"回避可能性论"的刑法哲学意义》，载《人大法律评论》2017年第2辑。

责禁止被发动，背后者只能是教唆犯，在直接行为人陷入精神障碍或者错误等不能自由行动之际，溯责禁止不被发动，背后者是正犯。〔1〕

受以上过程影响，1851年《普鲁士刑法典》在第36条教唆进行犯罪行为的规定之中，就区分了“故意地使他人决定实施犯罪”（对应教唆犯）的形态与“利用他人的重罪行为”（对应间接正犯）两种情形，并正式引入正犯、教唆犯概念，用以代替知的发起者概念。〔2〕至此，间接正犯实质上已经彻底从知的发起者中脱离。唯一的遗憾，是学理上的概念化工作尚待完成。随后，这一理论工作也很快跟上。德国学者克里斯托夫·卡尔·施蒂贝尔（Christoph Carl Stübel）首次提出了间接正犯概念，而卡尔·路德维希·洛伦茨·宾丁（Karl Ludwig Lorenz Binding）在刑法教义学史上第一次明确将间接正犯概念与教唆犯加以比较，并对立、区别开来。其认为，经由一个具备自律的主体而犯罪的是教唆犯，经过无法答责之主体而犯罪的，虽名为教唆，但实为间接正犯，两者截然不同。〔3〕间接正犯是将自己的意志贯穿于行为之中的正犯，教唆者是经由他人自由意志来实现犯罪的共犯。

经由以上德国的立法、学术史梳理可知，将间接正犯概念理解为“替补角色”是一种误解。间接正犯脱胎于与教唆犯的对立区分，是正面肯定人的意思自治与答责，尊重人之自我决定的必然结果。间接正犯概念所蕴含的溯责禁止之归责思想，进一步填充了限制的正犯概念的内涵，成为支配原理之下的具体正犯判断基准——自律主体的介入导致溯责禁止，此时排除背后者的犯罪支配性即正犯性。

第二，单一制无法真正引入归责理念。如果说单一制认为间接正犯

〔1〕 Christian Reinhold Köstlin, Neue Revision der Grundbegriffe des Criminalrechts, 1845, § 140 S. 510.

〔2〕 市川啓『間接正犯と謀議』(成文堂, 2021年)31頁。

〔3〕 市川啓『間接正犯と謀議』(成文堂, 2021年)32-34頁。

概念不必存在是其难以正视归责理念的明证，那么，在思维根源层面，令单一制无法肯定归责的，是其对人之自律性的忽视。世间存在两种规律：一为道德律或曰自由律，二为自然律或曰因果律，两者有所不同。〔1〕道德律是人所开启的因果进程，在规范层面为刑事非难提供归责基础，自然律是客观规律的演进，在事实层面为刑事非难提供归因根据。在道德律层面，人的自我决定本身便是原因，原因之前，并无原因。“承认行为人具有自由，这是从刑法上将某一个结果归责于该人的基本前提。”〔2〕法律对人之自由予以尊重的集中表现是，承认人基于意思自治而成为自己“王国”（答责领域）的主宰，在排除他人干涉的同时，也必须为由自己答责领域内所输出的风险负责，自由与责任一体两面。这便是自我答责原理的核心精义。〔3〕

答责原理为人的自治空间划定边界的同时，也为人承担刑事责任的范围划定边界。在答责的视野下，多人协作地对外界加以改造的过程，就犹如对作品的共同创作，都是人类通过实践活动给外界打上意志烙印的过程。既然作品有第一作者、第二作者，共同第一作者的形式，责任分配也必有多种形式——正犯是“第一次责任人”，共犯是“第二次责任人”，共同正犯是“共同第一次责任人”。一般而言，“自我答责地行动而导致结果发生的人是正犯，背后的人原则上仅成立共犯”〔4〕，但是在团队高度协同合作、每个人的作用都对等的情形下，全体共犯人都是“共同第一次责任人”。

如前所述，单一制所倡导的行为共同是将参与人与结果之间的心理、

〔1〕［德］康德：《纯粹理性批判》，李秋零译，中国人民大学出版社2004年版，第300页以下。

〔2〕陈璇：《过失犯远因溯责的规制路径：以渎职犯罪为中心》，载《中国法学》2023年第2期。

〔3〕小林憲太郎『刑法的帰責——フィナリスムス・客観的帰属論・結果無価値論』（弘文堂，2007年）163頁。

〔4〕安達光治「客観的帰属論——犯罪体系論という視点から」川端博、浅田和茂、山口厚、井田良編『理論刑法学の探究・1』（成文堂，2008年）80頁。

物理的因果关系作为其承担正犯责任的基础。在其看来，利用人与利用动物是一样的，自律主体的介入并未给背后者的归责带来什么影响，两者都违反的是同一个“不得杀人”的行为规范。[1]因此，单一制的思维顺序是先判断与结果之间有因果关系的人，再在其中区分出应重罚的正犯之“先共犯，后正犯”模式。这便决定了单一制不可能真正引入归责理念。根据客观归责理念，构成要件就是行为人的答责范围，人仅为自己创造出并实现在构成要件保护范围内的结果负责。因此，构成要件是刑罚发动的正当性依据，为公民划定答责范围的同时，也划定了其自由的边界。与此相应，正犯与共犯的责任区分归根结底是一个构成要件的结果归责判断问题。在归责视野下，规定“第一次责任”的是正犯构成要件，由分则完成，规定“第二次责任”的是共犯构成要件，由总则完成。分则的构成要件是原型，共犯的构成要件是经总则规定扩展而来的形态。

据此，要真正引入归责理念，必会肯定正犯与共犯违反的行为规范有质的不同，前者违反“不得杀人”的行为规范，后者违反“不得通过一个自律的主体而杀人”的行为规范。在判断犯罪时，也必会遵循先判断正犯的构成要件，再根据从属性原理进一步判断共犯的思维顺序。而这恰恰与单一制的思路相反。

2.单一制无法合理指导定罪

(1)不当扩大、缩小处罚范围

第一，单一制所立基的扩张的正犯概念以条件说为基础，[2]这会导致处罚的扩张。在条件说之下，中立的帮助行为很难具备出罪空间。例如，将劫匪载到犯罪地点的出租车司机，售卖面包给妻子用以下毒的面包师，售卖银行卡、手机卡、U盾等工具给诈骗犯的电信营业者等，都会被纳入犯

[1] 李世阳:《规范论视角下共犯理论的新建构》，载《法学》2017年第11期。

[2] 刘明祥:《论犯罪参与的共同性:以单一正犯体系为中心》，载《中国法学》2021年第6期。

罪的审查范围。提倡单一制的学者在分析案例时，也确实体现出了因果关系认定扩大化的倾向。试举一例：乙向丙瞄准开枪，甲看到了乙，乙却不知道甲的存在，甲为了确保命中率与乙一同开枪，丙死亡，但事后却无法查明命中的一颗子弹系谁而发。

就以上案例，提倡单一制的学者认为，乙成立故意杀人未遂的同时犯，但“甲在明知自己暗中与乙合作同时枪击丙的情况下，不应认定其与乙为同时犯，而应肯定其为故意参与他人正在实行的犯罪，虽由于其与乙之间无意思联络缺乏共同故意，而不成立我国刑法规定的共同犯罪，但无疑也在共同参与犯罪的范围之内。既然如此，就应将每个参与者的行为结合为一个整体，来认定其与危害结果之间的因果关系……即成立故意杀人既遂。”〔1〕这显然是以“甲知道乙的存在并且和乙一同开枪”即行为的时空重合为由，将甲、乙行为作“共同行为”看待，得出甲与结果之间存在因果关系从而成立既遂的思路。

以上思路乍一看确有其理，但却值得商榷。如上所述，行为共同的核心是分别判断各个共犯参与人与犯罪结果之间有无心理、物理的因果关系。问题正在于此。在上述案例中，分开来看。就甲而言，甲知道乙的存在，乙客观上给甲壮了胆，如果是甲打死了被害人，尚且能够说甲与结果存在物理的因果关系，乙通过甲与结果取得了心理的因果关系。就乙而言，乙却并不知道甲的存在，那么，甲就没有给乙壮胆，如果是乙打死了被害人，就不能说甲通过乙与结果取得了心理的因果关系。在甲、乙各存一半概率打死被害人的前提下，根据存疑有利于被告原则，我们既不能说是甲打死了被害人，也不能说是乙打死了被害人，因而，我们既无法肯定乙与结果之间的因果关联，也无法肯定甲与结果之间的因果关联。结论只能是，甲、乙都应当成立故意杀人罪未遂。以既遂论处两人，是将行为共同

〔1〕 刘明祥：《单一正犯视角下的片面共犯问题》，载《清华法学》2020年第5期。

扩大到行为的时空重合之上，导致行为共同的实质内容越发稀薄。

在过失犯的共犯之中，单一制所依托的条件说更是会扩大处罚范围。例如，我国存在该案：甲、乙在参加亲戚婚礼的当晚，为了庆祝，各自搬了烟花放置在某街道商住楼入口处0.7～2米的路面上，无视燃放提示进行燃放，导致发生严重火灾，过火面积达2000余平方米，受损住户93户。虽然无法查明谁燃放的烟花导致火灾，但法院仍然认定两人分别成立失火罪。〔1〕在单一制看来，这一判决并无问题，因为无论是甲引起火灾，乙通过对甲疏忽心理的促进而与结果取得关联，抑或相反，双方都可以与结果存在条件关系，因而分别单独成立过失犯罪。根据这一逻辑，在警察疏于管理枪支，被他人拿去自杀的案例中，警察也完全能够成立过失致人死亡罪。

然而，燃放烟花属于相互独立的行为，彼此之间只是时空重合，双方互不负监督义务而仅对自己的行为答责。我国新近理论研究认为："尽管过失行为人在漫不经心的态度支配下的确因能力下降而陷入不完全自由的状态，但这种轻率态度本身却是他自由选择的结果，其间并不存在任何遭受强制、胁迫或者发生认识错误的因素。从这个意义上说，无论故意犯还是过失犯，都是由行为人完全自我答责的行为。"〔2〕这一论述系属正确。既然燃放烟花的两人都系自我答责行为，那么，要让两人共同为结果承担责任，便需要更为积极的理由。否则，便是以行为共同之名，行归责扩大之实。同时，自杀属于自我答责的故意行为，在欠缺一个正犯之际，将警察作为共犯处罚，同样是处罚范围的扩张。

不难发现，导致前述扩张的原因，是归责理念的缺失。为了限缩处罚，提倡单一制的学者在归责理念之外，积极寻求解决方案。有学者主张援引《刑法》第13条中的但书条款，认为"如果达不到犯罪的严重程度，根据我

---

〔1〕 浙江省台州市中级人民法院刑事判决书，(2009)浙台刑一终字第27号。

〔2〕 陈璇：《过失犯远因溯责的规制路径：以渎职犯罪为中心》，载《中国法学》2023年第2期。

国刑法第13条‘但书’的规定，自然就不必以犯罪论处”〔1〕。然而，总则是原则与框架，分则是其具体化。在我国刑法分则采取罪质与罪量相结合的立法模式下，我们很难认为在分则的罪量之外，总则中的但书条款还具有独立的司法指导功能。实际上，“‘但书’规定只是立法者写给自己的原则性宣言，并不具有实质性的司法出罪功能”〔2〕。以但书直接出罪，在法律适用的正当性上存在疑问。

第二，以条件说为基础，还会不当缩小处罚范围。在过失犯的共同犯罪中，这一点表现明显。例如，在“皮革喷雾剂案”〔3〕中，在皮革喷雾剂存在产品瑕疵的前提下，涉案的四名董事会人员并未及时作出停止销售、召回产品的决议，导致损害进一步扩大。董事会采取多数决。在这个案例中，难点在于，如果采取条件说，“每个公司董事都可以主张，即便自己投票支持召回产品，剩下三名董事的不作为，仍然能够促成不召回决定的做出，因为在四人的董事特别会议上三人投票就已经是多数了”〔4〕。那么也就无法处罚每一位行为人。在此，与其对条件说施加各种修正，不如简洁明快地开启整体视角，肯定每一名董事的保证人地位，以投票制度的规范目的——共同确保产品安全为基础，以“共同义务的共同违反”为归责根据，认定4名被告成立过失不作为的共同正犯。〔5〕

第三，值得瞩目的是，近来我国有提倡单一制的学者力图引入客观归责理念来限缩处罚范围，但是这一尝试难言成功。该学者将厂长并未遵照规定给羊毛消毒，导致该厂四名女工因炭疽杆菌中毒而死亡，但是即便消

〔1〕 刘明祥：《犯罪参与论》，中国人民大学出版社2023年版，第362页。

〔2〕 李翔：《论我国〈刑法〉第13条“但书”司法化之非》，载《东方法学》2016年第2期。

〔3〕 BGHSt, 37, 106.

〔4〕 徐凌波：《皮革喷雾剂案与刑法上的产品责任》，载陈兴良、车浩主编：《刑事法判解》2013年第2期（14卷），人民法院出版社2013年版。

〔5〕 今井康介「共同正犯の客観的帰責構造：取締役会の場合を念頭に置いて」上智法学論集55巻3·4号（2012年）118頁。

毒，也无法杀死该病毒的“山羊毛案”稍作修改。改为该厂有A、B两名厂长，厂长A知道感染炭疽杆菌容易导致死亡结果，于是在厂长B与其商议为了节约成本就不要对羊毛消毒时，A出于对女工C的个人恩怨而同意，并论述道：“在这种情况下，就有了客观归责理论的用武之地，可以通过‘未实现不被允许的危险’这一下位归责来否定对B的处罚。”〔1〕但是，危险实现的限缩功能十分有限，在以下案件中便会失灵。

例如，路人甲看到陌生人乙掉落水中，正欲下水救人，另一位路过的不会游泳的丁教唆甲袖手旁观，因为丁的教唆行为是作为，从而无须考察其作为义务的有无，并且，丁的教唆行为所创出的风险也实现了，所以，根据单一制的逻辑，丁应当成立故意杀人罪。此处，真正能够起到限定处罚功能的，并非客观归责理论中的风险实现，而是作为独立的结果归责判断标准的自我答责原理。在归责的视野下，正犯是结果实现于自我答责领域内的归责基本形态，共犯是基于总则规定而来的答责扩张形态。〔2〕根据该逻辑，在不存在一个符合构成要件的正犯之际，基于没有原型自然也不存在扩展之原理，共犯无从成立。这恰恰是区分制的精髓之一。

以区分制反观上述案例，因为甲具备自律且具有结果回避可能性，从而是具有排他性支配的正犯，〔3〕但甲并无作为义务从而不符合构成要件，在欠缺一个符合构成要件的正犯之际，共犯无从成立。单一制仅引入客观归责理论中的风险实现而未引入归责的另一基准即答责原理，表明其也深知真正引入答责原理便等于自我消解，从而体现出对归责理念欲拒还迎，

〔1〕 王振华：《单一正犯体系的危机与突围：归责体系的构建——兼与何庆仁教授商榷》，载《法学家》2019年第3期。

〔2〕 安達光治「客観的帰属論——犯罪体系論という視点から」川端博、浅田和茂、山口厚、井田良編『理論刑法学の探究・1』(成文堂，2008年）79-81頁。

〔3〕 在不真正不作为犯的场合，溯责禁止仍然有效，一个自律的具有结果回避可能性的主体仍然是正犯，这一正犯基准往往被称为排他性。作为义务，则并非划定正犯的标准，而是划定不作为人答责领域之范围的标准。近期，我国有学者在认识到这一点的基础上，对排他性要件展开再界定。邓毅丞：《不真正不作为犯的排他性要件：理论勘误与功能重塑》，载《政治与法律》2022年第7期。

进退失据的暧昧态度。

(2)单一制不能说明身份犯共犯的可罚性

单一制无论怎样论证,都无法得出无身份者能够成立身份犯共犯的结论。

针对单一制无法合理说明无身份者何以能够成立身份犯共犯的诘难,提倡单一制的学者专门撰文予以回应。其核心说理为:"在刑法规定处罚教唆和帮助行为的条件下,应将刑法分则条文规定的一些犯罪的行为,扩大解释为包含教唆、帮助等可能造成同样的法益侵害的行为,也就是说对构成要件的行为要从刑法规范的立场来做解释。就真正身份犯来说,因为无身份者的教唆、帮助行为,可以产生与有身份者的实行行为同样的侵害法益的效果,所以,可以将无身份者的教唆、帮助行为与有身份者的实行行为作同样的实质评价,均视为构成要件的行为。"[1]如此一来,无身份者的教唆、帮助行为因为符合身份犯的构成要件行为而当然能够成立身份犯。但是,以上推理忽略了一点。在单一制中,身份犯的构成要件充其量能够包含身份者所实施的教唆、帮助与实行行为,而无法包含非身份者所实施的教唆、帮助行为。以三段论转化其逻辑为:身份者的教唆、帮助、实行行为都符合身份犯的构成要件——无身份者实施了教唆、帮助行为——无身份者符合身份犯的构成要件。在这一三段论中,大前提的中项是身份者实施教唆、帮助行为,小前提的中项是无身份者实施教唆、帮助行为,并不同一,出现了典型的"四概念错误"。

在单一制之下,并无通过解释论而肯定无身份者成立身份犯的可能性。单一制的核心逻辑是:人永远是一个"意志的我"在单独犯罪,所有参与人的构成要件与不法都须独立判断,那么,普通主体便因缺乏身份而无论如何难以被辐射入身份犯构成要件的范围之内。同时,如上文所述,单

〔1〕 刘明祥:《单一正犯视角下的身份犯的共犯问题》,载《政治与法律》2020年第11期。

一制的思考顺序是先共犯，后正犯，因而，共犯是一种处罚缩小事由。如此一来，就难以解释为何作为处罚扩张形态的正犯的成立尚且需要身份要素的加持，而作为处罚缩小事由的共犯的成立反而无需身份。

在单一制之下，要想肯定无身份者成立身份犯共犯的可能，唯有通过立法的方式加以解决。道理在于，构成要件类型划定处罚范围，其只能通过立法加以创设，将无身份者也囊括入身份犯构成要件的辐射范围内，无疑混淆了不同犯罪的构成要件，有违法治国原理。立法上的特别规定并非没有先例。比如在采取功能的单一制立法体系的奥地利，《奥地利刑法典》第14条第1项就规定了“违法身份连带”原理，〔1〕但这只能被理解为“在不具有该特殊要素的情形中，只要不设定处罚的特别规定的话，便不能对其进行处罚”〔2〕的特别规定。反观我国，虽然刑法总则中欠缺处理身份犯共犯的相关条款，却有分则条文，如第382条第3款规定：“与前两款所列人员勾结，伙同贪污的，以共犯论处。”似乎分则条文足以证明无身份者能够成立身份犯的共犯，但实则不然。总则立原则，分则设例外是我国总分式立法体例所蕴含的当然之理，而一旦采取单一制，要肯定无身份者能够成立身份犯的共犯，就只能将分则第382条第3款当作具有普适性的原则来看待，从而造成分则立原则，总则立例外，这显然与我国总分式立法模式相抵触。

引入归责理念，能够合理说明身份犯共犯之可罚性。在事实层面，身份是侵害身份犯所保护法益的前提，在规范层面，身份代表着与法益之间的内部紧密支配关系，为答责领域划定范围。〔3〕换句话说，身份代表着“某些主体基于特殊主体资格与特定法益存在特别的规范连接，具有实现排他性侵害法益的可能性”。〔4〕例如，身为国家工作人员的甲教唆其妻子乙取回贿赂

〔1〕 十河太朗『身分犯の共犯』(成文堂，2006年)123頁。

〔2〕［日］松宫孝明：《犯罪论体系的意义》，张小宁译，载《法学评论》2014 年第3期。

〔3〕 周啸天：《保证人地位事实论的重构与应用》，载《中外法学》2021年第2期。

〔4〕 敬力嘉：《规范论视域下身份犯的行为不法内涵与类型》，载《政治与法律》2023年第6期。

的，严格来说并非“利用有故意无身份的道具”问题，而是一个如何认定直接正犯的问题。因为在该案中，支配“钱权交易”过程的是权力卖方甲，与其说是甲和结果之间介入了一个自律的主体乙，毋宁说是乙与结果之间介入了一个自律的甲。在此，甲是受贿罪的直接正犯，乙是帮助犯。[1]

由此可知，因为身份者与法益之间的内部支配关系，所以身份者往往都是正犯。但是，这不代表普通主体无法成立身份犯的共犯，如前所述，在区分制之下，共犯的构成要件脱胎于正犯，其扩展类型因而也是归责的扩张，那么，普通人自身便无须具备身份。在普通人与身份者形成共犯关系时，其完全能够分享身份犯的构成要件，成立身份犯的共犯，这是总则的共犯规定使然。因此，即便我国不存在身份犯共犯的总则式立法规定，根据区分制的归责理念，也不影响我们作出前述理解。

3.单一制无法合理指导量刑与证明过程

单一制认为，“我国刑法规定共同犯罪并将共同犯罪人分为主犯与从犯，只是为了解决其量刑问题”[2]，但如何解决量刑问题，至今未解。

单一制在实体层面，无法给出明确的主犯、从犯划分基准。提倡单一制的学者认为，主犯、从犯的划分“要综合考量各参与者一起进行犯罪的多种情况，如犯罪由谁引起、由谁实行、各人的行为对最终结果的实现所作出的因果贡献力的大小，等等”[3]，这里的“等等”表明，以上因素仅是不完全列举。量刑是国家事后对刑事制裁权的发动，从事后来看，任何一个结果都包含无数条件，因而任何案件都是独一无二的，正所谓“世上没有两片相同的叶子”。囿于人类经验认知的有限性，莫说我们根本无法列举出影响量刑的众多“等等”，即便是列举出来，也无法对量刑裁判加以指导。因为所有要素综合在一起，势必导致对主犯、从犯的判断成为众多因

〔1〕［日］山口厚：《刑法总论》（第3版），付立庆译，中国人民大学出版社2018年版，第72页。

〔2〕刘明祥：《论犯罪参与的共同性：以单一正犯体系为中心》，载《中国法学》2021年第6期。

〔3〕刘明祥：《论犯罪参与的共同性：以单一正犯体系为中心》，载《中国法学》2021年第6期。

素杂糅一起的大杂烩，不仅不能为法官提供明确的判断标准，也容易让裁判过程成为“思维黑箱”。

以上疑虑，不仅我国学者有所指出，[1]在域外也引起了学者的广泛探讨。如有日本学者形象地将单一制比喻为“关东煮，或者是什锦火锅”[2]。另有学者认为，单一制不问不同要素的意义为何便将其混杂一起，没有明确的量刑指导性。[3]在日本，提倡单一制的学者自己也不无遗憾地表示，法官“在无意识之中采取了单一制，所以，正犯和共犯的区别也就仅仅是量刑阶段的事情，法官所思考的多重元素，又存在不同的组合方式”[4]。人类的认知活动贵在能够于抽象事物的基础上，直透本质、把握规律、建构思维模型。单一制的遗憾之处，在于无法为法官提供可供参考的思维模型，使得法官在无意识中，凭感觉将不同要素随意组合，有最终导致相同类型不同裁判、不同类型相同裁判之虞。这既不利于同案同判，也不利于释法说理。

单一制难以肯定正犯、共犯构成要件的量刑指导功能，这是导致单一制具有将量刑判断演变为“思维黑箱”之虞的根源。量刑是定罪基础上的量刑，犯罪的实体是违法与责任，因此，违法与责任不仅决定定罪，还决定量刑。我国《刑法》第5条规定：“刑罚的轻重，应当与犯罪分子所犯罪行和承担的刑事责任相适应。”这里“罪行本身的轻重是由犯罪的违法性与有责性决定的”[5]，刑事责任则是指“犯罪的分子的主观恶性或者人身危险性内容”[6]。前者对应着责任刑，后者基本对应预防刑，建立在“有责的

---

〔1〕 周啸天：《正犯与主犯关系辨正》，载《法学》2016年第6期。

〔2〕 亀井源太郎『正犯と共犯を区別するということ』（弘文堂，2005年）189頁。

〔3〕 田川靖紘『正犯概念の体系的再構成——共謀共同正犯と故意ある幇助道具の機能的分析を通じて』早稲田大学2015年博士学位申請論文54頁。

〔4〕 松澤伸「共犯と正犯の区別について」高橋則夫等編『曽根威彦先生、田口守一先生古稀祝賀論文集・上』（成文堂，2014年）822-823頁。

〔5〕 张明楷：《责任主义与量刑原理——以点的理论为中心》，载《法学研究》2010年第5期。

〔6〕 黎宏：《刑法学总论》（第2版），法律出版社2016年版，第27页。

不法”之基础上的责任刑，划定了刑罚的上限，预防刑不得突破。

在区分制之下，经由正犯与共犯的构成要件形塑而来的不法内涵具有高低层级关系，正犯的不法高于共犯，与此相应，正犯的责任刑也高于共犯，因此，正犯、共犯的构成要件区分就具有划定责任刑上限的量刑指导机能。那么，预防刑便只能够在责任刑的下限进行调整。当然，不排除累犯、自首、立功等影响特别预防必要性的因素会导致正犯的刑罚最终低于共犯，但这是根据预防刑调整的结果。但是在单一制之中，正犯、共犯的区分是综合所有量刑情节的判断，包括影响责任刑的因素、影响预防刑的动机、再犯可能性、累犯、死刑政策等都被纳入正犯、共犯的判断之中，从而“淹没”了正犯、共犯的责任刑上限划定机能，使责任刑、预防刑的双层次判断杂糅在一起，硬性合一。

不难发现，导致单一制丧失量刑指导功能的根源，仍然是其归责理念缺失。在归责的视角下，正犯与共犯的责任大小本不相同，对正犯、共犯构成要件的判断本身，便具有框定量刑的功能。实际上，基于归责理念的区分制能够为量刑提供层次性指导方案。在原则上，自律地引起结果的人是正犯，其背后的人是共犯，但是，在例外情形下，不排除背后的人在起到与正犯同等重要作用时，将其认定为共同正犯，在这个意义上，共同正犯是广义的共犯。因为正犯和共犯的区分是不法形态的区分，而主犯和从犯的区分则涉及违法、责任等多重因素，所以，违法与责任是我们分层次判断主犯与从犯的依托。这里的层次性判断标准是：第一，在违法层面，我们可以根据溯责禁止原理初步区分出正犯与共犯，鉴于没有超出违法的责任，正犯便是主犯，共犯便是从犯。第二，如果某共犯形态在违法层面被判定为共同正犯，那么，需要在责任层面，进一步根据动机、期待可能性、特殊预防必要性以及政策性因素区分出主犯与从犯，以便做到轻重有别、主从分明。[1]

〔1〕 周啸天：《正犯与主犯关系辨正》，载《法学》2016年第6期。

此外，单一制在程序层面，无法指导对主犯、从犯的证明过程。笔者通过检索并筛选北大法宝上的案例，得到有效案例141个。〔1〕通过分析，其中79.4%的案件都区分了主犯、从犯，仅有20.6%未予区分，将全员论以主犯。但是，在这20.6%之中，又有近21%在同是主犯之中又区分了相对作用的大小，进一步区分了作用相对较大的主犯、作用相对较小的主犯。这表明，我国的审判实践良好地贯彻了宽严相济的刑事政策，因而存在很高的主犯、从犯区分，以及证明之际的理论指导需求。但是，单一制无法满足这一需求。就以上案例，笔者总结出影响主犯、从犯认定的九个具体事实：①实行行为；②因果力；③人之关系/地位；④谋议；⑤动机/积极性；⑥参与时间、程度；⑦可替代性；⑧利益分配所得；⑨事后表现（逃跑、销赃等）。在单一制的视野下，这些证据并无证明力大小之分，都是一次性予以综合判断的因素之一。

但是，在区分制的视野下并非如此。构成要件为刑事证明提供规范指导，而诉讼活动证明的是构成要件事实。在诉讼证明活动中，主犯、从犯事实是待证的主要犯罪事实，就其收集的证据是直接证据。“间接事实是推定主要事实存在的事实”〔2〕，证明间接事实的证据是间接证据。以上九个事实都并非主犯与从犯这一主要事实，因而就这九个事实所收集的证据也都非直接证据，但是，这并不意味着这些证据之间的证明力相同。应当说，前述①②③④⑤⑥⑦属于推论作用大小的间接事实，就此收集的证据为间接证据，而前述⑧⑨属于推论间接事实的间接事实。因为分赃与销赃都是事后表现，其仅仅在推论各个参与人在事前、事中的谋议内容、地位、动机/积极性的方面发挥作用，所以，就此收集的证据，是间接的间接证据

---

〔1〕 案例检索过程为：于2023年2月22日登录北大法宝，搜索条件：“主犯”并且“从犯”，时间：2013年2月22日—2023年2月22日，审级：一审案件（一审为事实审，主犯、从犯的认定是事实认定），文书：判决书。得到参阅案例13个、典型案例7个、经典案例40个、应用案例19个、优秀案例84个、指导案例2个，共165个。经过筛选，得到141个有效案例加以分析。

〔2〕 ［日］田口守一：《刑事诉讼法》（第7版），张凌、于秀峰译，法律出版社2019年版，第438页。

即双重的间接证据，其证明力弱于其他证据。

当然，如果在事前谋议中就分赃有所约定，这本身就可以作为谋议的内容而成为间接事实。尤其是在贪财得利型犯罪中，谋议内容中的分赃约定，比如非法吸收公众存款、集资诈骗公司的分红制度以及职员奖金合约，往往是认定主犯与从犯的重要间接证据。从这个意义上来看，在公司中地位高的人，即便事后分赃较少，其也能够被认定为主犯，相反，地位低的一般职员，即便在事后分赃多，也不代表其可以被认定为主犯。

二、区分制共犯体系选择

本书认为，正犯和共犯的区分，是违法层面的问题，而主犯、从犯的区分则涉及违法、责任甚至刑事政策，因而，此处所指的区分制，是指在违法层面所展开的正犯与共犯之区分。对此，我国应当采取区分制共犯体系。

首先，我国《刑法》第29条明确规定了作为狭义共犯的教唆犯，这是根据分工对参与人进行的分类，这说明我国立法明确认可了参与人的地位对定罪和量刑的影响。同时，第26条第1款规定："组织、领导犯罪集团进行犯罪活动的……是主犯。"此种参与人在学理上被称为组织犯，刑法依据其行为类型规定为主犯，第3款和第4款分别针对组织犯中的首要分子和其他主犯，规定了相应的处罚原则，这也说明了我国刑法重视参与人的行为类型差异，并以此确定相关的量刑原则。

其次，正犯和帮助犯虽不是我国刑事立法的术语，但刑法的规定包含了这两者的内容。具体而言，《刑法》第26条所规定的主犯包括实施犯罪构成要件行为的实行犯、组织犯。在第27条关于从犯"在共同犯罪中起次要或者辅助作用"的规定中，"次要作用"是指实施次要实行行为的次要实行犯，而"辅助作用"是指实施帮助行为的帮助犯。上述规定都体现了行为分工对参与人类型划分的意义。[1]

最后，在刑事责任上，从犯、胁从犯以及教唆犯的处罚也大体上是依附于主犯。1979年刑法规定对从犯与胁从犯的处罚均必须“比照主犯”。尽管现行刑法删除了这一规定，但司法实践对于其他种类共犯的处罚仍然还是“比照主犯”进行的。例如，2010年2月8日《最高人民法院关于贯彻宽严相济刑事政策的若干意见》第33条中规定“在共同犯罪案件中，对于主犯或首要分子检举、揭发同案地位、作用较次犯罪分子构成立功的，从轻或者减轻处罚应当从严掌握，如果从轻处罚可能导致全案量刑失衡的，一般不予从轻处罚”。这意味着，主犯处罚轻于从犯的情况属于“量刑失衡”，一般要予以避免。并且，《刑法》第29条所规定的“被教唆的人没有犯被教唆的罪”，是指被教唆的人没有犯“既遂的罪”，如果被教唆人没有着手的话，就不得处罚教唆者。[2]根据实践中所采取的以主犯刑事责任为参照系来确定从犯刑事责任的做法可知，从犯的刑事责任从属于主犯，根据处罚教唆犯必须以被教唆者着手实施犯罪为前提这一点可知，教唆犯的成立从属于正犯。从定罪与量刑这两个层面上来看，我国刑法采取了区分制共犯体系。

〔1〕 张开骏：《区分制犯罪参与体系与“规范的形式客观说”正犯标准》，载《法学家》2013年第4期。

〔2〕 黎宏：《刑法学总论》(第2版)，法律出版社2016年版，第297页。

第三章　最小从属性提倡：以对合法行为的利用为中心

在区分制的框架下，正犯与共犯之间的关系成为问题，因而也是此部分的论述对象。实行从属性已经在学界取得广泛共识，而在要素从属性之中，则仍存争议。限制从属性说认为，共犯的成立以正犯符合构成要件且违法为必要条件，最小从属性说认为，共犯的成立以正犯符合构成要件为必要条件。两者之间在单纯参与合法行为的场合下，不存在差异。例如，甲在正当防卫之际，乙给甲传递正当防卫所需工具的，因为甲的行为完全符合法规范的期待，即保护更高阶的利益，因而不存在成立犯罪的可能性。

但是，在引起利益纠葛并利用合法行为达到不法目的的场合，最小从属性与限制从属性的处理思路则存在根本不同，因而可以说，对合法行为的利用是检验我们应当选择最小从属性还是限制从属性理论的“试金石”。所谓对合法行为的利用，是指利用他人所实施的正当防卫、紧急避险、法令行为等不具备违法性或者不符合构成要件的行为，从而引起一定法益侵害结果的情形。利用合法行为的人，简称为利用人。实施合法行为的人，由于是直接引起结果发生的人，故简称为直接行为人。按照我国现有理论，对利用合法行为的处理，分为两种情况：第一，当利用人对犯罪的支配达到了间接正犯的程度时，则就直接行为人所造成的最终结果（以下简称最终结果）成立间接正犯（既遂）；第二，若利用人对犯罪的支配未达到间接正犯的程度时，根据限制从属性说，其无法就最终结果成立既遂犯罪，而仅成立未遂的教唆犯。但是，这一传统解决思路尚存问题，试举以下两例说明：

案例1：张三从背后用枪顶住李四的后脑勺，让其向正端枪瞄准自己的警察王五举枪射击，王五被逼无奈，开枪反击，打死了李四。

案例2：张三明知李四并非身手不凡的王五的对手，其不可能杀死王五，但仍教唆李四去杀害王五，其后又将李四要前来杀害王五的消息告知王五，让王五做好正当防卫的准备。果然，王五基于正当防卫行为杀死了李四。

在对合法行为的利用中，要认可利用人成立间接正犯，必须满足两个条件：一方面，利用人对被害人的教唆必须达到将其像工具一样地加以利用、支配的程度；另一方面，直接行为人极有可能按照利用人的预想做出反击行为，且该反击行为在客观上极有可能致对方死伤。[1]按此标准，在案例1之中，张三成立故意杀人罪的间接正犯。但在案例2之中，张三并未满足以上两个条件，那么，要对张三论罪，只能考虑其成立共犯。按照限制从属性说，要成立共犯，正犯应具备构成要件符合性并且违法，故而，在王五的行为是合法的前提下，张三不可能成立对王五的故意杀人罪（既遂）的教唆犯，而只能成立对李四的故意杀人罪（未遂）的教唆犯。但是，教唆犯的故意内容，应当是对法益侵害结果的最终认识，[2]而此处的张三对王五死亡的结果并无认识，故而张三也无法成立故意杀人罪（未遂）的教唆犯。继而，张三的行为不成立任何犯罪便是当然的逻辑结论。可是，李四死亡的结果明明是由张三引起，且李四并未意识到自己会被身手不凡的王五杀死，从而不属于自冒风险，对张三不予处罚无疑会形成处罚漏洞。倘若硬要将案例2中的张三也解释为间接正犯，一方面会降低成立间接正犯所应要求的犯罪支配程度，另一方面也实际上是将无法按照共犯处

〔1〕 黎宏：《刑法总论问题思考》，中国人民大学出版社2007年版，第113页。

〔2〕 黎宏：《刑法学总论》（第2版），法律出版社2016年版，第299页。

罚的行为以间接正犯之名义进行处罚，抹杀了间接正犯的正犯属性，难言合理。

可见，传统理论无法在利用人仅成立共犯，且对其所教唆的结果并无认识的案例2之中，为处罚利用人提供合理的理论根据。倘若选择最小从属性说，承认共犯的成立只以正犯具备构成要件符合性[1]为前提，则案例2中的张三当然可以成立故意杀人罪（既遂）的教唆犯。那么，解决以上问题的核心便在于：在我国，到底应选择何种要素从属性理论？对合法行为的利用，成为要素从属性说的试金石。以下，本书在梳理现有学说的基础上，对此问题作出探讨，以期为这一问题的解决提供合理的理论路径。

第一节　学说辨析

在对合法行为的利用之中，直接行为人具备违法阻却事由（如正当防卫、紧急避险），但是，该违法阻却事由能否连带作用于利用人，即利用人能否援用直接行为人所具备的违法阻却事由来为自己开罪？对此问题的回答有三：其一，直接行为人的违法阻却事由一概不连带作用于利用人。因为，违法判断是根据各个行为人自身所具备的事由进行的个别判断，利用人违法与否与直接行为人无关。其二，在利用人是间接正犯的场合，其违法与否与直接行为人无关，利用人成立犯罪；在利用人是共犯的场合，正犯阻却违法，利用人自然也不违法。其三，直接行为人的违法阻却事由一概连带作用于利用人，无论利用人是间接正犯还是教唆犯，只要直接行

〔1〕 此处对构成要件的解释，采取的是形式的解释，即正当防卫、紧急避险等行为都符合了构成要件，只是并不违法。

为人不违法，利用人也不违法。持第一个回答的，是扩张正犯说、[1]最小从属性说。持第二个回答的，是现今在我国占通说地位的间接正犯说，另外还有危险状态引起说。持第三个回答的，是将结果无价值立场予以彻底化的学说。[2]

一、扩张正犯说

扩张正犯说认为，任何犯罪之不法构成要件都可以利用他人的行为事实来实现，凡是引起结果发生的人，无论是自己亲手引起还是利用他人引起，都是正犯。此处所利用的是他人的行为事实，而不是他人行为的不法性（法律评价）。他人行为的不法性和自己行为的不法性没有关系，也没有办法从属。[3]根据此说，对违法的判断本身就是根据行为人自身的事由所做的独立判断，违法自然是相对的，那么，利用合法行为的人自当违法。具体到上述案例1、案例2之中，张三都成立故意杀人罪（既遂）的单独正犯。在我国大陆地区，明确持该说的学者是阎二鹏与江溯教授，在我国台湾地区，持该说的代表性学者是黄荣坚教授。但是，扩张正犯说存在以下问题：

其一，根据扩张正犯说，会导致在对合法行为利用的场合，得出不符合因果关系发展原理的结论。以利用合法行为为例，债权人向执行法院申

---

〔1〕 需要指出的是，扩张正犯说采取的是扩张正犯概念，而另外几种学说所采取的都是限制正犯概念，故而，扩张正犯说与其他几种学说并不在一个层面上。但是，在违法连带与违法独立这一对矛盾中，扩张正犯说主张对违法进行独立的判断，从而与其他学说产生了对立。在这一意义上，此处将扩张正犯说与其他学说放在一起进行探讨。

〔2〕 因为我国并无学者持此观点，故而在以下学说辨析中，不就此观点专门进行辨析而仅在此处做简短说明。该观点基于结果无价值论的立场认为，只要结果是合法的，那么所有引起该结果的行为也都是合法的，继而在对合法行为的利用之中，不区分利用人是间接正犯还是教唆犯，一概认为只要直接行为人所引起的最终结果是合法的，利用人的行为就也是合法的。在德国，早期的Edmund Mezger持此观点，在日本持此观点的是大越义久和町野朔。林幹人『刑法の現代的課題』(有斐閣，1991年)104-111頁；町野朔「惹起説の整備・点検——共犯における違法従属と因果関系」松尾浩也、芝原邦尔編『内藤谦先生古稀祝贺——刑事法学の现代状况』(有斐閣，1994年)120頁。

〔3〕 黄荣坚：《基础刑法学》（下）（第3版），中国人民大学出版社2009年版，第521页。

请查封第三人放置于债务人工厂内的机器，导致第三人的机器被查封拍卖的，根据扩张正犯说，债权人构成间接妨害自由罪（我国台湾地区“刑法”第26章所规定之犯罪——笔者注）或者间接抢劫罪。因为，法院是基于法益衡量原则，为了确保强制执行的实现这一更高法益，才对债务人的动产进行查封，其行为完全合法。但是，对于债权人而言，其不需要和法院一样确保强制执行的实现这一基本目的，那么，同样一件查封的事实对于法院而言是合法的，对于恶意之债权人而言却是不合法的。[1]但是，站在结果无价值的立场上来看，之所以说某个行为违法，是因为其引起了违法结果。[2]对某行为构成犯罪与否的判断也首先是站在事后，对结果违法与否所做的判断，继而在结果违法的基础上，再根据因果关系的原理，判断能否将该违法结果客观归责于某个行为。

如果从因果关系的发展上来看上述法院查封财产的案例，因为是债权人引起了法院的合法行为，从而导致第三人的财产被查封，那么，从债权人的行为出发到第三人的财产被查封为止，应当是一整个因果关系的发展过程，故而，同样一个第三人财产被查封的结果，不可能在债权人申请法院查封第三人财产时是违法的，而在法院对第三人财产进行查封时却是合法的。无论如何，结果不可能在因果关系的发展途中“变质”。

其二，扩张正犯说会在身份犯的共犯的场合，导致处罚上不合理的结局。扩张正犯说主张违法的独立判断，那么，行为人教唆他人自伤的，其所引起的并非是“自伤”结果，而是“他人”受伤这一结果。该结果相对于自伤者合法与否，在判断犯罪的成立之时完全没有意义。那么，在身份犯的共犯之中，当普通人教唆国家工作人员实施监守自盗的贪污行为之时，普通人充其量只能对“财物被盗的结果”负盗窃罪的刑事责任。

---

〔1〕 黄荣坚：《基础刑法学》（下）（第3版），中国人民大学出版社2009年版，第521页。

〔2〕 町野朔「惹起説の整備・点検——共犯における違法従属と因果関系」松尾浩也、芝原邦尔编『内藤谦先生古稀祝贺——刑事法学の现代状况』（有斐閣，1994年）116頁。

因为相对于普通人而言，其无法从属于他人所实现的贪污罪的不法，从而只能够根据自己的构成要件而实现盗窃罪的违法。如果认为在上述场合，普通人完全可以实现贪污罪的构成要件，从而具备贪污罪的不法，那么，在构成要件符合性层面，势必将构成要件的定型性进行模糊化处理，抹杀身份在构成要件中的地位，即不具有身份的人无论如何无法“实现”身份犯的构成要件。不仅如此，在违法性层面，其也势必陷入与所有犯罪都是单独犯罪从而不可能在违法上相互从属这一理论前提相矛盾的境地，因为违法是构成要件所规定范围内的违法，既然普通人无法实现身份犯的构成要件，硬要赋予其贪污罪的违法，该违法只能是根据对正犯违法的从属而来。如此一来，普通人便只能构成盗窃罪，但由于成立盗窃罪所要求的数额低于贪污罪，这显然会导致国家工作人员尚未构成犯罪，而普通人已然构成犯罪的不合理结果。

基于以上原因，扩张正犯说及其所倡导的扩张正犯概念并不适合于我国刑法理论。而坚持于构成要件上区分正犯、共犯，在共犯从属于正犯的构成要件（共犯符合修正的构成要件）的基础上处罚共犯，是贯彻罪刑法定原则的必然选择。那么原则上，将自己实施实行行为的人看作正犯，将共犯看作扩张处罚事由的限制正犯说是可采的。

二、最小从属性说

在我国，持最小从属性说的是王昭武教授。其立足于二元的行为无价值论立场之上认为，违法判断本身就是根据各个参与人所具有的不同事由所做的实质判断，从而提倡违法的相对性。进一步，其在承认主观违法要素的基础上，得出最小从属性说最适合于我国的结论。〔1〕就利用合法行为

〔1〕 王昭武：《论共犯的最小从属性说——日本共犯从属性理论的发展与借鉴》，载《法学》2007年第11期。

而言，王昭武教授立足于正当防卫中防卫意思必要说的基础上举例认为："在X教唆Y去杀Z，同时又教唆不知情的Z利用正当防卫杀死Y之时，因Z具有防卫的意思可构成正当防卫阻却违法性，而X并无防卫意思不能构成正当防卫，其行为并不因Z不具有违法性而随之丧失违法性，因而正犯合法并不必然带动共犯合法。"〔1〕那么根据该说，对合法行为的利用人完全能够就最终结果成立教唆犯。据此，上述案例2中的张三成立故意杀人罪（既遂）的教唆犯。

在日本，同样站在二元的行为无价值论立场上，主张最小从属性说的学者是大谷实教授。其认为，成立共犯，要求存在正犯的实行行为以及该实行行为侵害或者威胁法益这两个条件。例如，"教唆他人杀人，正犯作为正当防卫而将被害人杀害的场合，正犯具有实行行为，即便其违法性被阻却，但由于产生了侵害法益的结果，所以，也能认可与其处于从属关系的共犯"〔2〕。显然，在违法实质二元论的立场下，正犯侵害或者威胁法益（结果无价值）不等于正犯违法，因为违法是结果无价值与行为无价值（违反社会伦理规范）之和，共犯仅从属于正犯的结果无价值即可，而行为无价值则须在正犯与共犯之间进行独立判断，这就完全可能导致正犯、共犯违法的相对。

以上述观点分析案例2可知，王五造成了李四生命法益受损的结果，那么张三就从属于这一法益侵害结果从而成立故意杀人罪的教唆犯，但是，王五的行为由于具有社会相当性从而阻却违法，最终，张三违法而王五并不违法。大谷实教授进一步认为，即便持最小从属性说，也不会得出教唆实施医疗行为或者惩戒行为的人就要成立教唆犯的结论。因为，教唆犯要违法，还必须具备行为无价值，"在这些场合，应当作为具有社会相当性的

〔1〕王昭武：《论共犯的最小从属性说——日本共犯从属性理论的发展与借鉴》，载《法学》2007年第11期。

〔2〕［日］大谷实：《刑法讲义总论》（第2版），黎宏译，中国人民大学出版社2008年版，第371页。

情况而否定教唆行为具有违法性”[1]。值得注意的是，在日本现今，持最小从属性说的学者日渐增加，除大谷实教授外，还有前田雅英、西田典之、佐伯仁志、岛田聪一郎等学者支持此说，而后几位学者都是一元的结果无价值论者。

但是，以上在违法实质二元论基础上所倡导的最小从属性说存在两个问题：

一是该观点用以论证违法相对性的二元的行为无价值论的立场，不能得到赞同。总结结果无价值与行为无价值的争论，重点是能否于原则上承认主观违法要素。倘若不存在主观违法要素，那么判断违法与否之时，判断对象就应当是客观的法益侵害。因为客观是不可能因人而异的事物，那么，根据共犯通过正犯引起法益侵害的因果共犯论原理，共犯所引起的违法与正犯的违法应当一致，也正是在这个意义上，违法在原则上是连带的。倘若存在主观违法要素，那么在判断违法之时，其判断对象便是因人而异的主观要素，继而，违法在原则上便自然是相对的。但是，在我国，已有学者在解释论层面上对二元论作出精辟批判，[2]并在立法论层面，就结果无价值论更适合于我国的刑事立法作出翔实的论证。[3]实际上，主观违法要素原则上不应被承认，而正当防卫也不需要防卫意识。[4]既然站在结果无价值的理论立场上来看，二元论的理论立场本身就存在种种问题，随之而来的结论便为：正犯、共犯之间的违法在原则上就应当是连带的。

[1] [日]大谷实：《刑法讲义总论》(第2版)，黎宏译，中国人民大学出版社2008年版，第372页。

[2] 在解释论层面对二元论作出批判的，参见黎宏：《刑法总论问题思考》，中国人民大学出版社2016年版，第1页以下；张明楷：《行为无价值论的疑问——兼与周光权教授商榷》，载《中国社会科学》2009年第1期。鉴于本书所基于的结果无价值理论立场已有诸多学者进行充分证立，在此不赘。

[3] 在立法论层面，对我国的刑事立法中所体现出的结果无价值论所作的阐明，参见黎宏：《结果无价值论之展开》，载《法学研究》2008年第5期。

[4] 有关正当防卫之中不需要防卫意识的论证，参见张明楷：《论偶然防卫》，载《清华法学》2012年第1期。

二是倘若将以上观点贯彻到底，行为人教唆家长对子女实施正当惩戒行为的，教唆警察实施合法的逮捕行为的，其背后利用人都是违法的。但是该说的论者对此反驳认为，这些行为都不具有社会相当性，从而不构成犯罪。[1]应当看到，逮捕等公务行为的作出，是为了保护职务行为的顺利实施这一个更高的利益而被合法化，而对子女的惩戒之所以合法，也是为了保障子女未来之良好发展这一更高的利益而被合法化，以上都是通过利益衡量而得出的逻辑结论。倘若认为违法本身就是相对的，那么，对这些行为进行教唆的人，本身就并未陷入这些利益冲突之中，从而完全应当违法，但这一结论无疑扩大了处罚范围，处罚了一个并未引起违法结果的行为。并且，以社会相当性这一模糊的概念为由，排除其违法的理由相当牵强，将违法的实质求之于社会相当性，也完全偏离了刑法的目的是保护法益这一基本立场。

三、间接正犯说

间接正犯说是我国以及日本的通说，其对利用合法行为的解决思路如以上问题的提出中所述。例如，周光权教授在论述间接正犯中的诸类型时认为，“利用他人的合法行为实施犯罪，是指利用他人符合构成要件，但阻却违法的行为达到幕后支配者的目的的情形。例如，甲事实上想杀害乙却教唆乙去杀丙，同时甲告知丙有人想杀他，让后者做好正当防卫的准备。后来，当乙持刀来杀害丙时，丙果然正当防卫杀死了乙。甲就属于利用不知情的丙的合法行为达到了杀害乙的目的，支配了乙死亡的过程，因而构成故意杀人罪的间接正犯”[2]。但是，这一传统理论除了以上问题的提出中

---

〔1〕 王昭武：《论共犯的最小从属性说——日本共犯从属性理论的发展与借鉴》，载《法学》2007年第11期。

〔2〕 周光权：《刑法总论》（第4版），中国人民大学出版社2021年版，第344页。

所言及的缺陷之外，还存在另一不足之处，即间接正犯说会导致处罚范围的扩大。

例如，张三看到别人家5岁的孩子陷于火海之中，尽管张三可以自己进入火海将该孩子救出，但却给了5岁的孩子一个榔头，让其砸碎邻居家昂贵的玻璃逃生。在此案例中，张三并不满足紧急避险的补充性要件从而并不成立为第三人的紧急避险。按照间接正犯说，张三将5岁的孩子达到了像工具一样的支配程度，从而应当构成故意毁坏财物罪的间接正犯。但是在本案中，张三所引起的是一个“好”的结果，因为5岁孩子的生命与邻居家的财产已经陷入了法益冲突，张三只是在生命与财产这一对法益冲突中，保护了更高的法益，即生命，从而引起了一个有价值的结果。既然如此，张三就不应当构成犯罪。倘若将以上案例稍作改变，将5岁的孩子变为18岁的成年人，根据间接正犯说，张三恐怕就不构成犯罪。但是，在两个设例之中，张三在客观上都引起了他人紧急避险的结果，仅根据直接行为人年龄不同这一点，结论便会产生天壤之别，其理论根据何在？这是间接正犯说所无法说明的。

四、危险状态引起说

林维教授认为间接正犯的正犯性，源自其具备实行行为。在对合法行为的利用之中，林维教授认为，在利用者主观上存在恶意的情况下，被利用之行为对于被利用者而言虽为合法，其结果亦称不上是刑法中的危害结果。但这并不意味着在必要的主观恶意之下的客观危害行为与结果没有发生。对于利用者而言，上述行为已成为其整体实行行为之一部分，并无合法可言。应注意的是，作为合法行为起因的危险状态，如正当防卫与紧急避险的危急状态或执行命令中的需要执行状态，必须是间接实行犯的一个被法所不允许的违法行为所引起的，如命令必须是被告人发布的，或正当防卫的不法侵害是被告人挑逗、唆使的，等等。[1]该说的特点在于，以利用人的"主观恶意"作为其受处罚的根据，并且在间接正犯说的基础上，明确提出了一个限定条件，即合法行为起因的危险状态必须是由利用人所引起。

该说最大的问题在于，以利用人的"主观恶意"作为处罚根据，完全偏离了客观主义刑法理论的轨道。并且，根据"危险状态引起说"，命令必须是被告人发布的才算引起危险状态，但实际并非如此，因为在刑法中所广为探讨的利用法令行为的典型设例之中，被告人并未直接发布命令。例如，在日本刑法学中所探讨的，甲明知乙是无罪之人，还捏造犯罪事实向搜查机关进行虚伪告发，而使乙被逮捕的案例之中，[2]甲显然并未发布逮捕命令，但也存在其是否构成逮捕、监禁罪的间接正犯或教唆犯的理论探讨余地。另外，应当看到，该说对引起危险状态的提出，具有一定的积极意义，但遗憾的是，该说并未就此作进一步的理论阐明。

第二节　问题解决标准的提出

要解决以上问题，还要回到对要素从属性理论的探讨上来。一般认为，共犯从属性中的要素从属性，探讨的是共犯成立，需要正犯满足哪些条件的理论。按照正犯满足条件的不同，可将要素从属性划分为：最小从属性、限制从属性、极端从属性和夸张从属性。最小从属性认为，共犯的

---

〔1〕 林维：《间接正犯研究》，中国政法大学出版社1998年版，第93-94页。

〔2〕 山口厚「共同正犯の基本問題」山口厚、井田良、佐伯仁志編『理論刑法学の最前線』(岩波書店，2001年)218頁参照。

成立以正犯的行为具备构成要件符合性为必要条件。限制从属性认为，共犯的成立以正犯的行为具备构成要件符合性和违法性为前提。极端从属性认为，共犯的成立除了需要正犯的行为符合构成要件以及违法之外，还要求正犯应当有责。夸张从属性则认为，共犯的成立除了要求正犯的行为满足构成要件符合性、违法性和有责性外，还要求正犯的行为具备可罚性。〔1〕我国立法并未明确规定采取何种要素从属性理论，这就为学说探讨留下了充分的空间。可以肯定的是，夸张从属性说已被各国刑事立法以及刑法理论所抛弃，而极端从属性说也因不符合我国的理论发展与实践需要，从而渐渐退出理论舞台。〔2〕在现阶段，在我国存在对立的，是最小从属性说和限制从属性说。

一、限制从属性说与最小从属性说的对立

限制从属性说与最小从属性说都有可能承认存在正犯违法、共犯不违法这一情况。两说的唯一对立点在于：能否承认正犯不违法，共犯违法的情况存在。

其一，对成立共犯，正犯需要具备哪些要素的探讨，实际上是对共犯成立的“必要条件”的探讨。德国学者马克斯·恩斯特·麦耶(Max Ernst Mayer)最早提出了要素从属性的分类，其将要素从属性分为最小从属性、限制从属性、极端从属性和夸张从属性。现在的学者普遍将夸张从属性定义为：成立共犯，正犯除符合构成要件、违法、有责之外，还必须具备可罚性。〔3〕但实际

---

〔1〕［日］大谷实：《刑法讲义总论》(第2版)，黎宏译，中国人民大学出版社2008年版，第370页。

〔2〕王昭武：《论共犯的最小从属性说——日本共犯从属性理论的发展与借鉴》，载《法学》2007年第11期。

〔3〕［日］大谷实：《刑法讲义总论》(第2版)，黎宏译，中国人民大学出版社2008年版，第370页。

上，麦耶根据《普鲁士刑法典》第35条的规定，[1]对夸张从属性所下的最初定义与现在学者所下定义并不相同。麦耶认为，夸张从属性是指，在身份犯的共犯中，正犯的一身的加重、减轻事由（身份——笔者注）也影响到对共犯的处罚。[2]日本学者松宫孝明教授敏锐地从其中捕捉到了问题，并认为，麦耶对夸张从属性所下的最初定义显然是在正犯要素连带作用于共犯的意义上而作出的，与最小从属性、限制从属性、极端从属性的定义并不相同。即“夸张从属性以外的三种从属形式均是对共犯成立的必要条件加以论述，只有夸张从属性着眼于正犯拥有的加减身份是否对共犯所判处的刑罚具有连带作用”[3]。

这样，松宫便以身份犯的共犯这一问题为切入点，从德国立法对一身的加重、减轻事由（身份）的规定之中，发现了共犯从属性实际上所含有两个不同方面：第一个方面是指，作为成立共犯的必要条件，正犯应当具备哪些要素的问题，这属于“作为必要条件的从属性”；第二个方面是指，正犯的哪些要素能够连带作用于共犯这个意义上的“作为连带作用的从属性”。[4]前者最典型的莫过于要素从属性的问题，而后者最典型的，是有关身份犯的共犯中，正犯的身份在定罪与量刑上是否一律连带作用于共犯的问题。

其二，既然限制从属性说与最小从属性说所探讨的，都是共犯成立的

---

〔1〕 1851年《普鲁士刑法典》第35条规定：“重罪、轻罪抑或重罪、轻罪的可罚的未遂的共犯，适用于与正犯相同的刑罚法规。”这表明，其继承了1810年《法国刑法典》第59条所规定的夸张从属性说，《法国刑法典》第59条规定：“对重罪或者轻罪的共犯，处以与重罪或者轻罪的正犯相同的刑罚。”这一夸张从属形式被1871年《德意志帝国刑法典》第50条所修正与缓和，即“行为之可罚性根据行为人的资格或者关系而加减之时，该特别事由仅归责于存在此事由的正犯或者共犯”。其后，1943年改正后的《德国刑法典》第50条第1项规定：“多人参与行为之时，各人与他人责任无关而仅与自己的责任相应受到处罚。”从而在立法上明确确立了限制从属性说。有关德国就要素从属性的立法演变，参见西田典之『新版共犯と身分』（成文堂，2003年）17–100頁。

〔2〕 松宫孝明『刑事立法と犯罪体系』（成文堂，2003年）249頁。

〔3〕 [日]松宫孝明：《刑法讲义总论》（第4版补正版），钱叶六译，中国人民大学出版社2013年版，第214页。

〔4〕 [日]松宫孝明：《刑法讲义总论》（第4版补正版），钱叶六译，中国人民大学出版社2013年版，第253–272页。

“必要条件”问题，那么，即便持限制从属性说，也无法推出正犯符合构成要件且违法，共犯就必然违法的结论来。限制从属性说只是认为，正犯符合构成要件以及违法，是共犯成立的必要条件，而并非认为正犯的违法，就必然连带作用于共犯从而导致共犯也违法，因为后者显然属于“作为连带作用的从属性”问题，与前者“作为必要条件的从属性”问题不同。例如，我国学者周光权教授坚持限制从属性说。其认为，在B教唆A以砖头袭击C，但是因为C的躲闪，砖头打到B的场合，“B教唆A伤害自己（而非他人）时，不存在教唆者B自身的不法，而只有正犯A的不法，因此，对自己受伤而言，B不成立教唆犯，B至多仅成立对C故意伤害罪（未遂）的教唆犯”〔1〕。这就显然认可了正犯违法，共犯不违法的情况。应当说，正犯的违法能否连带作用于共犯这一“作为连带作用的从属性”问题，实际上属于共犯的处罚根据问题，从而与要素从属性问题处于不同的层面之上。在以上设例中，B之所以不违法，是因为周光权教授在共犯的处罚根据中持混合引起说，认可了共犯在出罪的意义上具有独立的违法性。而共犯的处罚根据并非本书讨论的范畴。

综上可知，限制从属性说和最小从属性说的唯一对立点就在于：共犯的违法是否以正犯符合构成要件且违法为前提。倘若持限制从属性说，共犯的违法以正犯的违法为前提，自然不可能存在正犯不违法，而共犯违法的情况。但若持最小从属性说，则成立共犯只需正犯符合构成要件即可，自然可能存在正犯不违法，而共犯违法的情况。

二、最小从属性说的提倡

既然限制从属性说与最小从属性说存在明确的对立点，那么这两种学

〔1〕 周光权：《刑法总论》，中国人民大学出版社2021年版，第359页。

说就应当是排他的关系，也即一旦承认存在正犯不违法，共犯违法的情况，不论该情况多么例外，都应当是选择了最小从属性说。实际上，最小从属性说完全能够契合结果无价值的理论立场，并且相较于限制从属性说，更为合理。

首先，违法阻却事由的判断是实质的判断，〔1〕违法阻却的有无，应当依照该违法阻却事由的宗旨根据各个行为人而作判断，〔2〕那么，完全能够存在正犯具备违法阻却事由从而不违法，共犯不具备违法阻却事由从而违法的情况。以正当防卫为例，要成立正当防卫，需要面临紧迫的不法侵害（具备急迫性）。这是因为，在法治国家里，行使强制力的主体应当是国家。只有在无法期待国家权力之救济的紧急状态下，才能认可公民具有通过自己的力量去保卫自己的权利。那么，防卫行为实际上就是在面临紧迫的不法侵害状态下所做出的一种紧急行为。〔3〕在日本，发生过以下案例：

案例3：被告人在朋友Y的家里向在某餐馆打工的女友打电话，后被该餐馆老板抢过电话。尽管被告人再三请求与女友继续通话，但不仅不被允许还遭到了辱骂。被告人决心报复该餐馆老板，在预见到来自餐馆老板的攻击，但想利用这个机会对其加害的心态下，被告人给了Y一把菜刀，并对Y说道："我认识那个餐馆老板，你先去那个餐馆，如果打起来我不会不管你。如果你被揍了，就用这把刀吧。"其后，就在Y于该餐馆门口等候同去的被告人指示之际，该餐馆老板误将Y认为是被告人，突然向Y发起攻击，Y基于防卫意思而杀死了该餐馆老板。〔4〕

---

〔1〕［日］大谷实：《刑法讲义总论》(第2版)，黎宏译，中国人民大学出版社2008年版，第233页以下。

〔2〕西田典之「共犯の処罰根拠」刑法雑誌27巻第1号（1986年）153頁。

〔3〕［日］山口厚：《日本正当防卫的新动向》，郑军男译，载《辽宁大学学报（哲学社会科学版）》2011年第5期。

〔4〕在此要说明的是，日本最高法院将两人认定为共谋的共同正犯。在我国，如果要承认共谋的共同正犯，其也应当是指组织犯，但在该案例中，被告人并非组织犯，而是教唆犯。并且，在以作用为主、兼采分工的共犯体系下，以实行行为作为区分正犯、共犯的标准更为可取。以实行行为为标准，被告人无疑只是共犯。关于划分正犯、共犯的标准，参见钱叶六：《双层区分制下正犯与共犯的区分》，载《法学研究》2012年第1期。

日本最高法院判决认为："行为人仅仅预见到侵害并且不回避的，还不能马上认为其不具备急迫性要件，只有具备以此为契机积极加害于对方的加害意思之时，才能够认为其不具备急迫性要件。"[1]继而判决Y成立防卫过当，而被告人成立故意杀人罪。的确，正当防卫行为是一种紧急行为，确切预见到侵害的发生并且意图利用该侵害而加害于对方的行为，已经不是紧急行为而是不法加害行为了。如果认可该加害行为成立正当防卫，就等于认为法律赋予了行为人前去与人打架的自由，而这显然是荒谬的。[2]如此一来，以上案件中被告人的行为就已经不是防卫行为从而不适用违法阻却事由的规定，但Y的行为仍然是防卫行为，只是其行为超出了防卫限度而已。

其次，最小从属性说完全能够与结果无价值的理论立场相契合。

其一，结果无价值论并不否认同一个事实意义上的结果，对不同的主体会有不同的评价结论。以嘱托杀人为例，实施杀人行为的人就未遂结果成立故意杀人罪（未遂）的正犯，嘱托者构成故意杀人罪（未遂）的教唆犯，但是，嘱托者却是不可罚的。原因在于，嘱托者既是教唆者又是被害人，根据被害人承诺的原理，其具有自己决定自己利益的自由，因此教唆行为就没有达到可罚的违法性。[3]在此，相同的未遂结果对于正犯和共犯的违法评价结论就存在不同。可见，结果无价值在判断违法之时，并非不考虑不同主体的情况差异。正如结果无价值论者西田典之教授所言："如果认为违法性判断属于对不法事实的评价问题，那么，在数人参与的场合，对每个人的评价也可有所不同。"[4]违法评价相对于不同主体能够存在不同

---

〔1〕 最高裁判所1977年7月21日决定，最高裁判所刑事判例集31卷4号747頁。转引自前田雅英「正当防衛と共同正犯」松尾浩也、芝原邦尔編『内藤谦先生古稀祝贺——刑事法学の现代状况』(有斐閣，1994年)150-151頁。

〔2〕 山口厚『問題探究・刑法総論』(有斐閣，1998年)58-59頁。

〔3〕 曾根威彦『刑法の重要问题・総論』(成文堂，2005年)308頁。

〔4〕 [日]西田典之:《日本刑法总论》，刘明祥、王昭武译，中国人民大学出版社2007年版，第326页。

的前提下，西田典之教授支持最小从属性说。〔1〕

其二，根据结果无价值的理论立场，共同犯罪是数人通过“共同”的构成要件行为引起一个危害结果，是“数人数罪”，在此意义上，最小从属性说能够与行为共同说保持一致。从贯彻个人责任的立场出发，“共同犯罪不过是行为人利用和他人一起行动的机会，实现自己犯罪目的的一种手段而已，与单打独斗的个人犯罪没有什么两样，共同犯罪的本质应当从数人共同行为，实现各自犯罪的‘行为共同说’的角度来理解。”〔2〕既然如此，各个参与人的违法本身就是自己所引起的违法，而与他人无关。例如，在A以强奸的故意，B以抢劫的故意共同对X施加暴力的场合，两者具有共同的暴力行为，故而，两者成立共同犯罪，但一个实现的是强奸罪的违法，另一个实现的却是抢劫罪的违法。由此可知，共犯也只要与正犯在构成要件行为上存在重合，即可成立共同犯罪，而共犯的违法终究是通过正犯所引起的自己的违法罢了。那么，最小从属性说与基于结果无价值立场的行为共同说从根本立场上就是一致的。

再次，在客观违法论的理论背景下，因为法益侵害是客观的，从而形成了在正犯、共犯之间违法连带的现象，但是，这一现象本身不能证明正犯、共犯之间的违法在本质上就是连带的。应当说，能否承认主观违法要素是先于违法连带或是违法独立而被探讨的问题，倘若承认主观违法要素的存在，违法完全可以相对。正如日本学者平野龙一教授所指出的，并不排除正犯行为合法而共犯行为违法这种例外。例如，假定构成正当防卫以防卫意思为必要，当正犯具有防卫意思而共犯并无此意思之时，就属于以上例外情形。因此，严格地说，共犯只从属于正犯的构成要件行为，至于

〔1〕［日］西田典之：《日本刑法总论》，刘明祥、王昭武译，中国人民大学出版社2007年版，第327页。

〔2〕黎宏：《共同犯罪行为共同说的合理性及其应用》，载《法学》2012年第11期。

是否违法则应个别探讨，故最小从属性说最为合适。[1]这表明，我们本就只能将与行为人具有因果关系的法益侵害结果归责于他，只不过在绝大多数情况下，正犯的违法与共犯的违法保持一致从而呈现出正犯、共犯之间的违法连带这样的现象，但倘若存在某些例外情况（如例外地承认某些主观违法要素的存在），正犯、共犯之间的违法完全可以呈现出相对的现象。

最后，对最小从属性说的批判无法成立。总结对最小从属性的批判，莫过于认为最小从属性说有扩大处罚范围之虞。例如，日本的山口厚教授认为，正犯是不从属于任何人的承担“一次责任”的人，共犯是从正犯派生而来的承担“二次责任”的人，在正犯不违法的时候，没有必要处罚承担“二次”责任的共犯。[2]我国的钱叶六教授也认为：“对于诸如正当防卫、医疗行为（如外科手术）、依法执行职务的行为（如逮捕）等合法行为，无论如何都不具备将之作为正犯予以否定性评价的前提或者根据。相应地，教唆或者帮助他人实施这些合法行为的，自然也就缺乏被认定为共犯的正当根据。在此意义上说，认为只要正犯具备构成要件符合性便肯定共犯成立的‘最小从属性说’亦不可取。”[3]这两个批判实际上都指向同一个问题，即在正犯的违法被阻却从而并不违法的前提下，为何要处罚共犯？

应当看到，单纯对合法行为的参与，例如，给陷入火海的他人一把榔头，让他人砸坏邻居家的窗户而逃出的人，眼看他人就要受到不法分子的攻击，给他人一根木棍，告诉他人“快防卫”的人，都因为并未违背法律的意思，而引起了一个“好”的结果从而不可罚。因为在这些场合，法律已经在法益冲突中作出了保护一个较高的利益的选择，行为人只是顺从法律的意思而为之，其行为完全合法。

但是，也应当看到，本书所提倡的最小从属性说，并非一概认为行为

---

〔1〕 平野龙一『刑法总论Ⅱ』(有斐閣，1975年)358頁。

〔2〕 山口厚：《刑法总论》(第2版)，付立庆译，中国人民大学出版社2011年版，第313-314页。

〔3〕 钱叶六：《共犯与正犯关系论》，载《中外法学》2013年第4期。

人只要参与了医疗、依法执行职务等符合构成要件但不违法的行为之中就违法。而是加上了一个重要的限定条件，即只有在行为人创造出了法益冲突状态（阻却违法的前提事实）之时，行为人对合法行为的参与行为才违法。例如，在上述案例2之中，让李四与王五之间的法益陷入冲突之中的人是张三，一旦张三的利用行为引起了法益冲突，这时，因为“正没有必要向不正让步”，王五对李四的法益造成侵害就几乎是必然发生的结果。此时，该结果对陷入法益冲突中的王五而言，是基于正当防卫所造成的无法避免的“好”的结果，但对张三而言，却是从一开始就可以避免的“坏”的结果。故而，张三违法而王五并不违法。可见，并不能“一刀切”地认为，共犯对合法行为的参与一概不违法。

三、问题解决标准的提出

违法阻却事由之所以阻却违法，是经法益衡量而得出的理论结果。法益衡量说的具体原理是优越利益原理和利益阙如原理。前者是指，当对某种法益的损害是保护另一法益所必需的手段之时，对相关法益（所保护的法益与所损害的法益）进行衡量，在所保护法益等于或者优于所损害法益的场合，该行为的违法便被阻却从而不违法，例如正当防卫和紧急避险；后者是指，在不存在值得保护的法益（缺乏保护法益的必要性）时，行为就没有侵犯法益从而不违法，例如被害人承诺。[1]根据这两种不同的违法阻却原理，可分别提出对合法行为的利用这一问题的解决标准。

1.优越利益原理：以有无引起法益冲突状态为标准

在法益产生冲突之时，处于冲突之中的人，其行为因优越利益原理而被正当化。对于创造该冲突的人而言，无论其有无达到正犯的支配程度，

〔1〕 张明楷：《刑法学》（上）（第6版），法律出版社2021年版，第254页。

因为其本能回避一个法益冲突状态的发生，但却引起该状态从而造成最终结果，故而该最终结果对其而言，就是不应当发生的“坏”的结果。

首先，在正当防卫之中，引起法益冲突状态的人，本身就受到了来自法律规范一定程度上的否定评价。按照优越利益原理，正当防卫之所以不具有社会危害性，是因为和加害者的利益相比，防卫者的利益受到更高的评价。[1]而防卫者的利益受到更高评价的原因在于，不法侵害人本能避免法益冲突状态的发生但却引起了该状态，如此一来，在法律评价上，我们完全可以认为：“由于防卫人没有退避义务，从而使得不法侵害者的利益因防卫人不退避造成的冲突被缩小评价。”[2]这里的缩小评价，其实质便是否定评价，即否定了一部分对引起法益冲突之人的法益保护的必要性。

其次，在对合法行为的利用之中，利用人是引起法益冲突状态的人，因其本能避免最终结果的发生但却未能避免，那么最终结果对于利用人而言便应当被评价为违法。刑法上所禁止的结果，是“从刑法的立场来看，没有价值”或者说“违反刑法所意图保护的价值”[3]的结果。既然如此，对于已经陷入法益冲突状态的人（如案例2中的王五）所实施的为了保护一个更高利益而损害较小利益的行为，就并不违背刑法的意图从而合法。但是，对于引起法益冲突状态的人（如案例2中的张三）而言，由于其并未陷入法益冲突之中，而是站在法益冲突之外利用该冲突引起了最终结果（李四的死亡）的发生，故而，该结果对于引起法益冲突状态之人，就是刑法所不希望看到的“坏”的结果，其应对该结果承担既遂责任。[4]

最后，采取最小从属性说，附加利用人有无引起法益冲突状态这一条件，有利于我们解决实践中所存在的问题。根据此说，在上述案例2之中，

---

〔1〕 黎宏：《刑法学总论》（第2版），法律出版社2016年版，第128页。

〔2〕 张明楷：《刑法学》（上）（第6版），法律出版社2021年版，第257页。

〔3〕 黎宏：《行为无价值论与结果无价值论：现状和展望》，载《法学评论》2005年第6期。

〔4〕 岛田聡一郎『正犯・共犯論の基礎理論』（東京大学出版会，2002年）198－199頁。

利用人张三无疑构成故意杀人罪（既遂）的教唆犯，从而填补了处罚漏洞。不仅如此，此说也有利于解决对职务行为以及义务冲突的利用。

案例4：张三捏造李四杀人的证据诬告陷害李四，后根据张三捏造的证据，李四被法院判处死刑立即执行。

我国《刑法》第243条规定，犯诬告陷害罪，造成严重后果的，处3年以上10年以下有期徒刑。张明楷教授认为："从立法论上而言，规定诬告反坐与对诬告陷害规定相对确定的法定刑，各有利弊。在刑法规定了相对确定法定刑的情况下，应利用间接正犯与想象竞合犯理论克服其缺陷。例如，如果诬告陷害行为导致他人被错判死刑的，应认定为诬告陷害罪与故意杀人罪（间接正犯）的想象竞合犯，从一重处罚。"〔1〕但是，这一论断难免绝对，因为诬告者很难将公安机关、检察院、法院三者一并作为工具利用，实际上，诬告者构成故意杀人罪的间接正犯应属于极少数的情况或者根本无法存在。倘若采取限制从属性说，就故意杀人罪而言，在诬告者仅成立共犯的情况下，因为正犯并不违法，故而其行为也不违法，但这无疑使诬告行为得不到相应的惩处，变相助长诬告陷害之风。不可否认的是，在以上案例4中，从行为时来看，如果综合当时的证据，李四罪应当死，那么，法官的行为就因保护了职务行为的顺利进行这一更高法益而被阻却违法。但是，是张三的诬告行为让法官陷入了法益冲突（一方是职务行为的顺利进行，一方是公民的人身权利）之中，故而根据本书所提倡的最小从属性说，张三完全能够成立故意杀人罪的教唆犯。这样一来，就弥补了我国诬告陷害罪规定的相对确定法定刑所带来的缺陷。

案例5：张三在李四的大儿子失足掉入河中之时，将其小儿子推入河中，李四下河之后，由于情况紧急，只救上来了小儿子。

在此，很难认为张三成立故意杀人罪的间接正犯，因为在当时二选一

〔1〕 张明楷：《刑法学》（下）（第6版），法律出版社2021年版，第1178页。

的情况下，李四选择救谁都是出于自己的自由意志，其也很有可能选择救大儿子而不救小儿子，从而不能将李四评价为被张三用来杀死其大儿子的工具。根据限制从属性说，张三仅就李四的小儿子负故意杀人罪（未遂）的刑事责任，但是，在以上案例中，只要张三引起了义务冲突状态，李四就必有一子死亡，仅让张三承担未遂罪的刑事责任，难言合理。应当说，“义务冲突，在为了保护某一个利益而不得不牺牲其他利益的一点上，和紧急避险有类似之处”[1]，在义务冲突之中，“如果两种义务具有等价性，即履行两种义务所保护的法益具有等价性，则履行其中任何一种义务都阻却违法”[2]。那么，在上述案例5之中，李四因履行了其中的一个义务从而被阻却违法，但是，李四的行为满足针对其大儿子的故意杀人罪（不作为）的构成要件，并且，其两个儿子之间生命法益的冲突状态是张三所引起，那么，张三就应从属于李四的犯罪构成要件，从而就其大儿子之死成立故意杀人罪（既遂）的共犯。这样一来，就避免了以上案例中，无人对一方法益受损的实害结果负既遂责任的不合理现象。

2.利益阙如原理：若存在有效承诺则利用人不违法

倘若直接行为人是得到了有效承诺的人，由于在有效承诺下不存在法益侵害，故而，对其参与的人也不违法。倘若直接行为人并未得到有效承诺，那么直接行为人的行为就因侵害到法益而违法，对其参与的人也违法。前者如甲教唆或者用枪逼着乙强奸丙，但其并不知道丙是乙的妻子，乙的行为实际上是在取得被害人同意的基础上所实施。后者如外科医生甲受到病人乙的委托对其实施手术，但在乙被麻醉后，甲却让技术不过关的实习学生丙执刀。在前者之中，由于法益侵害结果并不存在，故而甲并不构成犯罪。在后者之中，根据法益错误说，乙同意的是对自己生命、身体所

---

〔1〕 黎宏：《刑法学总论》(第2版)，法律出版社2016年版，第162页。
〔2〕 张明楷：《刑法学》(上)(第6版)，法律出版社2021年版，第315页。

带来较低危险的甲的手术行为，但并未对明显具有高失败风险的丙的手术行为作出同意。那么，在丙实施手术之际，乙具有与法益有关的错误，从而导致乙的同意无效，继而存在法益侵害结果。据此，丙构成故意伤害罪，甲构成该罪的共犯。[1]由此可知，在利益阙如原理之中，正犯与共犯的违法始终保持一致，不可能出现正犯不违法，而共犯违法的情况，如果存在被害人有效的承诺，则利用人并不违法。

探讨至此可知，根据本书所提倡的最小从属性说，在开头所提出的案例2之中，张三完全能够成立故意杀人罪（既遂）的教唆犯，在文中所提出的案例4以及案例5之中，张三也都可以对最终结果承担既遂罪的刑事责任。但根据限制从属性说，案例2中的张三无法构成犯罪，案例4中的张三至多成立诬告陷害罪，案例5中的张三至多负未遂罪的刑事责任。可见，相较之下，根据本书所提倡的最小从属性说，不仅能够确保间接正犯成立范围的明确化，不使其扩大，也能确保在利用人仅成立共犯之时，不会产生不合理的处罚漏洞。

应注意的是，即便立足于结果无价值的理论立场，也并不见得就应当采取限制从属性说。最小从属性说也完全可以根据结果无价值的理论立场所导出。那么以上探讨就说明了一个道理，即我们不应僵化地理解结果无价值的理论立场。在刑法学理论快速流变的今天，结果无价值的理论立场也终将会具备更为丰富的理论内涵从而在不同的问题点上呈现出不同的理论形态。比起就行为无价值与结果无价值理论立场的争论，更值得关注的是，我们该如何运用结果无价值的思维方法去解决具体问题，并在解决问题的过程中，逐步赋予其更为丰富的理论内涵。

---

〔1〕 岛田聡一郎「適法行為を利用する違法行為」立教法学55号（2000年）71-72頁。

第四章　正犯与共犯的区分标准：溯责禁止论提倡

在挖掘了主犯具有违法、责任、政策三个层面的规范内涵，并且指出在我国区分制较之于单一制更为合理之后，便须对正犯与共犯的区分标准作出界定，这一理论工作实质上是厘定正犯概念规范内涵也即正犯原理的工作。众所周知，犯罪支配理论是当下影响力最大的一个标准，在德国，因为存在直接正犯、间接正犯、共同正犯的立法，所以学者往往能够用行为支配、意志支配与组织支配、功能支配等多个支配概念来诠释正犯概念。实际上每一个支配概念都对应不同的正犯类型，其具体的正犯原理已然有所不同，这虽然使支配概念成为一个“大杂烩”或者说“模糊的上位标准”，但确实合乎德国的立法土壤。

在日本，并无有关间接正犯的立法规定，对于间接正犯的处罚与直接正犯一样，其法条依据都是分则的具体条文，因此，日本的立法决定了间接正犯与直接正犯的正犯原理应当一致。在意识到这一点之前，日本学界的正犯原理讨论仍然笼罩在德国的犯罪支配理论之下，呈现出很强的移植色彩。[1]但是，近年来，伴随日本结果无价值论的兴起，在学习德国的基础上，构建根植于日本立法的正犯理论，逐渐成为日本学者的努力方

---

〔1〕 在日本，沿袭德国行为支配理论构建自己正犯原理的学者不在少数，在此仅举三例：橋本正博『行為支配論と正犯理論』(有斐閣，2000年）55頁以下；［日］高桥则夫：《共犯体系和共犯理论》，冯军、毛乃纯译，中国人民大学出版社2010年版，第274页以下；照沼亮介『体系的共犯論と刑事不法論』(弘文堂，2005年）155頁。

向。其中，最为引人注目的理论成果之一，莫过于山口厚与其弟子岛田聪一郎深入到归责层面，从答责的角度寻求正犯原理的观点——溯责禁止论。[1]

反观我国，大部分正犯原理仍然停留在形式实行行为说、实质实行行为说、犯罪支配说乃至于重要作用说的层面，虽然已经有学者作出了于归责层面构建共犯理论的积极尝试，但仅将溯责禁止论作为共犯归责的外侧界限，[2]并未将其作为区分正犯与共犯的标准。本章的理论任务便在于：在梳理我国当下共犯论研究误区的基础上，分析当下正犯、共犯区分理论的不足，继而深入答责层面，引入溯责禁止论将其作为支配概念之下的具体化判断标准，即正犯与共犯的具体区分标准。

第一节　共犯论研究中两个相关理解的澄清

要区分正犯与共犯，首先需要澄清两个问题，即正犯与共犯到底是何关系？我们所谓的共犯从属性中的“从属”，正犯与共犯之间违法的“连带性”到底为何？这实际上对应着当下我国共犯论研究中，对两个相关理解的不尽确切之处：一是对扩张正犯概念与限制正犯概念之间关系的理解；二是对共犯处罚根据与共犯从属性之间关系的理解。对前述两个问题的澄清，是进一步展开研究的前提，因此有论述必要。

〔1〕［日］山口厚：《刑法总论》（第3版），付立庆译，中国人民大学出版社2018年版，第67页以下；島田聡一郎『正犯·共犯の基礎理論』（東京大学出版会，2002年）248頁以下。

〔2〕何庆仁：《共同犯罪的归责基础与界限》，中国社会科学出版社2020年版，第239页。

一、扩张正犯概念与限制正犯概念并未界定正犯基准

当下共犯论研究的理解偏差之一，是误以为限制、扩张正犯概念分别就正犯基准作出了不同界定。首先要予以说明的是，概念与基准是两回事。概念是对探讨对象的指代，而基准则是具体衡量标准。在刑法学之中，基准往往不可避免地带有规范属性。

从晚近学者发表的研究成果来看，不难发现类似表述："限制正犯和扩张正犯是区分制下对于正犯内涵与参与人处罚范围的不同理解，而产生的两个概念及相关理论。"〔1〕同时，我国学者认为："根据限制正犯的学说，以自己身体活动直接实现法定构成要件行为的人是正犯，透过他人该当法定构成要件的行为引起构成要件实现者，均为共犯。"〔2〕"扩张正犯学说以因果关系理论中的'条件说'为基础，认为凡通过因果关系支配不法构成要件实现的人，皆为正犯。据此，不仅亲自实现法定构成要件者为正犯，而且包括教唆者、帮助者在内透过他人身体活动支配不法构成要件实现者皆为正犯"〔3〕。

由此不难发现我国学者对限制、扩张正犯概念的理解有两个特征：第一，这一对概念是有关正犯概念本身的争论；第二，限制的正犯概念以自手性即自己实施实行行为为正犯内涵，扩张的正犯概念以因果性为正犯内涵，后者的正犯内涵大于前者。但是，这一理解不尽准确。

回顾限缩、扩张正犯概念的历史发展可知，最早明确设定这两对概念的，是德国学者利奥波德·齐默尔（Leopold Zimmerl）。其于1929年发表的《共犯论的基本原理》（Grundsätzliches zur Teilnahmelehre）一文中提出了

---

〔1〕 张开骏：《共犯从属性研究》，法律出版社2015年版，第22页。
〔2〕 张伟：《间接正犯泛化与统一正犯体系的确立》，载《法商研究》2018年第3期。
〔3〕 张伟：《间接正犯泛化与统一正犯体系的确立》，载《法商研究》2018年第3期。

两点值得关注之处：一是指明两种处理总则共犯规定与分则构成要件规定之间关系的思路——扩张的正犯论与限缩的正犯论。前者对构成要件采取扩张解释，将对与构成要件实现具有因果关系的行为都视为正犯行为，在该立场下，教唆犯与帮助犯只是基于总则特别规定而来的处罚限缩形态。后者认为只有正犯符合分则构成要件，教唆犯与帮助犯是没有总则规定就不受处罚的扩张处罚形态。二是齐默尔采取限缩的正犯概念，其以条文措辞的日常含义解释构成要件行为，并认为正犯必须是自己实行构成要件行为的人。〔1〕

不难看出，齐默尔所指出的第一点是有关总则与分则关系的两种思考方式，第二点中的自手性要求才是有关正犯基准的界定。当时提倡扩张的正犯论的学者也站在相反的立场上认为正犯无需自手性。〔2〕但是，伴随着理论发展，限缩的正犯论者也并不再坚持正犯的自手性，在扩张的正犯论者之中，也有人选择以自手性作为正犯的基准。例如，现今德国的限缩的正犯概念的提倡者往往以犯罪支配理论作为正犯原理，而在意志支配里，位于直接行为人背后的支配者，被论以间接正犯（间接实行人）。〔3〕间接正犯显然并无实行行为的自手性，但并不影响持限缩的正犯概念的学者肯定其正犯性。与此相应，扩张的正犯概念也并不排斥实行行为的自手性，立基于扩张的正犯论的德国学者乌尔里希·施泰因（Urlich Stein）就在缓和从属性的基础上，认为共犯是特别规定因此应当优先适用，并对正犯的界定得出了近似于以自手性为基础的形式客观说的结论。〔4〕另外，在立基于

〔1〕 Leopold Zimmerl, Grundsätzliches zur Teilnahmelehre, ZStW49, S.39ff. 转引自島田聡一郎『正犯·共犯の基礎理論』(東京大学出版会，2002年）37-38頁。

〔2〕 Eberhard Schmidt, Die mittelbare Täterschaft, Festgabe für Reinhard Frank, Bd2, 1930, S.117, 121.

〔3〕［德］克劳斯·罗克辛：《德国刑法学·总论：犯罪行为的特别表现形式》（第2卷），王世洲等译，法律出版社2013年版，第20页；［德］乌尔斯·金德霍伊泽尔：《刑法总论教科书》（第6版），蔡桂生译，北京大学出版社2015年版，第410页；［德］汉斯·海因里希·耶塞克、托马斯·魏根特：《德国刑法教科书》，徐久生译，中国法制出版社2001年版，第801页。

〔4〕 Urlich Stein, Die strafrechtliche Beteiligungsformenlehre, 1988, S. 31.

扩张的正犯论的机能的单一正犯体系之中，直接正犯就是自手实施构成要件行为之人。[1]这再一次印证，自手性已经并非限缩、扩张的正犯论所争锋的焦点。

在当下，限缩、扩张的正犯概念仅仅是有关总则与分则关系的两种思考模式。限缩的正犯论者认为由分则所规定的构成要件是正犯要件，而总则规定的是基于扩张而来的共犯要件即一种处罚扩张事由（延展类型），分则相对于总则而言属于“原型”。如此一来，如前文所述，共犯的认定就必然遵循着先正犯（分则）后共犯（总则），先原型再扩展的思考顺序。而扩张的正犯论者认为引起法益侵害结果的一些引起形态都是分则所规定的正犯，只不过总则将某些正犯降格减轻为共犯处理因而总则所规定的共犯是特别规定，根据先特别后普通的法条适用原理，应当先判断共犯，再判断正犯，即如果共犯成立不了，再看正犯能否成立，从而呈现出先总则，后分则的适用顺序。[2]显然，两对概念并未构建任何的正犯原理，从而也就没有回答正犯是什么这一问题。其“本来是考虑正犯与狭义的共犯的相互关系的方法”[3]。

二、共犯处罚根据论无法决定共犯从属性选择

第二个不尽准确之处是认为共犯处罚根据论中的选择能决定对共犯从属性的认定，本书将其称之为共犯处罚根据对共犯从属性的制约作用。

---

〔1〕［日］高桥则夫：《共犯体系和共犯理论》，冯军、毛乃纯译，中国人民大学出版社2010年版，第23页。

〔2〕島田聡一郎『正犯·共犯の基礎理論』（東京大学出版会，2002年）216-217頁。

〔3〕［日］松宫孝明：《刑法总论讲义》（第4版补正版），钱叶六译、王昭武审校，中国人民大学出版社2013年版，第197页。要顺带提及的是，扩张的正犯概念并不必然会扩大处罚范围，限缩的正犯概念也不必然会限缩处罚范围，因为在前者中，共犯对正犯具有别除作用，共犯越多正犯越少，而在后者之中，正犯的扩大（例如间接正犯被广泛承认）却不会压缩共犯的存在空间，反而会相应地带来共犯的增多（例如在利用“无身份有故意”“无目的有故意”的工具的场合，工具往往被作为共犯处理）。松生光正「錯誤を利用した間接正犯」犯罪と刑罰2号（1986年）95頁。

例如，我国台湾地区学者陈子平教授认为："在检讨有关应采何种要素从属性之问题上，必须回溯到共犯根源的'共犯处罚根据（理由）'议题。"〔1〕我国大陆地区也有学者先论证混合引起说的妥当性，继而站在混合引起说的立场上认为："由于共犯对法益是从属性侵害，即共犯行为本身对法益侵害来说是间接的，只有通过正犯行为才能直接地、现实地侵害法益，所以原则上，共犯不法从属于正犯不法，即共犯的违法原则上具有连带性……因而，限制从属性说是正确的。"〔2〕从以上论者的论证来看，混合引起说的确立是证成限制从属性说的前提。

然而并非如此，混合引起说完全有可能和最小从属性说结合在一起，如日本学者岛田聪一郎教授便在混合引起说的立场上，持最小从属性说。〔3〕我国学者王昭武教授便在引起利益纠葛（利用合法行为）的场合中，肯定了最小从属性说，并将最小从属性说纳入混合引起说的范畴，并将其观点称为"新混合引起说"。〔4〕

采取何种引起说无法反制对要素从属性的选择。引起说仅仅位于因果关系层面，是一种纯粹的归因表达，与归责无关，其核心主张是共犯也必须和犯罪结果之间存在关联，才具备可归责的前提。如果我们将违法的连带性分为消极连带和积极连带。前者指正犯违法，共犯必然违法，即正犯违法是共犯违法的充分条件，后者指共犯违法，以正犯违法为前提，即正犯违法是共犯违法的必要条件。那么，不难发现，违法的消极连带是要素从属性之中限制从属性的基本立场，违法的积极连带是要素从属性之中夸张从属性的基本立场。从以上视角来看，纯粹引起说便是既不承认消极

〔1〕陈子平：《论共犯之独立性与从属性》，载陈兴良主编：《刑事法评论》第21卷，北京大学出版社2007年版，第28页。

〔2〕张开骏：《共犯限制从属性说之提倡——以共犯处罚根据和共犯本质为切入点》，载《法律科学》2015年第5期。

〔3〕島田聡一郎『正犯·共犯の基礎理論』（東京大学出版会，2002年）198頁参照。

〔4〕也有用"惹起说"，两者含义相同，本书行为时未作区分。王昭武：《共犯处罚根据论的反思与修正：新混合惹起说的提出》，载《中国法学》2020年第2期。

连带也不承认积极连带的学术立场，混合引起说便是肯定违法消极连带的立场（因为违法是经由构成要件形塑而来的违法，所以，共犯的成立也以正犯符合构成要件为必要条件），修正引起说便是肯定违法积极连带的立场。转化为公式为：纯粹引起说＝引起说，混合引起说＝引起说＋违法消极连带性，修正引起说＝引起说＋违法积极连带性。既然给引起说填充什么样的违法连带性，是决定引起说演变为混合引起说、修正引起说的实质因素，而连带性本身又是要素从属性的实质内容，那么，以混合引起说为根据来论证限制从属性说正确的逻辑便是一种循环论法。[1]共犯处罚根据论无法反制要素从属性说的选择。

第二节　实行行为概念反思

在我国，大部分学者在区分正犯与共犯之际，都以实行行为作为区分，有学者主张以形式的实行行为作为区分标准，有学者主张以实质或者规范的实行行为作为区分标准。无论如何，这都是一种围绕行为，构建正犯、共犯区分标准的理论路径。

首先，一直以来，我国都有学者支持形式客观说。如陈家林教授认为，在我国，正犯概念的功能与主犯概念的功能是分开的，正犯只意味着实施了分则规定构成要件实行行为的人，并不说明犯罪人在共同犯罪中所起作用的大小，正犯与主犯并不对应，因此，应当采取形式客观说。[2]近期，形式客观说在我国逐渐强势。例如，提倡“双层次区分制”的钱叶六教授认

〔1〕 松本奎史『刑法における正当化と結果帰属』(成文堂，2020年)92頁。

〔2〕 陈家林：《共同正犯研究》，武汉大学出版社2004年版，第25页。

为，不同于德日，我国刑法对共犯人同时采用了分工分类（正犯、组织犯、教唆犯和帮助犯）和作用分类（主犯、从犯）两种不同的分类标准。就两种分类标准下的共犯人的关系来看，正犯只是在行为的分工或者类型上与组织犯、教唆犯和帮助犯等犯罪形态相区别，涉及的领域主要是构成要件，旨在解决共犯人的定性及其之间的关系。

与此相对，主犯、从犯的划分主要揭示的是共犯人在共同犯罪中的参与程度或者所起作用的大小，旨在解决共犯人的量刑问题。可见，两种分类方法功能各异，并存不悖，遵循的是先形式后实质、先解决定罪后解决量刑的思维过程。在我国刑法已经根据共犯人在共同犯罪中所起的作用将共犯人分为主犯、从犯的前提下，再讨论正犯、教唆犯、帮助犯的区别标准时，显然难以采取犯罪事实支配理论（包括重要作用说），否则就可能使得正犯、教唆犯、帮助犯的区分与主犯、从犯的区分形成完全重叠的关系，并有在实质上架空我国作用分类法所具有的意义和价值之弊，最终导致我国刑法关于主犯、从犯的规定没有存在必要的荒谬结论。〔1〕在此基础上，钱叶六教授提出在构成要件定型上以形式的实行行为作为区分标准，以管定罪，继而在实质作用上以重要性作为区分标准，以管量刑的“双层次区分标准”。

其次，因为形式的客观说无法解决间接正犯以及一部分未实施形式的实行行为者的共同正犯的实行行为性问题，有学者提出以实质的实行行为，作为区分正犯与共犯的标准，并将其称为“规范的形式客观说”。〔2〕

最后，综合以上我国学界研究趋势可知，我国学界研究的主流，仍然是通过实行行为来区分正犯与共犯。这的确有其一定的合理性。但是，本部分研究欲指出的是，实行行为概念内涵不清，功能越发膨胀，从而具有

〔1〕 钱叶六：《双层区分制下正犯与共犯的区分》，载《法学研究》2012年第1期。

〔2〕 张开骏：《区分制犯罪参与体系与“规范的形式客观说”正犯标准》，载《法学家》2013年第4期。

将诸多不同层次的理论内容以实行行为之名加以“杂糅式”探讨，并将实行行为演变为“思考黑箱”之虞。法官判案首先是运用裁判规范的过程，裁判规范要求从结果出发，寻求行为与结果之间的关联，继而界定责任。正因为站在事后判断，所以才能够确保裁判结论的稳定性与准确性。在这个意义上，本书认为，结果无价值的理论立场，有其相当的合理性与裁判指导性。因此，本书以溯责禁止论作为正犯、共犯的区分标准。以下部分先分析实行行为概念在我国的演进史，继而剖析出其功能“膨胀化”的一面，并对实行行为加以“瘦身”，指出其不具备正犯、共犯区分功能。

一、实行行为概念的通说定义及其多种功能

在我国，通说将实行行为定义为“刑法分则规定的具体犯罪的犯罪客观方面要件中的行为”〔1〕，并肯定实行行为具有两大核心功能，即预备与未遂的区分功能、正犯与共犯的区分功能。〔2〕但是，实行行为概念并不具备这两大核心功能：一方面，至少在隔离犯之中，着手与实行行为是相分离的。〔3〕另一方面，我国越来越多的学者采取实质层面上的犯罪支配说或者重要作用说来区分正犯与共犯。〔4〕应当看到，正犯与共犯的区分问题与犯罪支配有关，预备与未遂的区分问题与对具体危险的判断有关，在实行行

〔1〕 高铭暄、马克昌主编：《刑法学》(第10版)，北京大学出版社、高等教育出版社2022年版，第68页。

〔2〕 高铭暄、马克昌主编：《刑法学》(第10版)，北京大学出版社、高等教育出版社2022年版，第142、163页；熊选国：《刑法中行为论》，人民法院出版社1992年版，第67-75页；何荣功：《实行行为研究》，武汉大学出版社2007年版，第32-34页；叶良芳：《实行犯研究》，浙江大学出版社2008年版，第71页以下；钱叶六：《犯罪实行行为着手研究》，中国人民公安大学出版社2009年版，第56-58页。另有文献维持实行行为之预备、未遂界分功能但否定其正犯、共犯的区分功能，参见武晓雯：《实行行为及其判断标准》，载《云南大学学报(法学版)》2015年第6期。

〔3〕 张明楷：《刑法学》(上)(第6版)，法律出版社2021年版，第511-512页；黎宏：《日本刑法精义》第2版，法律出版社2008年版，第255页；周光权：《刑法总论》第4版，中国人民大学出版社2021年版，第338-340页；刘艳红：《论正犯理论的客观实质化》，载《中国法学》2011年第4期。

〔4〕 张明楷：《刑法学》(上)(第6版)，法律出版社2021年版，第440-442页。

为的名义下解决上述问题，掩盖了问题的实质，导致了思维的混乱。反观日本，实行行为概念已经受到强烈质疑，平野龙一〔1〕、山口厚〔2〕、高山佳奈子〔3〕、岛田聪一郎〔4〕等学者先后成为了实行行为概念不要论的提倡者（其核心观点在于认为实行行为概念不具有独立于因果关系或者说结果归责之外的意义）。实行行为概念不要论〔5〕在日本已经占据主流地位。〔6〕但遗憾的是，虽然我国已经有学者对实行行为概念提出了强烈质疑，〔7〕但是实行行为两大核心功能的崩溃与域外对实行行为概念的反思潮却并未引起我国学界的普遍重视，全盘肯定实行行为概念仍是学界认识的主流。

鉴于此，对实行行为概念加以系统性反思便成为当下我国亟须开展的理论工作。反思的必要性如上所述，而之所以还要加上系统性，是因为我国现阶段对实行行为概念的研究有明显的“碎片化”倾向。具体而言，既

〔1〕 平野龍一「正犯と実行」団藤重光等編『佐伯千仭博士還暦祝賀：犯罪と刑罰（上）』（有斐閣，1968年）453-462頁。

〔2〕 其认为实行行为并不是一个独立的要件，并将其称为“黑箱”。山口厚『問題探究・刑法総論』（有斐閣，1998年）5頁；山口厚『刑法総論』（有斐閣，2001年）44頁以下。

〔3〕 高山佳奈子「相当因果関係」山口厚主編《クローズアップ刑法総論》（成文堂，2003年）12-14頁；高山佳奈子「『実行行为』概念の問題性」法学論叢162卷1-6号（2008年）204-217頁。

〔4〕 島田聡一郎「実行行為という概念について」刑法雑誌45巻2号（2006年）226-235頁。与高山佳奈子不同，岛田还给实行行为残留了一席之地，即在罪刑法定意义上对行为样态的限定功能。

〔5〕 本书所称的实行行为不要论包含激进派与温和派，比如山口厚在第1版教科书中就彻底驱逐了实行行为概念，前引的高山佳奈子也只保留了行为概念并以其作为因果关系的起点，作出同样体系安排的还有松宫孝明、齐野彦弥。［日］松宫孝明：《刑法总论讲义》（第4版补正版），钱叶六译、王昭武审校，中国人民大学出版社2013年版，第44-45页；齐野彦弥『基本講義・刑法総論』（新世社，2007年）66-67頁。温和派则继续保留实行行为概念，只不过实行行为就是作为因果关系起点的构成要件行为而已，例如山口厚在第2版教科书中的转变，参见［日］山口厚：《刑法总论》第2版，付立庆译，中国人民大学出版社2011年版，第49-50页。

〔6〕 值得注意的是，于2005年6月18日在北海道大学召开的日本刑法学会第83次大会，专门将实行行为作为主题之一加以研讨，从事后参与主题研讨的学者所发表的文章来看，岛田聪一郎与石井徹哉认为实行行为概念并非独立于与结果之间的因果关系之外的独立要件，只有奥村正雄对此概念持保留态度，保留派呈现少数态势。島田聡一郎「実行行為という概念について」刑法雑誌45巻2号（2006年）226-235頁；石井徹哉「行為と責任同時存在原則」刑法雑誌45巻2号（2006年）251頁；奥村正雄「実行行為概念の意義と機能」刑法雑誌45巻2号（2006年）257頁以下。

〔7〕 吕翰岳：《实行行为概念之解构》，载《北大法律评论》第17卷第2辑。

有研究散见于着手〔1〕、不作为犯〔2〕、原因自由行为〔3〕、正犯与共犯〔4〕、过失犯领域〔5〕，以及分则领域之中。〔6〕然而，除去对分则具体罪名的解释适用，在总则领域，实行行为概念至少是和未遂与预备的区分、对偶然性事件的出罪、正犯与共犯的区分、因果关系的错误（尤其是构成要件结果的提前实现）、原因自由行为这五大问题相关的概念集合体，其也被赋予了解决上述一个或多个问题的理论功能，只有将上述功能串联在一起研究，方能把握其全貌。以下，本书力图在梳理实行行为概念由来的基础上，揭示实行行为概念并不具备解决上述任何一个问题的理论功能的现实，这是对实行行为概念的反思与批判。但是，若彻底消解实行行为概念，则会导致罪刑法定原则的自由保障机能的落空，因此，在反思与批判之后，我们尚须重新界定实行行为概念，以期还其以本来之面目。先去掉实行行为概念所不能承受之“重”，再还其以本来之真面目，便是对实行行为概念的功能限缩

〔1〕 劳东燕：《论实行的着手与不法的成立根据》，载《中外法学》2011年第6期；阎二鹏、任海涛：《再议实行行为的“着手”——以未遂犯处罚根据为视角的展开》，载《中国社会科学院研究生院学报》2011年第1期；冯殿美：《实行行为的着手及其认定——兼论西原春夫的犯罪着手学说》，载《法学论坛》2008年第4期。

〔2〕 钱叶六：《不作为犯的实行行为及其着手之认定》，载《法学评论》2009年第1期。

〔3〕 赵秉志：《论原因自由行为中实行行为的着手问题》，载《法学杂志》2008年第5期。

〔4〕 钱叶六：《教唆行为的实行行为性之否定——兼与李凤梅博士商榷》，载《中国刑事法杂志》2009年第9期；张开骏：《区分制犯罪参与体系与“规范的形式客观说”正犯标准》，载《法学家》2013年第4期；林维：《真正身份犯之共犯问题展开——实行行为决定论的贯彻》，载《法学家》2013年第6期；冯殿美：《论犯罪的共同实行行为》，载《山东大学学报（哲学社会科学版）》2011年第3期。

〔5〕 王海涛：《行政法规范之违反与过失实行行为之认定——基于新过失论的阐释》，载《法学研究》2014年第2期；胡洋：《论过失犯实行行为的不作为犯解释》，载《甘肃政法学院学报》2016年第5期；邹兵：《论过失犯的实行行为》，载《中国刑事法杂志》2012年第1期；杨延军：《论阶段过失的实行行为》，载《政治与法律》2010年第11期。

〔6〕 娄永涛：《事后抢劫罪的未遂研究——兼及对“着手是实行行为的开始”的修正》，载《政治与法律》2014年第1期；陈洪兵：《拐卖妇女、儿童罪的实行行为只有“拐卖”》，载《辽宁大学学报（哲学社会科学版）》2012年第4期；李本灿：《巨额财产来源不明罪实行行为的重新界定：非法获取》，载《政治与法律》2014年第7期；黄丽勤：《论“足以危害公共安全”的实行行为属性》，载《同济大学学报（社会科学版）》2015年第6期；李朝晖：《论交通肇事罪的实行行为》，载《法学》2014年第3期；张明楷：《论巨额财产来源不明罪的实行行为》，载《人民检察》2016年第7期；张小虎：《论我国刑法滥用职权罪的实行行为》，载《法学杂志》2009年第11期；杜文俊、陈洪兵：《故意杀人罪的对象及实行行为新论》，载《国家检察官学院学报》2013年第2期。

与再定义。

二、域外实行行为概念的产生与我国的继受

在立法史上，实行行为概念最早可以追溯到法国1810年《刑法典》中"实行的开始"（Commencement d'exécution）〔1〕以及其后的1851年《普鲁士刑法典》第31条〔2〕、1871年《德意志帝国刑法典》第43条第1款〔3〕与第47条〔4〕的规定。在19世纪中后期，建设与保障形式法治国的诉求是时代潮流。在"实行"一词出现于德国刑事立法之中的同时，李斯特与贝林都站在形式客观说的立场上将实行行为定义为符合构成要件的行为，〔5〕并认为实行行为的开始是未遂的起点〔6〕以及对实行行为的实施是正犯与共犯的区分标准。〔7〕其后，日本在1907年《刑法典》中的未遂〔8〕与正犯〔9〕两处规定中都引入了"实行"一词。进入20世纪中叶，伴随着德国的客观归责论与犯罪支配理论的兴起，实行行为的生存空间被大大压缩。但是，同期的

〔1〕［日］西原春夫：《犯罪实行行为论》，戴波、江溯译，北京大学出版社2006年版，第6页。

〔2〕第31条规定："只有当未遂是通过包含一个实行行为开始的行为被揭示出来，并且仅仅通过外在的、不依赖于行为人意志的情状被避免或止于无结果时，未遂才可罚。"

〔3〕第43条第1款规定："通过包含某一重罪或轻罪实行行为的开始的行为，执行犯该重罪或轻罪的决意的，当该蓄意的重罪或轻罪不能达到既遂，应当因未遂被处罚。"

〔4〕第47条规定："当多人共同实行一个可罚行为时，每人都被作为正犯处罚。"

〔5〕［德］李斯特著、施密特修订：《德国刑法教科书》（修订译本），徐久生译、何秉松校订，法律出版社2006年版，第328页；［德］恩施特·贝林：《构成要件理论》，王安异译，中国人民公安大学出版社2006年版，第73页。

〔6〕［德］李斯特著、施密特修订：《德国刑法教科书》（修订译本），徐久生译、何秉松校订，法律出版社2006年版，第335页；［德］恩施特·贝林：《构成要件理论》，王安异译，中国人民公安大学出版社2006年版，第170－171页。

〔7〕［德］李斯特著、施密特修订：《德国刑法教科书》（修订译本），徐久生译、何秉松校订，法律出版社2006年版，第360－371页；［德］恩施特·贝林：《构成要件理论》，王安异译，中国人民公安大学出版社2006年版，第174页。对实行行为论在德国的产生与衰落以及理论现状的详细分析，参见吕翰岳：《实行行为概念之解构》，载《北大法律评论》第17卷第2辑。

〔8〕日本《刑法》第43条规定："已经着手实行犯罪的，可以减轻刑罚，但基于自己意志中止犯罪的，应当减轻或者免除刑罚。"

〔9〕日本《刑法》第60条规定："二人以上共同实行犯罪的，都是正犯。"

日本学者却在实定法的基础上，极大地发展了实行行为理论，该理论后又从日本传至我国。因此，该部分所言的域外仅限日本。

（一）域外实行行为概念的诞生与发展

在日本，实行行为概念从诞生到发展，逐渐经历了一个由形式到实质以及功能膨胀化的过程。最早将实行行为从分则中抽离出来并加以系统化的，是小野清一郎教授。小野在其构成要件理论的基础上认为，历来的行为论都将行为作为构成要件之前的评价对象来看待，这忽略了行为的规范属性。在规范论的视野里，与构成要件评价无关的行为并非行为，“刑法上所考虑的行为，是构成要件的行为”〔1〕，即实行行为。对于实行行为的功能，根据对日本《刑法》第43条以及第60条的实定法的文义解释，一般都肯定实行行为具有预备与未遂的界分功能以及划定正犯与共犯的功能。但是，小野却并不满足于此，小野认为实行行为还具有另外两个功能，即因果关系判断的起点功能〔2〕与赋予原因自由行为处罚根据的功能（构成要件模式）〔3〕。小野的学生团藤重光教授则进一步强调了构成要件对实行行为的定型性，即“符合构成要件的行为，是实行行为（Ausführung; exécution）”〔4〕。定型说的提出，旨在尽可能地避免在刑法的解释之际不同价值立场之间的对立对解释结论的影响，从而迎合了建设形式法治国的时代需要。〔5〕继团藤之后，作为担保构成要件定型化机能的实行行为概念，被日本刑法学者广为接受。

如果说上述小野、团藤的实行行为概念仍然停留在形式化层面，那么

〔1〕［日］小野清一郎：《犯罪构成要件理论》，王泰译，中国人民公安大学出版社1991年版，第48页。

〔2〕小野清一郎『法学評論（上）』（弘文堂，1938年）242頁。

〔3〕小野清一郎『法学評論（上）』（弘文堂，1938年）175頁。

〔4〕团藤重光『刑法綱要総論』（創文社，1990年）139頁。

〔5〕藤木英雄『刑法総論講義』（弘文堂，1975年）24頁。

其后的实行行为概念则日趋实质化。首先对定型说展开反思的，是平野龙一教授。平野认为，定型化的构成要件行为在判断标准上十分含糊，它实际上是在“多数场合中逃避分析而将直观的结论加以正当化的标签”〔1〕。并且，“定型”一词不仅具有“法定构成要件”的含义，还具有“通常如此”的含义，那么，在以异常方法杀人的场合，根据前一种含义，该行为是杀人行为，根据后一种含义则该行为不是杀人行为，这显然不合理。〔2〕在批判形式化实行行为的基础上，平野说道：“刑法并不处罚所有与犯罪结果有因果关系的行为，而是仅限于处罚一定类型的行为，这一‘类型’的行为是具有引起结果的实质的或者一般危险的行为。”〔3〕平野开启了实行行为实质化的进程，其后，一元的行为无价值论者将实行行为的实质内涵界定为对社会相当性的偏离，〔4〕二元的行为无价值论者倾向于将其界定为法益侵害的危险性（实质客观说），〔5〕在一元的结果无价值论者中，除去实行行为不要论之外，也有学者持与二元的行为无价值论者相同的见解。〔6〕

随着新案例的出现，实行行为的功能也得以扩张。在日本，于2005年出现了一个案件，行为人原本打算以乙醚捂晕被害人，继而将其放入车里推入海中造成其淹死的假象，但是事后无法肯定是第二个行为导致被害人死亡（不排除第一个行为直接导致被害人死亡的可能性）。日本最高裁判所根据犯罪行为人事前计划的一体性（第一行为是计划之一部分）、两个行为时空上的密接性、前行为实施完毕后行为几乎无障碍可实现性这三点认

---

〔1〕 平野龍一『刑法総論・Ⅰ』（有斐閣，1972年）101頁。

〔2〕 平野龍一『犯罪論の諸問題・上・総論』（有斐閣，1981年）32頁以下。

〔3〕 平野龍一『犯罪論の諸問題・上・総論』（有斐閣，1981年）31頁以下。

〔4〕 藤木英雄『刑法総論講義』（弘文堂，1975年）126頁以下。

〔5〕 ［日］大谷实《刑法讲义总论》新版第2版，黎宏译，中国人民大学出版社2008年版，第125页；奥村正雄「実行行為概念の意義と機能」刑法雑誌45巻2号（2006年）265－266頁以下；山中敬一『刑法総論』（成文堂，2008年）713－715頁。

〔6〕 林幹人『刑法総論』（東京大学出版会，2008年）111頁；前田雅英『刑法総論講義』（東京大学出版会，2015年）77頁；曽根威彦『刑法の重要問題（総論）』（成文堂，2005年）258頁。

为:“让人吸入乙醚的行为是与其后将人推入海中的行为相结合的一体的实行行为。”[1]这样一来,依托“一体的实行行为”的概念,实行行为也被用来解决构成要件结果的提前实现问题。

（二）我国对实行行为概念的继受

我国实行行为概念的发展,也经历了一个从形式到实质以及功能膨胀化的过程。我国1979年《刑法》在总则第20条一款规定:“已经着手实行犯罪,由于犯罪分子意志以外的原因而未得逞的,是犯罪未遂。”我国1997年《刑法》第23条一款沿袭了该规定:“已经着手实行犯罪,由于犯罪分子意志以外的原因而未得逞的,是犯罪未遂。”这是我国实行行为论的实定法根据。在1979年《刑法》施行期间,当时的教科书将实行行为概念定义为“实施符合刑法分则所规定的某种具体构成要件的行为。例如,杀人罪中剥夺他人生命的行为,盗窃罪中秘密窃取他人财物的行为等等”[2],但是,当时的教科书并未对行为作深入论述。最早对行为展开系统性深入研究的是熊选国博士。在他的专著《刑法中行为论》中,他将实行行为界定为:“刑法分则所规定的某种具体犯罪构成的要件行为。”[3]该定义与团藤的定型说基本一致。熊选国博士的实行行为概念至少继承了实行行为所具有的两个基本功能,即未遂、预备的划分功能与(单独)正犯、(共同)共犯的区分功能。[4]另外,熊选国博士认为原因自由行为有责性的根据在于“原因行为已经包含着结果发生的直接危险性,应认为是杀人的实行行为”[5],由此可见,其采用了“构成要件模式”来解决原因自由行为问题。

其后的实行行为概念在我国日趋实质化。例如,就实行行为撰写过

〔1〕 最高裁判所2005年3月22日決定,最高裁判所刑事判例集58卷3号187頁。

〔2〕 高铭暄主编:《中国刑法学》,中国人民大学出版社1989年版,第173页。

〔3〕 熊选国:《刑法中行为论》,人民法院出版社1992年版,第67页。

〔4〕 熊选国:《刑法中行为论》,人民法院出版社1992年版,第67-75页。

〔5〕 熊选国:《刑法中行为论》,人民法院出版社1992年版,第226页。

专著的范德繁、何荣功、钱叶六三位教授都更加兼顾规范或实质维度来定义实行行为，[1]他们分别将实行行为的本质界定为“法益侵害的紧迫性”[2]“对构成要件预定的法益侵害具有现实危险性”[3]“实质上的侵害法益的危险性”[4]。对于实行行为概念所具备的正犯与共犯、预备与未遂的区分功能，赋予原因自由行为以可罚性基础功能，也都在上述学者那里或全部或部分地得到了肯定。[5]其后，我国实行行为概念的功能又得到进一步扩充。例如，在劝说A坐飞机而A因飞机失事而死亡的设例中，我国学者认为劝说别人坐飞机的行为并非实行行为从而不成立犯罪，即肯定了实行行为具有对偶然性事件的出罪功能。[6]在处理因果关系错误中的构成要件结果提前实现的案件时，我国学者又赋予了实行行为解决因果关系错误的功能，认为在第一行为是着手实行行为的场合，即可肯定既遂的成立。[7]

三、实行行为概念不能区分正犯与共犯

全面反思功能膨胀化了的实行行为概念，发现该概念在定义层面存在

---

〔1〕 范德繁：《犯罪实行行为论》，中国检察出版社2005年版，第47页；何荣功：《实行行为研究》，武汉大学出版社2007年版，第21页；钱叶六：《犯罪实行行为着手研究》，中国人民公安大学出版社2009年版，第44页。

〔2〕 范德繁：《犯罪实行行为论》，中国检察出版社2005年版，第63页。

〔3〕 何荣功：《实行行为研究》，武汉大学出版社2007年版，第21页。

〔4〕 钱叶六：《犯罪实行行为着手研究》，中国人民公安大学出版社2009年版，第44页。

〔5〕 范德繁并不肯定实行行为的正犯、共犯界分功能，但肯定预备与未遂之区分功能，以及原因自由的可罚性赋予功能（构成要件模式）。范德繁：《犯罪实行行为论》，中国检察出版社2005年版，第76-81页，第111-115页。何荣功则仅在实行行为从一开始就有法益侵害的具体危险的场合肯定其未遂与预备的界分功能，但认为有些复行为犯的实行行为的开始并非着手。对于实行行为的正犯与共犯区分功能，何荣功认为实行行为具有为单独直接正犯、单独间接正犯、共同正犯提供正犯性基础的功能，但含蓄地认为德日对正犯概念的实质化会导致正犯行为与实行行为之脱节，并称这是“值得关注的新变化”。何荣功：《实行行为研究》，武汉大学出版社2007年版，第252、289页。钱叶六则肯定了实行行为对正犯与共犯的区分功能。钱叶六：《双层区分制下正犯与共犯的区分》，载《法学研究》2012年第1期。

〔6〕 张明楷：《刑法学》（上）（第6版），法律出版社2021年版，第189页。

〔7〕 张明楷：《刑法学》（上）（第6版），法律出版社2021年版，第363页；钱叶六：《犯罪实行行为着手研究》，中国人民公安大学出版社2009年版，第187页。

逻辑缺陷，在司法层面，其所被赋予的具体功能也都难当其任。具体而言，实行行为概念不具有解决以下任何一项问题的司法功能：对偶然性事件的出罪问题、正犯与共犯的区分问题、未遂与预备的区分问题、构成要件结果的提前实现问题、赋予原因自由行为以可罚性基础问题。上述问题应当分别属于这些问题领域：因果关系中的“相当性”、犯罪支配、未遂结果的判断、既遂故意的有无以及对责任的评价。

（一）实行行为概念的逻辑缺陷

如上所述，定义实行行为有三种方式：第一种是形式化的定义方式，即将实行行为定义为符合构成要件的行为。第二种是实质化的定义方式，即将实行行为定义为具有侵害法益的紧迫危险性的行为。第三种是形式化与实质相结合的定义方式，即将实行行为定义为符合构成要件的具有侵害法益危险的行为。如果能够分别指出第一种、第二种定义方式的逻辑缺陷，第三种即可不必批判。

首先，将实行行为定义为“符合构成要件的行为”的形式化定义法具有颠倒入罪判断逻辑顺序的嫌疑。在这一定义之下，于判断构成要件符合性之际，我们有意无意所采取的做法是，只要说某行为是某罪的实行行为，对构成要件符合性的判断就完成了一大半，但是这一做法是错误的。因为，无论在三阶层体系还是二阶层体系中，构成要件符合性都是在入罪审查顺序中，首先需要加以判断的规范性要件，而在构成要件符合性未确定之前，就确定了具有构成要件符合性的行为，我们只能说：“这样的判断在逻辑上是不可能的。”[1]如果硬要在构成要件符合性待定之际，直接得出某行为是符合某一构成要件的行为的结论，就只能根据社会上一般人的通常想法，或者说根据刑法规定用词的通常含义来得出结论。但是，无论是一

〔1〕 高山佳奈子『「実行行为」概念の問題性』法学論叢162巻1-6号（2008年）206頁。

般人的"通常"想法，还是对用词"通常"含义的解读，都因"通常"的内涵十分不明确从而具有很大的恣意性。〔1〕

实际上，对实行行为内涵的理解，只能够从行为与法益侵害结果之间因果关系的角度出发，方才能正确把握。例如，甲在网上购买高档相机一部，乙得知此消息后，悄然潜入快递公司仓库，将地址偷换为自己家，后快递员在不知情的情况下将相机送到了乙手中。如果单看本案中的实行行为，我们很难判断出乙的行为是盗窃罪的实行行为还是诈骗罪的实行行为，只有在考察行为与结果之间因果关系的前提下，我们才能够得出结论，即诈骗罪的客观构造是在因果进程中介入了被害人或者有处分权人的基于错误认识之下的处分行为，而诈骗罪的成立并不要求处分者具备十分具体的处分意识，因此，本案中的乙应当成立诈骗罪。再如，就故意杀人罪中的实行行为"杀"而言，其实质上规定的是"把人杀死"而并非"实施要杀人的行为"，因此，"引起人的死亡"这一与人的死亡结果之间的因果关系才是"杀"这一实行行为的核心，而对"引起人的死亡"的判断正是故意杀人罪的构成要件符合性判断。〔2〕如此看来，实行行为的内涵是与结果之间的因果关系，对实行行为的判断实际上就是对因果关系与结果归属的判断，实行行为概念有以"行为"之名行"因果"之实的嫌疑。〔3〕

---

〔1〕 仲道祐樹『行為概念の再定位——犯罪論における行為特定の理論』(成文堂，2013年)24-27頁。

〔2〕 山口厚『問題探究·刑法総論』(有斐閣，1998年)5頁。

〔3〕 或许有人认为行为犯之中的实行行为还是独立于因果关系的构成要件，但是，一方面，在立法层面上，我国绝大多数犯罪都采取了"行为+情节或者结果"的立法模式(这在近来的历次刑法修正案之中表现得很明显)，而情节又可以通过司法解释的规定被细化为一定的结果，因此，在立法层面上，结果在不法之中占据着相当大的比重。深谙德国刑法学的我国台湾地区学者也承认这一点，在许泽天对笔者一次求教的邮件回复中，其写道："中国刑法中如有把损害结果当作法定刑设计的重大指标时，那么结果在不法扮演的意义，肯定比德国重要，甚至接近不注重人的意思与行为的结果刑法。"另一方面，在司法层面上，即便对于我们所认为的行为犯而言，其成立也必须要求抽象的危险结果的出现。这一点，结合2017年5月1日起试行的《最高人民法院关于常见犯罪的量刑指导意见(二)试行》对于危险驾驶罪所作出的"对于情节显著轻微危害不大的，不予定罪处罚；犯罪情节轻微不需要判处刑罚的，可以免予刑事处罚"的规定即可明白。这一规定再次证明，即便是行为犯，在我国实定法与司法解释的背景下，我们也应当将其理解为结果犯。相同观点参见付立庆：《应否允许抽象危险犯反证问题研究》，载《法商研究》2013年第6期。

其次，将实行行为定义为“具有侵害法益的危险”的定义方式具有危险判断时点难以确定之缺陷。如果这里的危险是抽象危险，那么，其判断标准不仅不明确还会将未遂的成立时点提前，如果在这里的危险之前加上“具体”“紧迫”之限定，其危险仍然难以界定：一则，从事后来看，司法实践都是在看倒片式地从结果回溯行为，既然是回溯式思考，那么在结果已经出现的前提下，行为所具有的危险必然已经实现于结果之内。如果我们要从结果之中析出一个在先的危险，这里的判断对象就并非独立于结果的行为或者实行行为，而是由行为到结果之间的所有客观事实，如此一来，行为与结果就不可能分离。二则，在上述前提下，如果我们仍然要维持实行行为与因果关系相分离的独立性，我们就只能另辟蹊径，从事前来判断危险，而从事前来看，危险向结果发展的进程是流动的，我们无法在危险呈现动态发展的时间流里，准确截取一个时点，然后说这个时点的危险才是具体而紧迫的。〔1〕

例如，在日本发生过阳台坠落杀妻案，该案情大致为：丈夫杀妻，刀捅妻子数下（第一行为），妻子倒地后又站起来逃走，丈夫持刀追上妻子将其拖回。因为妻子正在流血，丈夫觉得就这么放置妻子不管其也会流血致死，所以就没有继续捅刺。妻子趁丈夫将刀放回厨房之时逃向阳台，两腿骑过阳台扶手并顺着扶手逃向邻居家，丈夫抱着将妻子拖回去与自己煤气中毒一起死亡的想法抓妻子（第二行为），妻子在抬手挥舞抵抗之际失去平衡跌落24.1米高的阳台而死。〔2〕对于这一案件，具体而紧迫的危险到底出现在什么时点就难以判断，因为该案之中的危险行为是连续多个的。〔3〕

最后，以上论述证明，站在事前来判断危险的做法难以成功，以危险

〔1〕 中森喜彦「実行行為の概念について」三井誠、中森喜彦等編『鈴木茂嗣先生古稀祝賀論文集（上巻）』（成文堂，2007年）192頁。

〔2〕 東京高等裁判所2001年2月20日判決，判例時報1756号162頁以下。

〔3〕 仲道祐樹『行為概念の再定位——犯罪論における行為特定の理論』（成文堂，2013年）39頁。

界定实行行为的路径不应被采纳，从事后来看与结果之间具有因果关系的行为才是实行行为，即只能将实行行为放在与结果之间的因果关联的意义上加以理解与界定，其并非独立于因果关系之外的要件。

（二）实行行为概念无法区分正犯与共犯

就正犯与共犯的区分标准而言，近来，在犯罪支配说与重要作用说已经成为主流观点的现状下，以实行行为作为正犯判断标准的观点又强势回归。〔1〕然而，实行行为并不具有区分正犯与共犯之功能。

实行行为难以说明共谋的共同正犯与间接正犯之正犯性。在我国，有不少学者提倡共谋的共同正犯概念，〔2〕但是，共谋并非实行行为，其不具备实行行为的定型性，如果肯定共谋的共同正犯，就不得不将正犯行为与实行行为相分离。〔3〕实行行为也不可能用以说明间接正犯的正犯性。我国学者在划分实行行为类型的时候，往往提到直接实行行为、间接实行行为，〔4〕黎宏教授更是明确认为："间接正犯之所以是正犯，是因为其完全具备正犯的实行行为性。"〔5〕这表明我国传统观点是以实行行为性作为间接正犯的正犯性根据的，但是这一观点会推导出不合理的结论：因为实行行为的本质是引起结果发生的具体而紧迫的危险，所以，间接正犯的利用行

---

〔1〕 林维：《真正身份犯之共犯问题展开——实行行为决定论的贯彻》，载《法学家》2013年第6期；陈家林：《共同正犯研究》，武汉大学出版社2004年版，第25页；钱叶六：《双层区分制下正犯与共犯的区分》，载《法学研究》2012年第1期；张开骏：《区分制犯罪参与体系与"规范的形式客观说"正犯标准》，载《法学家》2013年第4期。

〔2〕 刘艳红：《共谋共同正犯论》，载《中国法学》2012年第6期；林亚刚：《共谋共同正犯问题研究》，载《法学评论》2001年第4期；王志祥、韩雪：《论共谋共同正犯概念在我国刑法中的确立》，载《中南民族大学学报（人文社会科学版）》2013年第2期。

〔3〕 在日本，平野龙一最早意识到这一问题，并质疑实行行为的正犯与共犯界分功能。平野龍一「正犯と実行」団藤重光等編『佐伯千仞博士還暦祝賀：犯罪と刑罰（上）』（有斐閣，1968年）453-462頁。

〔4〕 陈兴良主编、周光权副主编：《刑法学》（第3版），复旦大学出版社2016年版，第44页；何荣功：《实行行为研究》，武汉大学出版社2007年版，第77-78页；钱叶六：《犯罪实行行为着手研究》，中国人民公安大学出版社2009年版，第83-84页。

〔5〕 黎宏：《刑法总论问题思考》（第2版），中国人民大学出版社2016年版，第435页。

为就应当具备紧迫的危险，那么，比较命令5岁的孩子去盗窃的场合与委托专业大盗去盗窃的场合，后者显然比前者具有更为紧迫的引起结果发生的具体危险性，因此，后者更应当成立间接正犯。毋庸讳言，上述推理并不合理。应当看到，间接正犯的正犯性并非来自实行行为（危险），而是另有他处。〔1〕

此外，实行行为难以解决身份犯的共犯的定罪问题。例如，以实行行为作为认定正犯标准的学者会认为："无身份者教唆、帮助有身份者实施或与之共同实施身份犯时，应依有身份者的实行犯的实行行为来定罪，即依有身份者所实施的犯罪构成要件的行为来定罪。"〔2〕但是，这一观点无法说明不同身份者共同犯罪的情况。因为，在公司、企业工作人员与国家工作人员相互勾结，各自利用职务便利，共同侵吞本单位财产的案件中，双方都存在各自的形式的实行行为，前者实施的是职务侵占罪的实行行为，后者实施的是贪污罪的实行行为。在有两个形式的实行行为并且分别定罪的做法已经被司法解释〔3〕所否定之际，以哪个罪名为全案定罪就成为难解的问题。

以实行行为作为认定正犯标准还无法解决"有故意无身份的工具"问题。在具有国家工作人员身份的丈夫利用不具有该身份的妻子收受贿赂的场合，以实行行为作为认定正犯标准的做法会导致处罚漏洞。实行行为是"符合构成要件的行为"，〔4〕即被构成要件所限定的行为，那么，就身份

〔1〕 島田聡一郎「実行行為という概念について」刑法雑誌 45巻2号（2006年）226-235頁。

〔2〕 马克昌主编：《犯罪通论》，武汉大学出版社1999年版，第584页。

〔3〕 2003年11月13日最高人民法院《全国法院审理经济犯罪案件工作座谈会纪要》中规定："对于国家工作人员与他人勾结，共同非法占有单位财物的行为，应当按照《最高人民法院关于审理贪污、职务侵占案件如何认定共同犯罪几个问题的解释》的规定定罪处罚。对于在公司、企业或者其他单位中，非国家工作人员与国家工作人员勾结，分别利用各自的职务便利，共同将本单位财物非法占有的，应当尽量区分主从犯，按照主犯的犯罪性质定罪。司法实践中，如果根据案件的实际情况，各共同犯罪人在共同犯罪中的地位、作用相当，难以区分主从犯的，可以贪污罪定罪处罚。"

〔4〕 団藤重光《刑法綱要総論》第3版（創文社，1990年）139頁。

犯而言，因为身份是实行行为的定型要素（构成要件主体），所以，在身份犯之中，原则上只有身份者才可能实施该罪的实行行为，无身份者只能成立其狭义共犯。例如，提倡形式客观说的团藤就认为："在公务员与非公务员一起收取贿赂的场合，非公务员的行为并非受贿罪的实行行为，从而只能成立帮助犯。"[1]这样一来，为了避免"没有正犯的共犯"之结局的出现，我们只能将丈夫认定成正犯，但是，丈夫并未实施任何行为，将丈夫认定为正犯的理由只能是其"行为支配了对职务行为不可收买性的侵害"[2]。如此一来，区分正犯与共犯的就并非"行为"而是"支配"。

本书认为，正犯与共犯的区分问题必须放置在责任归属的规范视野下来加以讨论，因为该问题终究是一个责任归属的判断问题。申言之，人因支配负责，对"引起结果原因"的支配是统一的正犯归责原理，虽然支配概念能够为正犯归责提供积极的理论基础，但是鉴于支配概念的模糊性，其难免有沦为空洞的"符号"之虞，因此，引入溯责禁止理论并将其作为支配概念的一个下位具体标准的做法是可鉴的良策。

四、实行行为概念无法承担其他功能

（一）实行行为不具有对偶然性事件的出罪功能

例如，在劝说他人坐高铁，希望高铁因极为偶然的故障而翻车致人死亡，其后愿望成真的"高铁案"中，对于这样的偶然性事件，提倡实行行为概念的学者会以劝说他人坐高铁的行为并非实行行为为由而否定故意杀人罪的成立。[3]因为实行行为并不是任何与法益侵害结果具有某种联

---

〔1〕 团藤重光『刑法綱要総論』第3版（創文社，1990年）418-423頁。

〔2〕 钱叶六：《双层区分制下正犯与共犯的区分》，载《法学研究》2012年第1期。

〔3〕 张明楷：《刑法学》（上）（第6版），法律出版社2021年版，第189页；前田雅英『刑法総論講義』（東京大学出版会，2011年）117頁。

系（或条件）的行为，而必须是类型性的法益侵害行为。[1]这里所称的“类型性的法益侵害行为”中的“类型性”无非是在一般人的认识范围内，某行为具有导致结果发生的高度盖然性的意思。但是，无论是“一般人的认识”还是“高盖然性”都经不起推敲。

就“一般人的认识”而言，虽然说人类的理性是训导性的，指导我们追求终极的真理，但是经验却是有限的，在经验层面上，一般人的认识永远没有止境。不难想见，伴随着科技的发展，超出一般人认知范围的杀人手段将会出现，我们显然不能以该手段超出一般人的认知范围为由而否定其实行行为性。况且，实行行为位于客观层面，有无实行行为的判断结论不以“人的认识”为转移。例如，无论是过失还是故意，投放至今并未被人所认识到的某种病毒而致人死亡的行为显然都是杀人罪的实行行为（过失致人死亡罪与故意杀人罪分享同一个客观构成要件，两者只是责任不同），如此来看，实行行为就只不过是在构成要件结果中实现了的风险创出行为，它是客观因果流程的起点，是引起结果的“原因”。

就“高盖然性”而言，当我们问及多高的盖然性是高盖然性之际，其答案就不得不诉诸模糊的法感觉。例如，在俄罗斯轮盘赌的游戏里，当左轮手枪里有6个弹巢之际，打死人的概率为1/6，此时朝人开枪的行为是故意杀人罪的实行行为，倘若左轮手枪里有100个弹巢，打死人的概率为1/100，此时朝人开枪的行为仍然应当是故意杀人罪的实行行为，否则朝人开枪而未击发子弹的行为就只能成立故意杀人罪的预备，这显然并不合理。那么，是什么理由让我们认为致死率为1/100的行为是实行行为呢？答案恐怕是一般人的法感觉、印象、刑事政策等综合因素了。仔细分析不难发现，之所以我们认为劝说他人坐高铁的行为不具有导致他人死亡的高度盖然性，是因为我们在判断对象之中删除了“高铁随后出现故障”这样的因果

---

〔1〕 张明楷：《刑法学》（上）（第6版），法律出版社2021年版，第189页。

流程中所介入的具体化因素。且不说这种判断对象抽象化的做法与学界所倡导的判断对象具体化、客观化之潮流能否契合，[1]这种抽象化判断的做法终究是无法判断出盖然性大小的。

例如，就劝说他人雷雨天到森林散步导致他人被雷劈死的“雷雨案”来看，如果单看劝说行为，其并不具有引起他人死亡结果的高度盖然性，但是，如果该森林是电闪雷鸣、狼群聚集、泥石流多发之地，那么劝说行为无疑具有引起他人死亡的高度盖然性。因此，要判断行为具有多大程度上的引起结果的盖然性，我们就应当将行为当时的客观事实以及行为后所介入的全部客观事实都纳入判断对象之内，从而做到具体情况具体分析。如果将所有客观事实纳入判断对象之中来确定实行行为，[2]则此处判断的就是从行为到结果的整个因果流程，而并非仅仅是单纯的行为。如此一来，实行行为又难免受到以行为之“名”行因果关系判断之“实”的批判。

应当看到，舍去实行行为之“名”，以因果关系之“实”来重新审视“高铁案”与“雷雨案”，我们不难发现承担对偶然性事件的出罪功能的，是相当因果关系中的“相当性”。[3]刑法的目的是保护法益，在法益侵害结果发生之际，法益受损已经是既定事实而不可恢复，刑法所保护的法益在时间维度上只能是未来未受损之法益。在此前提下，刑法为了实现法益保护的目的，就必须赋予确证刑法存在的强制措施，即刑罚以一般预防的功能——处罚某行为应当具有抑制其他人在将来通过同类型的行为再次引起结果的效果。这样一来，因果关系中的“相当性”就可以进一步明确

〔1〕 例如修正客观说、具体危险说是判断未遂犯中危险的主流学说。

〔2〕 实际上，提倡实行行为概念的学者也正是这么做的。例如，前田雅英说道：“作为实行行为基础的危险性即结果发生的危险性是客观的问题，不以行为人的意志为转移，希望让他人乘坐新干线并死于新干线事故的，但结局上事故并未发生的场合，其危险不以行为人深信列车上有炸弹而升高，相反，在真的有炸弹的场合，即使行为人并未认识到，也能肯定实行行为的存在。”前田雅英『刑法総論講義』(第6版)(東京大学出版会，2015年)79頁。

〔3〕 山口厚『問題探究・刑法総論』(有斐閣，1998年)26-27頁；高山佳奈子「相当因果関係」山口厚主編『クローズアップ刑法総論』(成文堂，2003年)27-28頁。

为通过因果关系引起结果的现实可利用性，而只有行为与结果之间的因果关系具备现实利用可能性，才具有对该行为施以刑罚加以一般预防的必要。〔1〕在判断有无现实可利用性之际，行为与结果之间的所有客观事实（包含行为时的客观事实与行为后所介入的客观事实）都是判断对象，因为在“高铁案”与“雷雨案”之中，是高铁突发故障与雷劈这样的十分偶然的介入因素直接引起了结果，且如此偶然的介入因素显然难以被人所支配，所以，无论是对具体危险而言，还是对实害结果而言，劝说行为都因为不具有引起结果（具体危险与实害）的再次利用可能性而不可能成为结果归责行为。其结论是，上述案件中的劝说行为既不成立既遂罪也不成立未遂罪。

（二）实行行为不具备预备与未遂的界分功能

着手是未遂与预备的规范性区分标准。因为中日两国对未遂规定的立法用语都是“着手实行”，所以，一般认为，实行行为的开始就是着手，这就赋予了实行行为以未遂与预备的界分功能，而实行行为的定型性也似乎使未遂与预备的区分标准更加明确。要维持实行行为的上述功能，必须基于一个前提，即“实行行为的开始＝着手”，但是这一前提并不存在，着手完全可能与行为相分离。

其一，着手并非实行行为的开始，这表现在着手有可能前置或者后置于实行行为。例如，在故意杀人罪之中，扣扳机是实行行为，但是，在瞄准被害人之际，就因为具体危险的产生而成立着手。〔2〕着手也有可能后置于实行行为，最典型的是隔离犯。例如，行为人从北京向东京邮寄有毒的糕点（隔地犯），所有的行为在被害人拿到糕点之前就已经实施完毕，而未遂

〔1〕 林幹人「相当因果関係と一般予報」上智法学論集40巻4号22-26頁。

〔2〕 正因为着手提前于实行行为，在日本，有学者认为密接于构成要件的直接前置行为是着手，并提出了修正的形式客观说，塩見淳「実行の着手について·（一）·（二）·（三）」法学論叢121巻2、4、6号（1987年）。

的成立时点应当在被害人收到糕点打开即将吃下去的时刻（被利用人标准说）。[1]再如，行为人在早上向被害人每日下午路过的田间小路放置一杯有毒的饮料（隔时犯），未遂的成立时点也在被害人即将喝下饮料之时。如果维持实行行为的开始就是着手的结论，会导致在结果没有发生的前提下，只要开始实施行为便是未遂的结论，这显然导致了未遂处罚范围的扩大。[2]

上述两个案件与间接正犯具有类似的结构，在间接正犯之中，行为与着手的时点也完全可能分离。对于间接正犯的着手而言，我国存在利用人标准说[3]与被利用人标准说[4]、个别化说[5]之间的对立。如果要将着手时点定在实施利用行为之际，固然可以维持实行行为的开始是着手的既有理解，但是这明显提前了未遂犯的成立时间，会导致在利用精神障碍者盗窃被利用人出门后立即忘却的场合，对利用者也要按照未遂犯处罚的不当结局。[6]因此，后两说是我国的通说。被利用人标准说与个别化说都肯定着手的时点可以晚于实行行为，这就打破了实行行为的开始是着手的既有理解。

其二，如果采取“实行行为＝着手≠未遂”的理解模式，固然可以维持实行行为的开始是着手的传统理解，但是该路径存在缺陷。该理解认为，实行行为的开始就是着手，但是未遂犯必须等到具体而紧迫的危险（不成文的违法要素）产生之际方才成立。在这种理解之中，实行行为的危险与未遂

〔1〕 张明楷：《刑法学》（上）（第6版），法律出版社2021年版，第443页。

〔2〕 西原春夫采取不作为犯的方式加以解释，即“将袋装果汁放到田间路上的行为是作为的预备行为，此后就产生了取走这些果汁的作为义务；被害者想喝而拿到手上以后，这种作为义务的违反就成为不作为的实行行为”。［日］西原春夫：《犯罪实行行为论》，戴波、江溯译，北京大学出版社2006年版，第16页。以不作为犯的实行行为与着手时点的重合来维护实行行为的开始是着手的思路固然精巧，但这是建立在作为义务的来源包含先行行为的前提之上，在先行行为能否作为义务的来源这一点尚存极大争议的当下，该前提本身就不牢固。另外，根据西原春夫的逻辑，所有的预备犯、教唆犯都有可能转化为不作为犯的未遂或者既遂，这显然难以令人接受。

〔3〕 陈兴良、周光权：《刑法学的现代展开》（第2版），中国人民大学出版社2015年版，第269页。

〔4〕 张明楷：《刑法学》（上）（第6版），法律出版社2021年版，第444页。

〔5〕 黎宏：《刑法总论问题思考》（第2版），中国人民大学出版社2016年版，第63页。

〔6〕 日本的团藤重光正是这么理解的，参见团藤重光『刑法綱要総論』第3版（創文社，1990年）155頁。

犯中的危险分别是“作为行为的危险”与“作为结果的危险”,[1]或者说是“通过事前判断得出的一般危险”与“通过事后判断得出的具体危险”。[2]但是本书不敢苟同这一理解。从中日对未遂犯的立法规定上来看,是着手决定着未遂的可罚性时点,既然对未遂的可罚性判断是实质判断,那么对着手的判断也必然是实质判断,但是该观点却将着手与未遂相分离,并将着手概念强行拉至形式层面以期与形式化的实行行为概念保持一致,这种解释方法显得极其生硬。这种做法导致“作为结果的危险”与“具体危险”成为了未被写入法条之中的“不成文的违法要素”。[3]如果说分则中存在不成文的构成要件要素(如盗窃罪中的非法占有目的)是基于体系解释(财产类犯罪间的类比)以及立法者对法条规定的简明而来,那么,在总则之中,就规定未遂犯的条文而言,我们显然难以再通过与其他条文之间的类比得出其存在不成文的违法要素之结论。另外,总则具有指导分则的作用,立法者应当详明地规定总则条文,“不成文”应当被理解为“未规定”才对。

如此一来,“实行行为≠着手=未遂”的理解才是唯一正确的选项。近年来,主张实行行为与着手相分离,着手意味着引起“作为结果的危险”的观点经过结果无价值论者的提倡已经在日本成为主流学说,[4]而这也逐渐被我国学者所接受。[5]既然未遂犯中的危险也是结果,那么,未遂犯与预备犯的区分问题,就纯粹是一个对结果的判断问题。

---

〔1〕 曽根威彦『刑法の重要問題(総論)』第2版(成文堂,2005年)256-258頁。

〔2〕 高橋則夫『刑法総論』(成文堂,2010年)371頁。

〔3〕 曽根威彦『刑法の重要問題(総論)』第2版(成文堂,2005年)258頁。

〔4〕 平野龍一『刑法総論・Ⅱ』(有斐閣,1975年)318-320頁;[日]西田典之:《日本刑法总论》,刘明祥、王昭武译,中国人民大学出版社2007年版,第244-245页;[日]山口厚:《刑法总论》第2版,付立庆译,中国人民大学出版社2011年版,第272-273页;[日]金光旭:《日本刑法中的实行行为》,载《中外法学》2008年第2期。

〔5〕 张明楷:《刑法学》(上)(第6版),法律出版社2021年版,第441页;黎宏:《刑法学总论》(第2版),法律出版社2016年版,第229页。另有学者认为,类似于诬告陷害罪这样的复行为犯,虽然开始“捏造事实”就是开始实施实行行为,但是,只有在“诬告陷害他人”之时,才是着手。何荣功:《实行行为研究》,武汉大学出版社2007年版,第77页。

（三）实行行为难以解决构成要件结果的提前实现问题

对于构成要件结果的提前实现问题，除上述所举的乙醚捂晕案之外，[1]在教义学探讨上常见的还有妻子投毒丈夫提前回家案。[2]如上所述，我国学者一般都认为，因果关系并非故意的认识对象，[3]而“关键在于行为人的前一行为是否已经着手实行（是否存在具体危险）或者说是否存在类型化的实行行为，以及行为人是否具有实行的意思。如果能得出肯定结论，则应认定为故意犯罪既遂”[4]。加以公式化上述话语，便是“未遂犯+结果实现＝既遂犯”。

上述公式有将实害结果沦为客观处罚条件之嫌疑。如上所述，未遂取决于着手，着手往往提前于构成要件行为，即密接于构成要件行为的直接前置行为是着手。这样看来，即便承认实行行为概念，未遂犯的实行行为与既遂犯的实行行为也是不同的，以故意杀人罪为例，拿枪瞄准是着手，扣扳机是“杀”，倘若行为停留在瞄准之际，未遂犯的实行行为就是拿枪瞄

---

〔1〕 该案的详情为，妻子想杀死丈夫以骗取生命保险金，便委托A杀害其丈夫。A又叫了B、C、D 3名行为人，4人原计划为，B、C、D 3人乘坐的汽车与被害人的汽车发生碰撞，然后以交涉处理交通事故之名，将被害人引入车内以乙醚捂晕，再将被害人放于其车内从港口推入海中，造成其因事故淹死的假象。其后，3人果然将被害人引入其车内，C以含有大量乙醚的毛巾从被害人后部捂住其口鼻，B压住被害人的胳膊，让被害人晕倒（第一行为），其后，3名行为人将被害人运往2000米外的港口并打电话通知A，A于2小时后赶来，而后与B、C、D一起将瘫软不动的被害人放入被害人的车内，推入海中（第二行为）。案件发生后，无法查明被害人到底是因第一行为还是第二行为而死，难以排除第一行为致死的可能性。日本最高裁判所认为：“3名实行犯的计划是以乙醚捂晕被害人，在其昏迷状态下将其运往港口放入汽车内推入海中淹死。要想确定地、容易地实施第二行为，第一行为是必不可少的。在第一行为遂行之后，在没有其他阻碍其实施杀害计划的特殊事情的前提下，以及第一行为与第二行为之间具有时间与场所上的密接性的前提下，第一行为就是第二行为的密接行为。因为实行犯3人在实施第一行为时就已经具有致人死亡的客观危险性，在该时点能够肯定杀人罪的实行行为的着手。还有，3名实行犯已经着手了先捂晕再推入海中这一连串的实行行为……即便是第一行为导致被害人死亡，也不欠缺杀人的故意，3名实行犯成立杀人既遂罪的共同正犯。”最高裁判所2005年3月22日决定，最高裁判所刑事判例集58卷3号187頁。

〔2〕 妻子在丈夫的酒中投毒，然后放在冰箱里，等候原定3天后出差归来的丈夫，并计划在丈夫回家后端给丈夫喝，不料丈夫提前回家并拿出毒酒一饮而尽提前死亡。

〔3〕 张明楷：《刑法学》（上）（第6版），法律出版社2021年版，第339页。

〔4〕 张明楷：《刑法学》（上）（第6版），法律出版社2021年版，第363页。

准，倘若杀死了人，既遂犯的实行行为就是扣扳机。由此不难发现，未遂犯中的实行行为提前于既遂犯中的实行行为从而形成了对后者的扩张，与此相应，上述乙醚捂晕案中的“一体的实行行为”就并非既遂犯的实行行为而是“未遂犯的实行行为（捂晕）+既遂犯的实行行为（扔海里）”，即扩张了的实行行为。

众所周知，构成要件具有故意规制机能，那么，对既遂的构成要件（包含既遂的实行行为与结果）之认识便是既遂的故意，而反观乙醚捂晕案不难发现，因为行为人在实施乙醚捂晕之第一行为（未遂犯的实行行为）之际，主观上存在实施第二行为（以既遂犯的实行行为引起实害结果）的保留意思，所以，行为人的主观认识仅及于未遂犯的构成要件而并不及于既遂犯的构成要件。既然如此，行为人成立故意杀人罪未遂就是应然的理论结果，如果非要以“一体的实行行为”之名而将行为人论以既遂之罪，撇开“一体的实行行为”之内涵十分模糊不说，其难道不是将既遂犯的构成要件（包含实害结果）沦为不需要认识的客观处罚条件了吗？与之相应，我们可以进一步质疑道：“未遂犯＋结果实现＝既遂犯”的公式难道不是将未遂犯的构成要件作为基本形态，而将既遂犯的构成要件理解为加重形态从而本末倒置了吗？

构成要件结果的提前实现问题，是故意领域的专属问题而并非实行行为概念能够解决的问题。在构成要件结果提前实现的案件中，第一行为的危险已经在结果中实现了，此时，行为与结果之间的客观归责不是问题，成为问题的是能否就提前实现的结果加以主观归责。这一点在乙醚捂晕案之中自不待言，即便在妻子投毒案之中也是如此。在妻子投毒案之中，一般认为，妻子成立故意杀人罪的预备与过失致人死亡罪，因为妻子投毒的行为尚未进入实行行为阶段，而只是停留在预备阶段。〔1〕但是，在丈夫

〔1〕 黎宏：《刑法学总论》（第2版），法律出版社2016年版，第94页。

因饮毒酒而死亡的因果进程中，我们应当肯定投毒行为与死亡结果之间的相当因果关系性。[1]试想一下，如果我们将上述案例稍作改变，变为妻子知道丈夫会提前回来拿毒酒喝，然后将毒酒放置于冰箱里，此时妻子就会成立故意杀人罪既遂的间接实行犯。[2]如此一来，问题就在于，为何客观案情完全一样，实行行为的有无会随着行为人的认识而变得不同？答案只能是，无论妻子是否知晓丈夫会提前回来，投毒行为的危险都在丈夫死亡的结果之中实现了，投毒行为都应当是一个杀人的实行行为。那么，无论是乙醚捂晕案还是妻子投毒案，就都存在一个既遂罪的客观构成要件，真正成为问题的是我们能否肯定行为人在主观上具备既遂的故意，即主观归责问题。[3]

（四）实行行为难以赋予原因自由行为以可罚性根据

对责任要素审查的时点是构成要件行为之时，这被称为法定犯行与罪责同时性原则（Koinzidenzprinzip）。[4]因为构成要件行为就是实行行为，所以，上述原则往往被理解为“实行行为与责任同时存在原则”。原因自由行为的特殊之处在于主观责任存在时间与客观行为的分离，因此，解决原因自由行为的路径有两种：一是构成要件模式，其思路是将客观要件提前，锁定实行行为为原因行为，将其后的结果行为视为因果经过的一环；二是责任模式，其思路是将实行行为锁定为结果行为，但将责任评价的时点回溯到实施原因行为之时。显然，在责任模式里，原因自由行为是一个责任评价问题，只有在构成要件模式里，原因自由行为才是一个如何赋予

---

〔1〕 山口厚『「実行行為」論の一断面』研修627号（2000年）4頁参照；[日]西田典之：《日本刑法总论》，刘明祥、王昭武译，中国人民大学出版社2007年版，第180页。

〔2〕 高山佳奈子『「実行行為」概念の問題性』法学論叢162巻1−6号（2008年）210頁参照。

〔3〕 [日]佐伯仁志：《刑法总论的思之道·乐之道》，于佳佳译，中国政法大学出版社2017年版，第232页；島田聡一郎「早すぎだ結果発生」西田典之、山口厚、佐伯仁志編『Jurist増刊·新·法律学の争点シリーズ2·刑法の争点』（有斐閣，2007年）66頁。

〔4〕 许恒达：《法益保护与行为刑法》，台北，元照出版有限公司2016年版，第321−322页。

原因行为以实行行为性的问题。要将原因行为确定为实行行为，要么类比间接正犯，将自己作为被利用的工具，要么将实行行为扩大化，将与结果行为有条件关系的原因行为扩大理解为实行行为。前者称为间接正犯类似说，后者称为前置说。[1]

首先，间接正犯类似说难言成功。尽管自己也可以被作为工具而被利用，在自己陷入无责任能力之际，这种意志支配尚存在说明的可能，但是，在自己陷入限制责任能力之际，这种意志支配的说明就变得困难。[2]如此一来，当自己陷入无责任能力之际，行为人因间接正犯的成立而承担全部刑事责任，当自己陷入限制责任能力之际，行为人因难以成立间接正犯而反而可以被从轻或者减轻处罚，这样的结论明显不均衡。另外，即便在利用无责任能力的场合，也很难说利用行为就是间接正犯行为（实行行为）。虽然我国的传统理论立场是极端从属性说，但是，极端从属性说因背离了共同犯罪是违法形态这一基本原理而遭到了学者的广泛批判，[3]现在的争议局限于最小从属性[4]与限制从属性之间。[5]只要我们不采取极端从属性与夸张从属性立场，在间接正犯的场合，对无刑事责任能力者的利用行为就完全存在成立共犯的空间，其理由在于，被利用者不具备刑事责任能力不代表不具备故意，[6]而具备故意的被利用者，才是存在规范障碍的人。

其次，前置说也难言成功。前置说的逻辑在于，没有饮酒这一原因行

〔1〕 许恒达:《法益保护与行为刑法》，台北，元照出版有限公司2016年版，第328-330页。

〔2〕 黄继坤:《原因自由行为研究——以醉酒的人犯罪为中心》，法律出版社2016年版，第91-92页。

〔3〕 对于极端从属性说的批判，参见钱叶六:《共犯与正犯关系论》，载《中外法学》2013年第4期。

〔4〕 提倡最小从属性的观点，参见周啸天:《最小从属性说的提倡：以对合法行为的利用为中心》，载《法律科学》2015年第6期；王昭武:《论共犯的最小从属性说——日本共犯从属性理论的发展与借鉴》，载《法学》2007年第11期。

〔5〕 张明楷:《论教唆犯的性质》，载陈兴良主编:《刑事法评论》第21卷，北京大学出版社2007年版，第85-90页；黎宏:《刑法学总论》（第2版），法律出版社2016年版，第261页；周光权:《刑法总论》（第4版），中国人民大学出版社2021年版，第362页。

〔6〕 山口厚「実行行為と責任非難」三井誠、中森喜彦等編『鈴木茂嗣先生古稀祝賀論文集・上巻』（成文堂，2007年）213頁。

为，行为人就不会在醉酒状态下实施杀人这一结果行为，因此被害人就不会死。这样一来，饮酒行为就是与结果有关的行为，从而也是实行行为。但是，至少在酒后开枪行为存在故意的场合，前置说难以贯彻。因为当喝酒行为与死亡结果之间介入了一个支配他人死亡结果的故意行为之际，该故意行为就导致因果关系的中断，此时，我们就不能说喝酒行为与死亡结果具备因果关系。即便在条件关系的层面上，我们也很难得出不喝酒被害人就不会死的结论，因为喝酒只是壮胆而已，不喝酒行为人仍然有可能杀人。

最后，原因自由行为是一个责任评价问题而与实行行为概念无关。责任模式认为，对非难可能性的判断也能够结合实行行为之前的事实加以判断。[1]如果我们将责任判断的时点提到原因行为之际，“实行行为与责任同时存在原则”本就不必存在，取而代之的是“行为与责任同时存在原则”。因此，原因自由行为是一个对责任的评价问题，而不是一个非要用实行行为概念加以解决的问题。

第三节　溯责禁止论提倡

人类仅对在认知范围内的，可控可支配的事务负责，支配是归责的基本原理。正犯与共犯是一对归责性概念，正犯是对结果负“第一次责任”的人，共犯是对结果负“第二次责任”的人。如前所述，从行为层面无法区分两者，另外，从因果关系处也无法区分两者，因为因果共犯论已经指出，

〔1〕 山口厚「実行行為と責任非難」三井誠、中森喜彦等編『鈴木茂嗣先生古稀祝賀論文集·上巻』（成文堂，2007年）214-215頁。

与结果之间的相当因果关系或者结果归属关系（危险实现）是正犯与共犯的共同成立要件。那么，两者的区分标准只能设定在行为与结果之间的支配关系上，即正犯是“支配了引起构成要件结果的原因”的人。〔1〕

从这一点来说，犯罪支配说的理论方向无疑是正确的。但是，犯罪支配概念是一个模糊的概念，其下位标准往往包含了行为支配、功能支配、意志支配，每一个下位标准又存在异质性。在德国，因为分别存在直接正犯、间接正犯、共同正犯的立法，所以，分别以不同的异质性标准说明其正犯性内涵存在实体法基础。与德国不同，我国并不存在共同正犯、间接正犯，甚至直接正犯的立法。换句话说，我国对于直接正犯与间接正犯的判断基础，都是分则的具体条文。因此，其判断标准也应当一致，即直接正犯和间接正犯的正犯性都来自行为与结果之间的支配关系——对“引起结果原因”的支配，而并非间接正犯中的利用者和被利用者之间基于优越性而形成的“格差”关系。

如此一来，一旦我们深入归责层面探讨正犯与共犯的区分标准问题，就不得不对移植德国学说的做法抱怀疑态度。本书认为，我国应当借鉴溯责禁止论，将其作为犯罪支配概念下具有简洁明快与可实操性的正犯、共犯具体判断标准。溯责禁止论的核心命题是：“在对构成要件结果具有充分的认识、预见的同时直接引起了这样的结果，对于这样的人就能够肯定其正犯性，从而能够肯定如此正犯性。”〔2〕溯责禁止论也称为正犯、共犯区分标准上的自律说，其核心命题也可以表述为：“在介入他人行为的场合，行为媒介者对现实所生的结果，如果系出于对结果的意义与射程都十分了解的自律状态下而引起，行为媒介者是单独正犯，背后者是共犯。”〔3〕即出于自律地在自己的答责领域内引起结果的人是正犯，而位于背后的、通过

〔1〕［日］山口厚：《刑法总论》（第3版），付立庆译，中国人民大学出版社2018年版，第67页。

〔2〕［日］山口厚：《刑法总论》（第3版），付立庆译，中国人民大学出版社2018年版，第67页。

〔3〕島田聡一郎『正犯・共犯の基礎理論』（東京大学出版会，2002年）391頁。

他人间接引起结果的人，在符合共犯成立条件的基础上，成立作为处罚扩张事由的共犯。因为溯责禁止论与限制的正犯概念具有天然联系。以下，分别从正犯概念的选择，以及溯责禁止论的建构两处，展开探讨。

首先，扩张的正犯概念不可取。扩张的正犯概念将与结果之间存在相当因果关系的行为都理解为正犯行为，其核心理念是，无论是以自己的手还是他人的手来杀人，从实质上来看，行为人只因自己的不法与责任而被归责，即“犯罪永远是一个人在犯罪”。〔1〕

扩张的正犯概念存在两大致命缺陷：一是有碍构成要件的保障机能。扩张的正犯概念将所有的犯罪都实质性地理解为“引起犯”（或称为“惹起犯”），从而具有抹杀“直接杀”与“教唆杀”的存在论区别，毕竟前者是直接动手，而后者只是动口。客体评价（规范）与评价客体（事实）是导出规范判断的两要素，我们不能只以规范为圭臬而忽略事实的重要性，扩张的正犯概念却无视这一差别，从而有抹杀构成要件的保障机能之虞。二是扩张的正犯概念有不当缩小共犯处罚范围与不当扩大共犯处罚范围之虞。

上述前者表现在，根据扩张的正犯概念，普通主体将无法成立身份犯的共犯，因为普通主体并不满足构成要件的主体要求。〔2〕后者表现在，扩张的正犯概念打消了限制共犯成立范围的“结节点”，从而使共犯的成立失去限制。例如，路人甲看到丙受伤倒地，路人乙正准备救助，甲教唆乙不要救助丙而致丙死亡，在该场合，根据扩张的正犯论，因为甲的教唆行为是作为，所以无需作为义务，那么甲成立故意杀人罪。而根据限制的正犯论，因为此案中并不存在一个符合构成要件的正犯，所以共犯也难以成立。不难看出，在限制的正犯概念里，正犯的构成要件符合性是限制共犯成立的“结节点”〔3〕，而这一限制，在过失参与被害人自我答责行为的场

〔1〕 黄荣坚：《基础刑法学》（下）（第4版），台北，元照出版有限公司2012年版，第785页。

〔2〕 島田聡一郎『正犯・共犯の基礎理論』（東京大学出版会，2002年）216−217頁。

〔3〕 小林憲太郎『刑法総論』（新世社，2014年）143頁。

合，显得尤其重要。[1]

其次，正犯与共犯是一对归责意义上的概念，正犯与共犯的区分标准必须从归责的角度出发加以厘定。在结果归责层面上的溯责禁止理论，含有十分正确的理论方向。让我们试想该案例：甲企图进入丙家盗窃位于客厅中的夜明珠一颗，在撬开大门刚要进入客厅之际，不料乙半路杀出，抢先拿走了夜明珠。在该案之中，因为第三人故意行为的介入切断了因果关系，所以甲成立盗窃罪未遂无疑。如果我们把上述案例稍作改编：甲知道乙想进入丙家偷走夜明珠，在乙无法进门之际，在旁悄然目睹这一切的甲打开丙家大门，乙盗窃成功。在肯定片面共犯的脉络下，显然，该案中的甲成立盗窃罪（既遂）的片面帮助犯。在否定片面共犯的脉络下，该案中的甲成立独立的盗窃预备罪。无论如何，甲都不对既遂结果负正犯责任。

问题在于，因果关联与结果归责是客观的，对其的判断结论不能以主观意志为转移，为何两个案例中，甲的客观行为完全一样，仅仅因为其主观认识不同，就得出一个对结果不负责一个对结果负责的结论呢？由此而来的衍生问题是，在因果链条中，乙作为自律的人，从自己的组织管辖范围内输出风险、直接实现风险，是引起结果“原因”的支配者，位于犯罪的核心，是犯罪的核心角色，而位于乙背后的甲充其量是“间接”引起结果的条件提供者，位于犯罪的外围。在生活中，犯罪用具（凶器、网络、万能钥匙等）无处不在，我们为何要处罚提供犯罪用具的外围者？答案正如京特·雅各布斯（Günther Jakobs）所指出的，在高度匿名化的现代社会，社会高度分工，每个人都仅仅对自己领域内的事项作出安排并承担责任。如果每个人在从事社会交往之际，还要考虑他人是否会用自己提供的东西来实

[1] 例如，甲知道乙素来笨手笨脚，在刮脸时经常割伤自己，在两人出差同住一室的时候，乙向甲借刮胡子刀，甲顺手递给甲一个非常老钝的刀子，乙把自己刮成重伤。倘若采取扩张的正犯概念，甲无疑成立过失致人重伤罪，这显然排除了自我答责原理的适用，不当扩大了注意义务。马卫军：《被害人自我答责与过失犯》，载《法学家》2013年第4期。

施犯罪，那么社会的分工将变得不可能，交往也将变得毫无效率，这个社会将因此而冻结，自由将不复存在。因此，在社会交往中，我们不负有对他人可能会利用自己的给付物来实施犯罪的谨慎考虑义务。〔1〕

本书认为，雅各布斯的思考方向有着十分正确的因素。在社会分工之下，每个人都不具有在交往中确保他人守法的谨慎义务，人仅仅就自己能够答责的领域（自己可安排的生活领域）负责，无须为他人负责。既然如此，溯责禁止论也只是将上述道理归纳成一条具体判断标准的学说，是一种基于自律的人的理论基础之上的自我答责性学说。

溯责禁止论建立在对人自由的承认之上。在康德所揭示的四组二律背反中，第三组是有关宇宙秩序的争论，正方认为世界上有出于自由的原因，这个自由的原因是"第一因"。反方认为没有自由，没有"第一因"，因果链条延绵不尽，回溯不止，一切都是自然法则使然。前者以自由律为圭臬，后者以自然律为圭臬。〔2〕康德实际上区分了两种立场：一为自由的立场（道德的立场）；二为自然的立场（经验的立场）。这两种立场对应着两种观察世界的视角：一是规范的视角。二是物理的视角。在前者之中，存在着目的考量，在后者之中，有的只是事物运动之间的客观联系。例如，从物理的角度来看，桌子只是木料经加工而来的物体，但是从规范的角度来看，桌子是带有功能性的、能够满足我们特定目的的物体。在物理的世界中，人的行为宛如受制于自然律的抛物线运动而终难自主。

但是，在规范的世界中，人是万物的尺度，人的理性为自然界立法，人因自由而对结果负责（因侵犯他人而对他人的答责与因自损而对自己的答责）。显然，选择何者并非认识层面的问题，而是实践理性层面的问题。因为只要我们还肯定答责的存在，就不得不以道德的立场来审视人的自由本

---

〔1〕 ギュンタ・ヤコブス「故意なき道具を利用した間接正犯における客観的帰属」松宮孝明ほか編訳『ギュンタ・ヤコブス著作集・第1巻　犯罪論の基礎』(成文堂，2014年)167頁。

〔2〕 郑昕：《康德学述》，商务印书馆2011年版，第46-47页。

身，并由此而给出自己的答案：人的自由是实际存在的。正如康德指出的，自由是“行动的可归咎性（Imputabilität）的真正根据”〔1〕，开启一个新的因果序列的，正是自由意志下的人的行为，即“我们这里所讨论的绝对第一开端不是时间上的，而是原因上的。如果我现在（例如说）完全自由地、不受自然原因的必然规定影响地从椅子上站起来，那么在这个事件中，连同其无限的自然后果一起，就会绝对地开始一个新的序列”〔2〕。

需要指出的是，这里所言的自由并非“先验的自由”，而是经验范围内的自由，是一种基于柔软的决定论之上的选择自由。人性不能简单地以善恶来论定，人的每一个行动决定都离不开时代背景、原生家庭、成长经历，以及当下所处的具体环境，生命本身就是一个根据过去、利用现在、创造未来的过程，是一个连续和谐的变化。在这个意义上，情境犯罪学有着极大的启示意义，〔3〕也是在这个意义上，“先验自由”只是一种人类理性超越感性所带来的“先验幻象”。在每一个具体的情景中，除去受到强制、欺骗等特殊情况之外，我们始终有着“为”与“不为”这两个选项，而每一个过去的选择，积累成今日的自我，今日的自我，又立足于当下，做出影响明日的选择。具体到刑事责任之上，便是在一个具体时点上，我们始终有着“违法”与“不违法”两个选项，对违法行为的决定与实施，是由根据过去种种积累而成的“我”做出一个影响未来之“我”的决定。因此，经由对面向过去之“我”的谴责，通往对面向未来之“我”的矫正，便是归责的意义所在。这正是平野龙一教授结合丰富人生经验与深刻体悟之后，所总结的“‘自身’是原因，这就是责任”〔4〕之真谛所在。

正是借以承认自由，溯责禁止论区分了“直接”与“间接”，完美诠释

---

〔1〕［德］康德：《纯粹理性批判》，邓晓芒译、杨祖陶校，人民出版社2004年版，第376-377页。

〔2〕［德］康德：《纯粹理性批判》，邓晓芒译、杨祖陶校，人民出版社2004年版，第378-379页。

〔3〕有关情景犯罪学的产生背景、内容与当下意义，参见黎宏：《情境犯罪学与预防刑法观》，载《法学评论》2018年第6期。

〔4〕［日］平野龙一：《刑法的基础》，黎宏译，中国政法大学出版社2016年版，第23页。

了共犯处罚根据之中“正犯直接引起法益侵害结果，共犯通过正犯间接引起法益侵害结果”的命题。溯责禁止论是位于规范视野下的归责性考察，其将规范与事实相分离，承认在事实层面上，一切引起结果的条件都等价，从而也就无所谓事实层面之上的“直接”“间接”之分，但是在规范层面上，结果落在人的自我答责领域之中才是判定“直接”的依据，而通过另一个人的答责领域而引起结果，则是“间接”的依据。[1]共犯是一种归责意义上的处罚扩张形态，由总则规定，而立法之所以规定共犯制度，无疑是出于这一考虑——社会性是人的第一属性，人在交往中很难完全不受外界影响而决定某事，这种孤岛式的生活是难以想象的，因此，为了更为周延地保护法益，立法者将通过他人“间接”引起结果的人也作犯罪规定下来，以期实现更为周延的一般预防效应。在归责意义上，处罚共犯是一种归责的扩张。

最后，以溯责禁止论为标准，可以得出以下结论：

第一，构成要件是对结果归责的判断，正犯的归责基础是支配，支配便是基于自律即对构成要件的认识而故意引起危害结果，这便是支配“引起结果原因”的真正内涵。

第二，溯责禁止论作为一项判断正犯的可操作性标准，更多的是一个消极标准，即发动溯责禁止之际，背后者并非正犯，而溯责禁止论并非正犯基准本身。正犯基准是基于“支配引起结果的原因”而对构成要件结果负“第一次责任”，共犯是发动溯责禁止之际对构成要件结果承担的“第二次责任”，是处罚的扩张形态。根据溯责禁止论，这里的共犯包含共同正犯，因为共同正犯本身就是一种广义的共犯。

---

〔1〕有关答责性理论对“直接”“间接”的进一步解释，参见何庆仁：《共同犯罪归责的基础与界限》，中国社会科学出版社2020年版，第137页。

第四节　溯责禁止论应用展示：以结果的提前实现为例

溯责禁止论有其种种理论优势，与其泛泛而谈，不如择一处深入论证。当下理论界尚未研究透彻的难点——构成要件的结果提前实现问题，恰足以用来展示溯责禁止论的良好应用性能。

溯责禁止论与结果无价值论具有立场亲缘性。其认为，正犯与共犯的区分问题，首先是一个构成要件符合性的判断问题，在判断构成要件符合性之际，行为与构成要件结果之间的所有介入因素，都是判断资料因而需要予以考虑。支配来自自律，对结果具备认识且决意实现者具备自律。在因果进程中，当一个自律主体介入进来并且引起结果之际，因为一个人无须为另一个人的自由决定负责，所以归责链条便被切断。自律地引起结果的人是正犯，背后的人只能成立基于一般预防之需要而规定的责任扩张形态——共犯。

那么，在结果的提前实现的场合，行为人预想了两个行为——第二个故意行为一击致命（如推入海里），第一个行为仅仅是创造条件（如捂晕）。将行为人的预想还原为客观事实，其完全呈现溯责禁止之形态，即行为人的第二个行为是基于故意并且直接引起结果，因而切断了前行为的可归责性，第一个行为充其量应当成立犯罪未遂。根据主客观要件的镜像关系，行为人在实施第一个行为之际的保留意思（认识到其会待到第二个行为再一击致命），使得其当时的主观认识仅仅能够被评价为未遂故意。即便退一步，认为基于提前预防的需要，将第二个行为所引起的结果归属于第一个行为的头上，但也不能混淆未遂故意与既遂故意之间的区别，从而不当地将未遂故意认定为既遂故意，并最终以既遂犯论处行为人。这显然是在归责的扩张之外，又将既遂故意加以扩张的“双重扩张”。

总之，在溯责禁止的视野下，行为人在实施第一个行为之际所认识到会有第二个故意行为介入（溯责禁止）的主观心态，无论如何不可能成立既遂故意。如果该思路成立，则说明溯责禁止论不仅能够划分正犯和共犯，还具有解决结果提前实现的理论功能。需要说明的是，本书以下所用的归属与归责含义相同。

在域外，此类案件并不鲜见。〔1〕其中被我国刑法学界所熟知的，是发生在日本的“乙醚杀夫案”、〔2〕“阳台坠落杀妻案”〔3〕与“放火抽烟案”〔4〕。我国虽然涉及结果提前实现的案例还未大量出现，但是，审判实践中已经存在涉及结果提前实现概念的判决书。例如，在一起两人共同制造毒品的案

〔1〕 例如在德国，就先后发生过三个案例：第一，行为人原本打算在列车内以扳手殴打妻子以使其昏厥，然后将妻子扔到车外造成妻子因事故死亡的假象，但事后无法查明被害人是死于扳手殴打还是摔死的。Vgl. RG, DStR 939, 177. 第二，行为人打算利用与被害人所属同一集团内部的“当场判决”来吊死被害人，在被害人反抗之际，行为人对其实施了殴打与勒颈行为，其后将被害人吊在树上，但被害人被吊在树上之前已经死亡。Vgl.BGH, GA 1955, 123. 第三，行为人计划在自宅内向妻子实施捆绑、堵嘴等行为，在使妻子昏厥之后，将其塞入汽车后部的行李箱之中，将妻子运送到100公里之外的场所而杀害，但妻子已经死于自宅的暴行。Vgl. BGH NJW 2002, 1057=NStZ 2002 309. 德国的判决认为，前两个案件中的行为人已经达到着手状态，因此成立谋杀罪的既遂，而后一个案件中的行为人的行为尚在预备阶段，因此欠缺面向结果的实现意思从而否定谋杀既遂罪的成立。

〔2〕 该案的梗概为，妻子想杀死丈夫以骗取生命保险金，便委托A杀害其丈夫。A又叫了3名同伙，4人原计划为，B、C、D 3人乘坐的汽车与被害人的汽车发生碰撞，然后以交涉处理交通事故之名，将被害人引入车内以乙醚捂晕（第一行为），再将被害人放于其车内从港口推入海中（第二行为），造成其因事故淹死的假象。其后，3人依计划行事，但事后无法查明被害人到底是因第一行为还是第二行为而死，即难以排除第一行为致死的可能性。法院判决3名实行犯成立故意杀人罪既遂的共同正犯。最高裁判所2005年3月22日决定，最高裁判所刑事判例集58卷3号187頁参照。

〔3〕 该案梗概为，丈夫杀妻，刀捅妻子数下，妻子倒地后又站起来逃走，丈夫持刀追上妻子将其拖回。因为妻子正在流血，丈夫觉得就这么放置妻子不管其也会流血致死，所以就没有继续捅刺。妻子趁丈夫将刀放回厨房之时逃向阳台，两腿跨过阳台扶手并顺着扶手逃向邻居家，丈夫抱着将妻子拖回去与自己煤气中毒（第二行为）一起死亡的想法抓回妻子（第一行为），妻子在抬手挥舞抵抗之际失去平衡跌落24.1米高的阳台而死。法院判决丈夫成立故意杀人罪既遂。東京高等裁判所2001年2月20日判決，判例時報1756号162頁以下参照。

〔4〕 该案梗概为，行为人想在家自焚而死（第二行为），在室内洒完汽油后，想在临死之前最后抽根烟（第一行为），并在这档口引燃了汽油。法院判决行为人成立放火罪的既遂。横滨地方裁判所1983年7月20日判决，判例时报1108号138頁。

件中，其中一名被告人因为制毒经验不足，认为需要分为两步以上才能制造出毒品，不料在第一步就制造出属于毒品的中间物质，辩护人辩称其属于犯罪结果提前实现，阻却既遂的故意，但法院并未采纳该意见。[1]不难想见，随着我国以审判为中心改革进程的加深，庭审会愈加实质化，举证、质证环节会愈加细化，也必然会出现越来越多的涉及结果提前实现的案件事实，因此，在理论上深入讨论该问题，方能有效回应实践需求。

在域外，结果提前实现问题一直都有着相当的讨论热度，一个明显的趋势是，越来越多的有力观点对结果提前实现不阻却既遂故意成立的传统见解提出了质疑。[2]反观我国，专门论述这一文章的论文少之又少，[3]大部分文章都是将该问题作为因果关系错误的一个子类型加以捎带提及，[4]

---

〔1〕 2016年10月，被告人许某与被告人陈某商议制造毒品，后许某在住处利用非法获取的制毒试剂进行制造毒品的实验，2017年4月陈某搬到许某处帮助许某制造毒品，截至2017年5月5日许某、陈某共制造出甲卡西酮268.32克（纯度49.5%）、甲基苯丙胺12.97克、γ-羟基丁酸172.29克、麻黄碱6.67克。陈某供述称，2016年10月中旬左右，许某跟其说他想制作麻黄碱挣钱并购买了工具和原材料。2017年4月7日，其到许某住处和他一起住。其只知道制造麻黄碱的前一阶段是用液溴和二氯甲烷等材料制造出甲氨基苯丙酮盐酸盐。在制造甲氨基苯丙酮盐酸盐过程中许某告诉其液溴的用量，其只是看温度计，并根据温度的高低分别加凉水或者用电热套加热，配料时其还用天平称过液溴。制造出甲氨基苯丙酮盐酸盐（一种可用于进一步制毒的中间体，最终可制成毒品甲卡西酮——引者注）后，许某单独制造麻黄碱和冰毒，其不知道怎么制造。公诉人在庭审中称，陈某称其不知道甲氨基苯丙酮盐酸盐属于毒品是主观认识错误，犯罪构成提前实现，不影响犯罪成立。法院采纳了公诉意见，将两人都论以制造毒品罪。

〔2〕 德文文献如：Jürgen Wolter, Vorsätzliche Vollendung ohne Vollendungsvorsatz und Vollendungsschuld? Zugleich ein Betrag zum “Strafgrund der Vollendung”, Festschrift für Heinz Leferenz, 1983, S. 562ff. 尽管论述理由不同，持相同结论的文献，Vgl. Wolfgang Frisch, Tabestandsmäβiges Verhalten und Zurechnung des Erfolgs, 1988, S.602f. 日文原文与翻译文献如：林美月子「実行行為途中からの責任無能力」神奈川法学28巻1号（1993年）；林幹人「早過ぎた結果の発生」判例時報 1869号；山口厚：『実行行為』論の一断面」研修627号（2000年）；山口厚「実行の着手と既遂」法学教室293号（2005年）；町野朔「因果関係と錯誤理論」法学研究29巻（1993年）229-230页；高橋則夫「『早すぎた構成要件の実現』の一考察——いわゆるクロロホルム殺人事件をめぐって」早稲田法学 80巻4号（2005年）1頁以下；[日]松原芳博：《刑法总论重要问题》，王昭武译，中国政法大学出版社2014年版，第246页。

〔3〕 钱叶六：《论刑法中的构成要件过早实现——以日本判例及其学说为中心》，载《政治与法律》2009年第3期，第136-142页。

〔4〕 刘明祥：《刑法中错误论》，中国检察出版社2004年版，第198-201页；陈璇：《论主客观归责间的界限与因果流程的偏离》，载《法学家》2014年第6期；柏浪涛：《构成要件错误的本质：故意行为危险的偏离》，载《法学研究》2018年第3期；欧阳本祺：《论因果流程偏离的主观归责》，载《法学评论》2015年第6期；王俊：《因果关系认识错误研究》，载陈兴良主编：《刑事法评论》第27卷，北京大学出版社2010年版，第363-366页。

即便近来在该领域颇有建树的学者，也只是分专文论述了狭义因果关系问题、[1]结果的推后发生问题，[2]并未就该问题展开专文论述。实际上，将结果提前实现作为因果关系错误之下的一个子类型极易导致我们忽视其独有的问题性所在。具体而言，在主观方面，结果提前实现相较于狭义因果关系少了一个实行完毕的主观认识，反面来看即多了下一个行为再一剑封喉的主观意思保留，这导致我们必须认真思考该如何评价这一意思保留；在客观方面，结果提前实现相较于结果推后发生少了一个行为，如果说我们可以将结果推后发生中的两个行为作一体化理解，并在客观归责领域解决该问题，那么，在结果提前实现问题中，因为只存在一个客观行为，而该行为的风险也已经实现在结果之中，所以，我们很难在客观归责领域中解决该问题，该问题是一个涉及如何评价行为人主观认识的专门性问题。

在并未充分应对该问题独特性的基础上，我国通说认为，在第一个行为能被评价为着手实行，并且行为人对此有所认识的前提下，肯定故意既遂犯的成立，在不能被评价为着手的前提下，应肯定预备犯与过失犯的想象竞合犯。[3]以着手为标准解决问题，看似判断标准明确，但是却掩盖了一个最大的疑问之处：未遂犯是既遂犯的构成要件扩张形态，其以着手为成立要件，而着手行为往往是构成要件行为之前的密接行为而并非构成要件行为本身，比如瞄准是着手，扣扳机才是杀人的构成要件行为，那么，未遂犯与既遂犯实际上具有不同的行为以及构成要件，[4]具备着手并且认识到着手充其量是肯定未遂犯的要件，在没有认识到既遂结果的前提下

〔1〕 柏浪涛：《狭义的因果错误与故意归责的实现》，载《法学》2016年第3期。

〔2〕 柏浪涛：《结果的推迟发生与既遂结论的质疑》，载《法学家》2016年第1期。

〔3〕 张明楷：《刑法学》（上）（第6版），法律出版社2021年版，第363页；陈兴良：《规范刑法学》（上册）（第4版），中国人民大学出版社2017年版，第175页；周光权：《刑法总论》（第4版），中国人民大学出版社2021年版，第182–183页；钱叶六：《犯罪实行行为着手研究》，中国人民公安大学出版社2009年版，第182–189页。

〔4〕 山口厚「実行の着手と既遂」法学教室 293号（2005年）110頁；林幹人「早過ぎた結果の発生」判例時報1869号6頁；町野朔「因果関係と錯誤理論」法学研究29巻（1993年）229–230頁。

如果连既遂犯也一起肯定，就无疑是将既遂结果作为无须认识到的客观处罚条件了，这既扩张了既遂犯的构成要件，也扩张了既遂故意的认识内容。〔1〕这一双重扩张固然满足了刑事政策的处罚需要，但是却突破了教义学限制，有以政策性压倒正当性之虞。另外，将认识到实害结果扩张为认识到足以引起实害结果的危险性，也混淆了危险故意与实害故意之间的区别。〔2〕前者为危险犯奠定主观归责基础，后者为实害犯奠定主观归责基础。

强势理论并不天然正确，“质疑强势理论，摆脱强势理论，使弱势理论成为强势理论，是学术研究的有效路径”〔3〕。基于结果提前发生问题的独特性与以上问题意识，本书在细致分析我国既有学说的基础上，将目光拉回到故意对结果归属的认识处来寻求问题的解决之道。

一、我国既有学说批判与问题核心锁定

如前所述，我国通说以着手与否作为解决结果提前实现问题的标准，这一解决方式除去带来双重扩张的后果之外，还存在另一个问题，即错置了问题解决标准。例如，在妻子于红酒中投毒，准备等到丈夫出差回来之后拿给他喝但是不想丈夫提前归来饮酒而死的案例中，我们一般以妻子并未着手为由而肯定其成立故意杀人预备与过失致人死亡罪的想象竞合犯，但是，倘若妻子知道丈夫会提前归来，恐怕妻子就成立故意杀人罪的间接正犯并具备一个正犯的着手与实行行为，如此一来，问题就在于，为何客观案情完全一样，着手的判断会随着主观认识的不同而不同？同理，在某

〔1〕 山口厚『問題探究・刑法総論』(有斐閣，1998年)8-9頁。

〔2〕 对危险结果的认识是危险故意，其为危险犯奠定主观归责基础，而对于实害结果的认识是实害故意，其为实害犯奠定主观归责基础，两者并不相同。马克昌主编:《犯罪通论》，武汉大学出版社1999年版，第346页；陈兴良:《规范刑法学》(上册)(第4版)，中国人民大学出版社2017年版，第165页；张明楷:《刑法学》(上)(第6版)，法律出版社2021年版，第338页。

〔3〕 张明楷:《刑法学研究的五个关系》，载《法学家》2014年第6期。

人从北京往东京邮寄有毒的糕点而毒死了被害人这样的隔离犯之中，也只存在一个邮寄行为，而从事前来看，邮寄行为充其量只是一个预备行为，为何却为故意犯罪既遂奠定了基础？应当看到，问题的核心并不在于客观而在于主观，在隔离犯之中存在一个行为实行终了的认识，在肯定因果关系的前提下，实行终了的认识为既遂故意奠定了基础，同理，上述案例中的妻子认识到丈夫会提前回来就具备实行终了的认识，而没有认识到还有实施进一步行为的意思保留，该意思保留才是阻却其既遂故意成立的核心所在。因此，结果提前发生问题，并非一个赖以客观要件就能够解决的问题，而是一个既遂犯主观要件是否满足的问题。[1]

（一）既有代表性学说批判

不同于通说，近期，我国有学者转而在主观层面解决该问题，[2]其代表性论者，是欧阳本祺与柏浪涛两位教授，前者提倡主观归责说，后者提倡故意行为危险说。尽管两位学者解决问题的方向正确，但是所提出的学说都存在一定的理论缺陷从而不应当被采纳。

1.主观归责说批判

欧阳本祺教授认为，故意的判断范围仅限于实行行为时，故意不需要认识到因果关系，对于最终发生的结果与故意之间的归属问题，属于主观

〔1〕［日］佐伯仁志：《刑法总论的思之道·乐之道》，于佳佳译，中国政法大学出版社2017年版，第232页；島田聡一郎「早すぎた結果発生」西田典之、山口厚、佐伯仁志編『Jurist增刊·新·法律学の争点シリーズ2·刑法の争点』(有斐閣，2007年）66頁。

〔2〕当然，我国并非没有学者在客观归责领域解决结果提前实现问题，这是一种将错误问题前置到客观归责领域解决的学说。例如陈璇便认为故意是对行为规范的突破，从而只需要认识到实行行为，而对于因果流程的偏离问题，都应当归入客观归责领域来判断危险是否在结果中实现。参见陈璇：《论主客观归责间的界限与因果流程的偏离》，载《法学家》2014年第6期。陈璇理论的问题在于，其在客观归责中的判断对象是行为时的全部客观事实，判断标准是一般人，陈璇：《论客观归责中危险的判断方法——“以行为时全体客观事实为基础的一般人预测”之提倡》，载《中国法学》2011年第3期。这实际上几乎等同于没有限定的条件说，而其又认为故意不需要认识到因果关系，所以根据其理论，有可能扩大故意既遂的认定范围。因此，如果在客观归责阶段提倡不加入行为人特别认识的客观化判断，就理当在故意阶段进一步限缩既遂犯的成立，以起到排除偶然性主观归责的目的。

归责问题，对于因果流程偏离的案件，在肯定了故意与客观归责之外，还必须进行主观归责的判断。〔1〕在批判了罗克辛的计划理论、英格博格·珀普的故意危险理论之后，〔2〕欧阳本祺教授认为，主观归责的判断标准是构成要件范围，当故意与结果都可以涵摄于同一构成要件范围时，就可以将结果归责于故意。就结果提前实现问题而言，根据该理论，只要行为人对第一行为的危险性有认识，并且最后也死了人，行为人就成立故意杀人罪既遂。〔3〕不难看出，主观归责说的理论基础是法定符合说，即在故意与结果都在同一个构成要件之内的前提下，肯定故意既遂的成立。但是，仔细分析，不难发现其存在以下理论问题：

首先，主观归责说仍然面临着以危险故意代替实害故意的诘难。如上所述，通说以认识到着手的危险代替了对实害结果的认识，从而有扩大既遂故意的成立范围之虞。反观主观归责说，其认为故意的认识内容是实行行为这一点与通说一致，既然如此，对通说的诘难也适用于主观归责说。唯一不同的是，主观归责说在肯定故意之后还必须进行结果能否归责于故意的判断，这样一来，因果关系错误并不阻却既遂故意，但是有可能阻却既遂故意的主观归责。在欧阳本祺的学说中，判断能否阻却既遂故意主观归责的标准是故意与结果是否被涵摄在同一构成要件之下，即法定符合说。

其次，法定符合说认为，故意的本质是基于违法性认识而来的反对动机，这一理解与抽象符合说一脉相承，是对故意本质的错误理解。例如，在甲想杀乙，不料子弹却打偏杀了乙旁边的丙的方法错误的场合，法定符合说认为，“行为人客观上的杀人行为导致了他人死亡，主观上也具有杀人故意，二者在故意杀人罪的犯罪构成内是完全一致的，因而成立故意杀

〔1〕 参见欧阳本祺：《论因果流程偏离的主观归责》，载《法学评论》2015年第6期。

〔2〕 对罗克辛、英格博格·珀普等人的域外理论的批判，参见柏浪涛：《构成要件错误的本质：故意行为危险的偏离》，载《法学研究》2018年第3期，第146-147页；柏浪涛：《结果的推迟发生与既遂结论的质疑》，载《法学家》2016年第1期。笔者同意两位学者的批判意见，因此不再作重复性批判。

〔3〕 参见欧阳本祺：《论因果流程偏离的主观归责》，载《法学评论》2015年第6期。

人罪”〔1〕。在一枪接连打死几个人的场合下，法定符合说往往肯定数个故意的成立，其背后的逻辑是，“在行为时，只要行为人认识到所杀的对象是‘人’或者所盗窃的对象是‘他人的财物’，一般来说，就有机会面临‘不得杀人’、‘不得盗窃’之类的规范，形成停止违法行为的反对动机；尽管如此，行为人竟然没有形成反对动机，仍然实施了该行为，这就说明其主观上违反规范的意思强烈，值得作为刑法上的故意犯加以处罚”〔2〕。刑法中存在两个规范，一是行为规范，二是制裁规范。前者站在事前对行为人发出禁止实施某行为的命令，并在行为人实施行为之际起到提醒其意识到自己行为的违法性并进而产生反对动机的功能，后者是站在事后对违反行为规范之人加以处罚的规范，并通过制裁后果确保行为规范的有效性。〔3〕行为规范的事前性决定，基于违法性而来的反对动机只需要行为人认识到自己的行为即可产生，因为行为人在行为时只能够支配行为，而结果面向未来，无法支配，正如我们只能够控制自己不去开枪，而无法控制子弹能否拐弯一样。这样看来，结果发生与否就只不过是不受人意志支配的偶然事件而已，是限缩处罚的客观处罚条件，最为重要的是，不去抵触规范命令。一旦我们舍去与具体结果的连接而单看行为，则“不得杀人”与“不得盗窃”这样的行为规范之间也就没有本质区别了，因为死人与东西被偷也只是具体结果的不同而已，结果发生与否不影响行为人对规范的突破与抵触，后者才是我们评价的重点所在。与此相应，认识到自己突破规范、抵触规范的违法性并由此而生的反对动机，便是法定符合说所认为的故意的本质。

通过上述推导不难看出，法定符合说已经与抽象符合说只有一纸之隔，甚至可以说，抽象符合说与法定符合说更具亲缘性，两者都以反对动

---

〔1〕 张明楷：《刑法学》（上）（第6版），法律出版社2021年版，第356页。

〔2〕 黎宏：《日本刑法精义》（第2版），法律出版社2008年版，第202页。

〔3〕 ［日］高桥则夫：《规范论和刑法解释论》，戴波、李世阳译，中国人民大学出版社2011年版，第7-11页。

机为故意之本质，而不以对构成要件的认识为故意之本质。无怪乎日本学者山口厚教授将法定符合说称为抽象的法定符合说，将具体符合说称为具体的法定符合说。[1]具体符合说与法定符合说的最大差异，并不体现在于打击错误的场合，是否需要行为人认识到具体的个人，而是对故意本质的理解与思考方式的不同，具体符合说认为故意的本质是对构成要件事实的认识，在判断是否认识到构成要件事实之际，具体符合说从具体结果出发，先用构成要件评价具体结果（此时张三死与李四死分别触发了两个故意杀人罪的构成要件），即将构成要件具体化，然后再看具体构成要件结果是否在故意的认识范围内。[2]

与此不同，法定符合说的思考顺序则是先将构成要件作抽象理解（杀“人”的构成要件），然后看具体结果与故意是否在该抽象化理解的构成要件的语义范围内（“人”）。法定符合说的根本疑问正在于舍去了具体结果来把握构成要件，从而导致将构成要件看作离开具体结果的纯粹理念，这种抽象化理解体现在故意的本质上，便是将故意也进一步抽象化理解为法敌对心态，在无视构成要件必须是在具体的案件事实中才能被我们所认识、所把握、所应用的逻辑原理的同时，[3]也抹杀了构成要件的故意规制机能。正因为法定符合说的上述缺陷，现在，越来越多的日本学者持具体符合说。[4]

最后，在方法错误中，法定符合说以想杀人最后也死了人为由肯定故意既遂成立的观点，也抹杀了人的个体性差异。“人类作为个人（Person）

---

〔1〕［日］山口厚：《刑法总论》（第3版），付立庆译，中国人民大学出版社2018年版，第219页。

〔2〕山口厚『問題探究・刑法総論』（有斐閣，1998年）121頁。

〔3〕实际上，构成要件的产生渊源可以追溯到中世纪纠问式诉讼中的“犯罪确证”概念，是一个具有相当实际操作标准的概念。［日］小野清一郎：《犯罪构成要件理论》，王泰译，中国人民公安大学出版社1991年版，第2页。

〔4〕［日］山口厚：《刑法总论》（第3版），付立庆译，中国人民大学出版社2018年版，第219页以下；［日］松原芳博：《刑法总论重要问题》，王昭武译，中国政法大学出版社2014年版，第181页；［日］佐伯仁志：《刑法总论的思之道・乐之道》，于佳佳译，中国政法大学出版社2017年版，第215–216页。

并不是高于个人之整体的一个部分，而是一个独立的单元，是自我目的（Selbstzweck），将人类当作个人就表示承认其为自我目的，因而赋予其最高价值”〔1〕。承认人的最高价值必然要求我们尊重人的个体性，因为每一个人的人格都独立自主且不依赖于任何外在目的而存在，在具体的个人之间是无法通约成一个抽象的“人”的，否则就是将人不加区别地予以量化衡量，这固然与以“最大多数人的最大幸福”为名而将少数个体作为手段加以牺牲的功利主义思维一脉相承，但是却与自由主义刑法理念格格不入。综上，欧阳本祺教授的主观归责说因其理论基础的不牢靠而不应被采纳。

2.故意行为危险说批判

近期，柏浪涛教授提出了故意行为为危险说，该说的核心内容是：故意行为具有目的性思维活动，而过失行为不具有目的性思维活动，这种差异导致二者给法益制造的危险存在诸多差别，故意对危险有现实支配，其制造的危险流有方向性、可重复性，且结果回避可能性高，过失不具备前述特征，这决定了故意行为的不法比过失行为更重。〔2〕在解决因果关系错误之际，“应直接判断是否存在故意意志支配下的行为，以及该行为是否制造了危险，即故意行为危险；应直接判断是否因违反注意义务而制造了法不允许的危险，即过失行为危险”〔3〕。如果故意行为危险在结果中现实化，即成立既遂故意。就结果提前实现而言，在妻子欲先让丈夫吃安眠药熟睡，之后用绳子勒死丈夫，不料丈夫直接因安眠药食用过量而死的案例中，柏浪涛教授认为妻子投放安眠药之际并无故意，所以只成立杀人预备与过失致人死亡的竞合犯。〔4〕仔细分析不难发现，柏浪涛教授的观点存在理论基础存疑、理论结论存疑两个缺陷。

---

〔1〕周漾沂：《从实质法概念重新定义法益：以法主体性论述为基础》，载《台大法学论丛》2012年第3期。

〔2〕柏浪涛：《构成要件错误的本质：故意行为危险的偏离》，载《法学研究》2018年第3期。

〔3〕柏浪涛：《构成要件错误的本质：故意行为危险的偏离》，载《法学研究》2018年第3期。

〔4〕柏浪涛：《构成要件错误的本质：故意行为危险的偏离》，载《法学研究》2018年第3期。

一是其理论基础是汉斯·韦尔策尔(Hans Welzel)的目的行为论,以及根据目的行为论而将故意与过失定位在不法之中的行为无价值论,该理论基础存疑。如上所述,柏浪涛教授根据故意与过失的不同而将行为分为故意行为、过失行为,这与韦尔策尔的目的行为论一脉相承,韦尔策尔正是从人的意向性意识结构出发,发现了目的性,并以目的性作为行为的本质,这便是其目的行为论,[1]根据目的行为论,行为的本质是对因果流程的意志支配,其本身就与主观要素一体,因此,故意与过失得以通过与行为的连接而前置到了构成要件之中并进而影响到违法,又因为故意与过失的前述不同,故意犯与过失犯分属两个构成要件体系。[2]将故意与过失导入违法阶层的根本问题是其所导致的入罪主观化倾向。[3]例如,某暑假在餐厅打工的植物学博士,在给客人端菜之际,认识到其中的一味野菜具有毒性而仍然将菜端给客人食用,对此案例,根据上述逻辑,因为服务生有故意,所以其行为违法从而可罚。但是,该餐厅服务员并不具有保证结果不发生的地位,因为他只是偶然介入这一事件中的人,根据社会期待与角色安排,给食客提供安全清洁的食品的责任在餐厅而不在服务生,法规范在事先已经划定了这种责任分配,便不能因为某人有特别认知而改变风险分配,否则就有损法的安定性。[4]这个道理正如超人利用超能力去杀人应当入罪,但是超人不运用其超能力救人却顶多带来我们道义上的谴责与感情上的失望一样。在我国见危不救罪尚未设立的当下,上述案例中的服务生根本没有实现一个能够被客观归责的违法。另外,根据上述逻辑,对于在拳击

---

〔1〕［德］汉斯·韦尔策尔:《目的行为论导论:刑法理论的新图景》(增补第4版),陈璇译,中国人民大学出版社2015年版,第1-5页。

〔2〕许玉秀:《当代刑法思潮》,中国民主法制出版社2005年版,第138页。

〔3〕小林憲太郎『刑法的帰責』(弘文堂,2007年)8-11頁。

〔4〕ギュンタ・ヤコブス『ギュンタ・ヤコブス著作集·第1巻　犯罪論の基礎』松宮孝明等編訳(成文堂,2014年)85-89頁。采取同样观点的中国学者的专题研究文献,参见何庆仁:《特别认知者的刑法归责》,载《中外法学》2015年第4期。

比赛中，某选手一边准备伤害对方另一边又全然遵守规则而比赛，但最终导致对手受伤的场合，也应当成立故意伤害罪，这显然是"同一件事，好人可为，坏人不可为"的逻辑，而好坏只在于有无故意，这显然将处罚根据设置在了主观恶意之上从而与心情刑法只有一纸之隔。

应当看到，决定行为性质的是结果而非行为本身，因为行为规范所禁止的内容也只有在该行为会引起法益侵害结果发生的前提下才能够得以正当化，法不禁止没有任何法益侵害可能性的单纯的行为，否则就对公民自由的侵犯，如此一来，判断行为是否违法的时点就不应当在行为时并且依赖于行为人的主观认识，而应当在于结果发生之际并依赖于法益侵害结果。换言之，只有在事后（结果发生时），我们才能在全面掌握信息的基础上作出行为是否违法的判断，这种以判断时点的事后性来确保判断对象明确性与掌握信息全面性的思路，正是结果无价值论的思路，其背后的深深担忧，也正在于如果放弃事后判断而以行为时为判断时点，势必会割裂结果而单看行为，从而导致只能以主观想法来定性行为的主观主义刑法倾向，最终，刑法就会沦为以刑罚来确保国民对规范保有忠诚之心的强制法而失去了其自由保障的一面。〔1〕对行为无价值论加以批判的文献不胜枚举，〔2〕因为批判行为无价值并非本书的主旨，所以此处仅指出柏浪涛理论基础的根本问题。

二是根据柏浪涛教授的观点在共犯论领域会得出不合理的结论。例如，某日，甲乙两人在爬山过程中偶遇其仇人丙，甲看到了丙并以为乙也看到了丙，教唆乙说快朝其方向射击，不料乙将人错看成了熊，该案例是

〔1〕 松原芳博『エーリッヒ・ザムゾン「刑法における結果無価値と行為無価値との関係」』早稲田法学 78巻1号（2002年）227頁。

〔2〕 张明楷：《行为无价值论的疑问——兼与周光权教授商榷》，载《中国社会科学》2009年第1期；黎宏：《行为无价值论批判》，载《中国法学》2006年第2期；郑军男：《一元的行为无价值论及其批判——德日违法性理论考察》，载《吉林大学社会科学学报》2010年第2期；杜文俊、陈洪兵：《二元的行为无价值论不应是中国刑法的基本立场》，载《东方法学》2009年第4期。

以教唆故意实现间接正犯结果的典型案例，根据其观点，甲有杀人故意，乙只是过失，所以不法经历了一个由大变小，由确定到不确定的过程，反之，在甲误以为前方是熊而教唆乙开枪，乙看到前方是仇人而非熊的场合，不法就经历了一个由小变大，由不确定变确定的过程。但是问题在于，这分明只是一个引起结果的因果关系，从死人结果上来看，两人的客观不法都是一致的，为何在同一个因果关系之中，根据行为人的不同主观状态，我们得出了不法也在变动的结论？如果说这一疑惑是建立在客观违法论的先见之上，那么，在上述以教唆故意实现了间接正犯的结果的第一个例子中，如果采取该观点，将故意与过失定位在不法中，就会导致处罚漏洞，因为一方面，误将人看作熊的正犯没有故意，即便采取根据最小从属性，共犯也无所从属从而难以成立，结论是教唆者无法成立教唆犯，但另一方面，教唆者虽然实现了间接正犯的结果，但是其主观上并无间接正犯的故意，结论是教唆者也难以成立正犯，处罚漏洞由此产生。〔1〕弥补处罚漏洞的唯一方式是将故意与过失定位在责任之中，〔2〕并且否定共犯对正犯故意的从属性。〔3〕鉴于以上问题，柏浪涛教授的观点也难以被采纳。

（二）问题核心的锁定

构成要件具有故意规制机能，作为构成要件的一部分，因果关系当然也需要认识到，但是故意无须认识到所有的因果关系即危险现实化为结果的所有细节，解决问题的关键在于如何抽象因果关系。如前所述，在结果提前实现问题中，我国通说认为行为人存在着手，并对着手实行行为有所认识之际，便肯定故意既遂的成立，该思路在对待因果关系认识问题上的

---

〔1〕 松宮孝明『刑事立法と犯罪体系』(成文堂，2003年）259頁。

〔2〕 例如，日本的松宫孝明就以此为由，将故意与过失定位在责任之中。[日]松宫孝明：《刑法总论讲义》(第4版补正版)，钱叶六译，中国人民大学出版社2013年版，第42页。

〔3〕 张明楷：《共犯对正犯故意的从属性之否定》，载《政法论坛》2010年第5期。

态度是："没有必要将行为与危害结果之间的因果关系作为故意的独立认识内容"、〔1〕"行为和结果之间的因果关系，不是故意的认识内容"，〔2〕但是仔细分析不难发现，"该观点实际上是将对'危险的现实化'的部分认识改头换面至对实行行为引起结果的危险性存在认识，因而实质上也并非全面排斥对因果关系的认识"〔3〕。

同理，主观归责说也并非排斥对因果关系的认识，其也只不过是将对后续因果流程的认识错误放置在主观归责要件中解决而已，而是否需要设置一个主观归责要件，纯粹取决于对故意的理解。《德国刑法典》第16条第1款规定："行为时未认识该当构成要件之事实者，无故意。该行为是否以过失论，不受影响。"〔4〕在理解上述法条之际，如果注重"行为时"要求，那么故意必须在行为时就确定下来，"一个在行为当时就已经确定存在的故意，没有理由会因为嗣后形成的事实（客观上实际发生的因果流程）而被回溯地阻却"，〔5〕后续的因果关系的认识错误问题自然会被纳入主观归责要件之中。如果将故意理解为包含"知晓"（Kenntnis）与"设想"（Vorstellung）两方面，那么前者是对行为的认识，后者便是对危险流实现为结果的因果关系认识，因此，主观归责要件的设置也就没有必要，柏浪涛教授正是作此理解。〔6〕

---

〔1〕 张明楷：《刑法学》（上）（第6版），法律出版社2021年版，第339页。

〔2〕 黎宏：《刑法学总论》（第2版），法律出版社2016年版，第185页。

〔3〕 ［日］桥爪隆：《构成要件的推迟实现与构成要件的提前实现》，王昭武译，载《苏州大学学报（法学版）》2015年第4期。

〔4〕 《2017年最新版·德国刑法典》，李圣杰、潘怡宏编译，台北，元照出版有限公司2017年版，第18页。

〔5〕 蔡圣伟：《刑法问题研究（二）》，台北，元照出版有限公司2013年版，第131页。

〔6〕 柏浪涛：《构成要件错误的本质：故意行为危险的偏离》，载《法学研究》2018年第3期。知晓与行为同时存在同时消失，但是设想的内容却是因果关系，我们需要站在事后判断行为人的设想是否已经实现，即对故意的判断具有事后性。如果仅仅在行为时判断故意，会导致在妻子给丈夫投毒之后，估计半小时丈夫就会死亡而在院子等候，回屋后发现丈夫没死又后悔予以救活的案例中，得出妻子的杀人故意在犯罪行为终了之后已经消除，犯罪呈现终局形态，妻子不可能成立中止的错误结论。参见柏浪涛：《狭义的因果错误与故意归责的实现》，载《法学》2016年第3期。

本书认同上述观点，不仅因为我国《刑法》第14条规定的内容“明知自己的行为会发生危害社会的结果”本身就包含行为与结果及其之间的因果关系，更是因为实行行为本身就是需要放置在与结果之间的因果关系之中才能够被理解的概念，例如“杀”是足以致人死亡的行为，“危险驾驶”是足以引起公共安全抽象危险的行为等，舍去结果，行为不过是一个“空壳”。[1]

那么结论便是，因果关系是故意的认识内容，[2]而如何对因果关系进行一定抽象化处理，即行为人认识到什么程度才是问题核心所在，即“故意的成立要求行为人认识因果关系，但是，这种认识只是大致的认识”。[3]以明确的标准对这一“大致”加以限定，才是结果提前实现问题的真正核心所在。

二、问题解决标准的提出：结果归属认识论的构建

因果关系的全部细节并非故意的认识对象，但是因果关系的本质部分则需要行为人认识，这一本质便是客观归责的判断标准，即危险实现于结果之中。具体而言，从反面来看，从我国《刑法》第24条有关中止犯的规定中可以推知，实行终了的认识是奠定既遂故意的基础，当行为人没有实行终了的认识之际，便阻却既遂故意的成立。从正面来看，我们能够将行为人的主观认识还原为客观现实，然后根据溯责禁止理论来判断结果归属的肯定与否（当然，自己不可能成立自己的共同犯罪人，但是，这并不影响在一人实施两个行为之际，我们通过溯责禁止原理来判断结果的归属），当否定结果归属之际，阻却行为既遂故意的成立。本书将上述经正反面论证

〔1〕 对实行行为概念的反思参见周啸天：《实行行为概念的批判与解构》，载《环球法律评论》2018年第4期。

〔2〕 陈兴良：《规范刑法学》（上册）（第4版），中国人民大学出版社2017年版，第162页。

〔3〕 周光权：《刑法总论》（第4版），法律出版社2021年版，第183页。

而来的理论称为结果归属认识论。

（一）反面论证：没有实行终了的认识阻却既遂故意的成立

虽然《刑法》第24条是有关中止犯的规定，但是鉴于在着手之后也能够成立中止，而着手又是未遂犯的要件，因此，《刑法》第24条实际上蕴含着对未遂犯的规定。具体而言，《刑法》第24条区分了两种未遂形态，即未实行终了的未遂与实行终了的未遂。《刑法》第24条第1款规定："在犯罪过程中，自动放弃犯罪或者自动有效地防止犯罪结果发生的，是犯罪中止。"对于这一条规定，我国理论通说认为，我国立法划分了两种未遂：一是未实行终了的未遂（着手未遂）。二是实行终了的未遂（实行未遂），前者是"自动放弃犯罪"就能够成立中止的场合，后者是"自动有效防止结果发生"就能够成立中止的场合，在两种场合下，中止犯的成立条件有所不同，在前者之中，行为人停止犯罪即能有效阻止结果发生，在后者之中，行为人要有更多的额外行动才能有效阻止结果的发生。[1]由在实行终了的未遂的场合行为人负有更高度的防止结果发生的义务可知，实行终了的未遂的违法程度高于未实行终了的未遂。

在客观上，为既遂犯之客观违法性奠定基础的，是实行终了的未遂，与之相应，在主观上，为既遂故意奠定基础的，是实行终了的认识。拿未实行终了的未遂犯与既遂犯相比较可知，此时的危险与结果还有相当距离，对于未遂犯的刑罚应当采取必减主义才合理。例如，行为人在将手伸到别人碗里投毒之际被抓，在此场合，危险离结果尚有距离，其不足以自

〔1〕 高铭暄、马克昌主编：《刑法学》（第10版），北京大学出版社、高等教育出版社2022年版，第156–159页；陈兴良：《规范刑法学》（上册）（第4版），中国人民大学出版社2017年版，第220页；陈兴良主编、周光权副主编：《刑法学》（第3版），复旦大学出版社2016年版，第120–124页；周光权：《刑法总论》（第4版），中国人民大学出版社2021年版，第323页；冯江编著：《刑法全厚细》（第6版），中国法制出版社2021年版，第51页；刘艳红主编：《刑法学》（上）（第2版），北京大学出版社2016年版，第250页；曲新久：《刑法学》（第6版），中国政法大学出版社2022年版，第121页。

然演变为结果，那么，未遂犯相比于既遂犯的刑罚就应当减轻，因为只有这样才与我国刑法分则对具体危险犯的刑罚设置一律轻于实害犯相协调。但是立法者却在未遂犯的刑罚上采取了得减主义，由此推知，立法者的关注点应当在实行终了的未遂犯之上，毋宁说，比起当场被阻止了实行行为的进一步实施的未实行终了的情形而言，行为人实行终了的情形的发生概率更高，并且实行终了的未遂中的危险离既遂结果之间只差最后一毫厘，即便结果没有发生，也是偶然，这种偶然不足以决定行为人刑事责任的必然减轻，于是，立法者将量刑的裁量权交由法官行使，法官可以将未遂犯论处既遂犯的刑罚。既然如此，与既遂犯之客观不法具有亲缘性的，便是实行终了的未遂犯，因为主观是对客观的认识，为既遂故意奠定基础的，也应当是对实行终了的认识。〔1〕这一认识，也可以称为放手的认识，即实施完最后一个行为方才能一剑封喉的认识。〔2〕

从归责原理处，以及行为规范处，我们都可以为实行终了的认识是既遂故意的基础找到理论根据。归责判断是从众多的因果事实中，找出能够算作是行为人之“作品”的事物，因为人只能对他所能够支配的事情负责，所以支配是归责的核心思想，是客观归责与主观归责的核心理念，因为客观归责与主观归责无非也是一个通过对支配的判断来排除偶然责任的过程。

就主观归责而言，“只有在客观上的构成要件该当事实可被评价为‘受故意所支配’的情形，才能形成一个故意既遂犯的归责基础，在这个阶层透过支配思维所要排除的，是客观构成要件该当性与主观不法偶然连结的情形”，〔3〕那么，当行为人以乙醚捂晕被害人而为下一个将被害人放到车里推入海里的行为（淹死）做准备之际，将其主观认识还原为客观可知，

---

〔1〕 林美月子「実行行為途中からの責任無能力」神奈川法学 28巻1号（1993年）297頁。

〔2〕 高橋則夫『早すぎた構成要件の実現の』一考察——いわゆるクロロホルム殺人事件をめぐって」早稲田法学80巻4号（2005年）14頁。

〔3〕 蔡圣伟：《刑法问题研究（二）》，台北，元照出版有限公司2013年版，第149页。

行为人的第二个行为才需要对结果负责，第一个行为便因为溯责禁止而仅成立未遂行为，那么，这里的保留实施第二个行为的认识便是对溯责禁止的认识（切断最终结果对第一个行为之可归责性的认识），显然，这一认识无法为既遂故意奠定基础——行为人在主观上就因为下一个行为的保留意思而缺乏对因果流程的全程性主观支配，既然如此，让行为人对结果负责便是一种偶然归责。

从行为规范的角度来看，在实行未终了的场合，“虽然行为人的最终目的还是在于杀害他人，但只要他相信当下所从事的举动不会直接引起死亡结果，就还谈不上终局性确定地做出了反抗规范的决定”，[1]而一个并非终局性的反抗规范的决定，不足以为故意既遂奠定基础。这实际上是认为，未实行终了的行为无价值只是部分的而非完整的。[2]

（二）正面论证：既遂故意需要认识到危险的直接实现

首先，要予以说明的是，因果关系不可避免地带有规范色彩，例如，我们以往将条件说认定为事实因果关系，然后在条件说的基础上进一步判断因果关系的相当性。[3]但是，条件关系也并非脱离我们经验认知法则的客观关系。例如，当我们说“不拿刀捅人人就不会死”之际，实际上是我们通过对结果的特定化即被害人被捅死来肯定了条件关系的成立，而“捅人人会死”是我们已经在经验法则中予以肯定的一种经验关联；反之，当某些事件的联系超出我们已知的经验法则之外，我们就根本无法通过结果的特定化来进行条件关系的描述，[4]这一点在现代医学的因果关系中表现得淋漓尽致，即在我们认识相当有限的领域，大数据的相关性完全替代了对条

〔1〕 蔡圣伟：《刑法问题研究（二）》，台北，元照出版有限公司2013年版，第205页。

〔2〕 Wolter, Der Irrtum über den Kausalverlauf als Problem objectievr Zurechnung, ZStW. Bd. 89 (1977), S. 694, 697.

〔3〕 黎宏：《刑法总论问题思考》（第2版），中国人民大学出版社2016年版，第145-153页。

〔4〕 小林憲太郎『因果関係と客観的帰属』（弘文堂，2003年）7頁以下。

件关系的判断。

由此可知，因果关系是一种合乎经验法则的关联，条件关系所判断的必要条件（不捅不死），是以我们已经预知的充分条件（捅了即死）为前提的。如此一来，条件关系的意义就并非检验必要条件，而是确保刑罚的一般预防功能的实现，即“刑法上因果关系概念的目的在于确立行为人的行为对于结果发生的避免（控制）可能性，并且从此建立刑罚的正当性基础”。〔1〕也就是说，当我们以“没A没B”条件关系加以判断作为犯的因果关系时，实际上是看对于特定结果的发生而言，有没有结果回避可能性，如果在“没A仍有B”的场合我们仍要将结果归属于行为人，此时处罚的就是一种不论结果能否回避死了人就要罚的状态，这种状态只能是一种倒霉的宿命，因而体现出绝对的报应主义刑罚观，〔2〕它既无助于刑罚一般预防功能的实现，也为现代的并合主义刑罚理念所不允许。〔3〕

其次，需要指出的是，在判断完结果回避可能性之后，我们还必须进一步判断实行行为的危险是否在结果之中实现，以达到排除偶然责任的目的。在日本，有学者以因果关系的“相当性”称呼这种常态化关联，〔4〕在德国，则是众所周知的客观归责理论，后者较前者而言，在支配原理的基础上融入了现代社会的风险分配规则、角色化期待以及规范目的等理论内容，因而内涵更为丰富，理论更为饱满，解释力更强，客观归责理论在日本已经大有取代相当因果关系说之趋势。应当说，相当因果关系说以线性思维理解结果归属的方式确实存在问题，我们应当以客观归责理论所倡导的危险是否在结果中实现为标准判断结果归属。

例如，在存在介入因素的场合，相当因果关系说认为，在出现介入因

〔1〕 黄荣坚:《基础刑法学》(下)(第4版)，台北，元照出版有限公司2012年版，第696页。

〔2〕 山口厚『問題探究・刑法総論』(有斐閣，1998年)10頁。

〔3〕 林幹人「相当因果関係と一般予報」上智法学論集40巻4号22-26頁。

〔4〕 [日]西田典之:《日本刑法总论》，刘明祥、王昭武译，中国人民大学出版社2007年版，第80页。

素之际，我们应当综合考虑实行行为对结果贡献的程度、介入情况的异常性大小、介入因素对结果的贡献程度，以此判断能否将结果归责于前行为，[1]这种相当性判断的理论初衷是为了限缩归责范围，即如果不引入对介入因素的考虑，就有可能直接根据条件关系肯定结果归属，但是很快便遭遇了危机，[2]在“大阪南港案”[3]（该案案情大致为被告人在第一现场将被害人打成脑出血陷入昏迷，而后将被害人运到大阪南港材料仓库，不知是谁用四棱木棒打了被害人的头，导致死期稍稍提前）中，根据相当因果关系理论，如果不考虑介入因素，反而会得出直接肯定因果关系的结论，这有违相当因果关系说以介入因素限缩归责范围的理论初衷，更为重要的是，如果考虑介入因素，因其异常性以及导致死期提前性，会得出被告不对死亡结果负责的不当结论。

应当说，结果归属的标准是行为所创造的不被容许的风险实现在结果之中的判断标准，其需要站在事后，以行为时以及结果发生之前的全部客观事实作为判断对象，看结果是否落在了行为所创造的危险之内，即“确定性是否在可能性之内”，如果将危险比喻成一个立体的球状物，那么我们就要判断最终实现的结果是否落在了球体之内，这时，介入因素只不过是判断危险有无现实化的一个辅助考虑因素而已，其本身并非判断对象。[4]这是一种将线性思维改为立体思维的判断方法。这种思维方式的转变在一些学者的新版教科书中初见端倪。[5]一旦我们改线性思维为立体思

〔1〕［日］前田雅英：《刑法总论讲义》，曾文科译，北京大学出版社2017年版，第122页。

〔2〕有关对相当因果关系危机的介绍，参见张小宁：《相当因果关系说的兴盛与危机——兼谈客观归属论的提倡》，载《东岳论丛》2014年第8期。

〔3〕最高裁判所1990年11月20日決定，最高裁判所刑事判例集44卷8号837頁。

〔4〕［日］山口厚：《刑法总论》（第3版），付立庆译，中国人民大学出版社2018年版，第59页。

〔5〕张明楷与黎宏在早期的教科书中以相当性为主判断规范的因果关系，注重判断前行为贡献、介入因素突然与否、介入因素贡献三要素，但是在新近的教科书中，却以结果归属或者危险实现作为判断标准。参见张明楷：《刑法学》（第3版），法律出版社2007年版，第170页；张明楷：《刑法学》（上）（第6版），法律出版社2021年版，第240页以下；黎宏：《刑法学》，法律出版社2012年版，第104页以下；黎宏：《刑法学总论》（第2版），法律出版社2016年版，第100页以下。

维来考察“大阪南港案”，不难发现结果落在了第一行为所包含的可能性范围之内，即具有“死因同一性”因而肯定结果归属。〔1〕

反观我国司法实践也不难发现，在被害人提前出院导致结果发生的案件中，在肯定“死因同一性”的前提下，法院往往肯定结果归属。〔2〕相反，在虽然有伤人行为，但是在查明被害人死亡结果不在伤害行为所可能引起的结果范围内即否定死因同一性之际，法院则否定结果归属。〔3〕另外，在家属拒绝尸检因而证明不了死因的场合，法院则根据存疑时有利于被告原则，否定了结果归属。〔4〕根据本书的观点，结果特定化以及结果是否落在

〔1〕 根据结果归属论，如何确定结果就十分重要，而对结果又不可能不作出抽象化处理，对于如何抽象化死期稍稍提前的理论说明，参见蒋太珂：《介入因素导致死亡时间提前时的归责分配》，载《政法论坛》2017年第6期。

〔2〕 案例1：汤某碰撞行为人斯某使其受伤，在斯某病情稳定后，医院建议其转下级医院继续治疗，患者家属坚持要求出院回家，患者四天后在家死亡。法院认为：“报告人的危险行为已经导致被害人重伤濒临死亡，而被害人亲属的行为对结果的发生并未超越肇事行为，在被害人重伤的基础上也并未升高被害人的死亡危险。”因此肯定结果归属。新疆维吾尔自治区精河县人民法院，(2015)精刑初字第93号。案例2：2005年9月29日，被告人王某驾车将被害人撞倒，被害人被确诊为右侧额颞顶枕急性硬膜下血肿、左颞叶脑挫伤伴多发性血肿、右角回脑挫裂伤、外伤性蛛网膜下腔出血、左侧额颞部头皮血肿、全身多处软组织伤，治疗期间被害人的丈夫先后4次签署放弃治疗意见，被害人于10月20日因呼吸衰竭死亡。法院认为：“被害人亲属放弃治疗这一介入因素不足以阻断被告人肇事行为致使被害人死亡的结果。”因此肯定结果归属，参见晋松、吴美来：《交通肇事案被害人家属放弃治疗能否中刑法因果关系？》，载《中国审判》2007年第3期。

〔3〕 被害人吴某2008年患上宫颈癌，2014年至2017年3月，因术后转移在医院多次化疗。2017年5月23日，吴某因疼痛难忍在家服农药（一种低毒除草剂）自杀，后被家人及时送医院救治。自此至6月中旬，吴某多次请求相识多年的徐某某驾车撞死自己（吴某丈夫王某也参与了劝说），以摆脱痛苦，徐某某多次拒绝后最终于15日同意。当晚20时许，徐某某在约定地点开车将吴某撞倒，随后拨打110报警，吴某被送往医院，但其不配合治疗，6月17日主动出院，19日凌晨死于家中。经法医鉴定：被害人吴某系宫颈癌术后转移致多脏器功能衰竭死亡；车辆撞击所致损伤对其死亡进程稍有影响；其被车辆撞击所致的损伤程度为轻伤二级。法院认为，被告人徐某某及王某系共同犯罪，均构成故意杀人罪未遂，综合考虑犯罪情节、犯罪后如实供述罪行、得到被害人近亲属的谅解等因素，分别对徐某某和王某判处有期徒刑3年缓刑3年和有期徒刑2年缓刑2年。江苏省句容市人民法院刑事判决书，(2018)苏1183刑初字第13号。

〔4〕 2010年8月10日7时，被告人杨某某等四人手持镐把、木棍等工具对被害人进行殴打。后被害人被及时送往医院，并顺利做了脾切除术、脾胃破裂修补术等手术，术后进入ICU监护治疗。8月14日被害人转到309医院治疗，22日被害人的亲属不顾医生的劝阻，接其回原籍治疗，23日下午被害人死亡，24日下葬。公安人员赶到被害人老家时，发现其亲属正在办理丧事，且拒绝开棺验尸，法医仅凭病历材料无法判断死因。据此，法院不能认定被害人的死亡系被告人的伤害行为所致，只能认定杨道计等人故意伤害致被害人重伤。王雪枫、马岩：《杨道计等故意伤害案——仅有被害人家属证言证实被害人死亡的，能否认定被害人死亡？如何认定伤害行为与死亡结果之间的因果关系》，载中华人民共和国最高人民法院刑事审判第一、二、三、四、五庭主办：《刑事审判参考》(总第89集)，法律出版社2013年版，第34-38页。

行为可能性的范围内，是结果归属判断之际必不可少的两个步骤，因此，我国法院重视查明死因，并据此作出判断的思维方式是正确的。

最后，根据危险实现于结果之中的判断标准，故意的认识内容就是危险实现，在结果提前实现的案例中，如果行为人在第一行为实施时具有保留第二行为才一剑封喉的认识，则无法肯定其对最终结果的故意。为了判断故意的认识内容是否包含危险的实现，我们可以将故意的认识内容先还原为客观事实流程，然后再看该客观事实流程是否能够被评价为危险实现，因为主观是对客观的认识，两者之间呈现镜像关系。根据这一点来分析结果的提前实现案例，会得出“乙醚杀夫案”“阳台坠落杀妻案”“放火抽烟案”之中的行为人不成立既遂故意的结论，以“乙醚杀夫案”为例，根据行为人的设想，第一行为是将丈夫麻醉，第二行为是将其放到车里推入海中淹死，以造成其自己驾驶不慎跌落海中的假象，从而骗取保险金。显然，第二个行为才是支配造成结果原因（淹死）的行为，淹死结果无论如何不能说在捂晕行为的可能性范围之内。况且，第二个行为是一个故意行为，故意行为的偶然性更强，因为“期待任何人不会故意犯罪”是我们在当下社会中所达成的人与人之间信赖的最基本条件，故意犯罪比过失犯罪更要显著性地打破这种期待。那么，在介入一个故意行为，并在故意行为支配下造成死因的场合，最终的死亡结果就已经逸脱了前行为所包含的所有可能性，从而否定了结果归属。

需要特别注意的是，溯责禁止理论的判断标准是自律性，正犯既遂的成立条件除了自律性之外，也当然要求其所创出的风险在结果之中实现，所以，两者并行不悖。换言之，在虽然介入了一个第三人的自律行为的场合，但是在第三人对结果的影响微乎其微，舍去其行为，结果也完全能够出现的场合，前行为人仍然对结果承担正犯既遂责任，比如前述的“大阪南港案”便是如此，原因在于，此时的介入者可以评价为与物理的因果进程并无二致的自然因果流程的一环，从而不影响前行为人罪责的成立。判例也广泛肯定自律主体的介入并直接实现风险这一点能够切断前行为人与结果之间的正犯归责关系。例如，在日本的“美军吉普车撞人案”之中，驾驶者驾车将被害人撞飞，被害人落在车顶且失去意识，坐在副驾驶上的人将被害人从车顶往下拽，被害人摔落在路上死亡，事后无法查明成为死因的头部伤害到底是哪个行为导致的，法院根据存疑时有利于被告人的原则认定死因是同乘者导致的，并以故意行为“并非经验上通常的、能够预料到的行为”为由，否定了结果归属。〔1〕在这个案例中，结果归属于同乘者，前行为人不对结果负责，当然，在前行为人认识到同乘者会将被害人拽下来的场合，前行为人有可能成立同乘者的共犯。

在此需要注意的是，也许会有人认为，将行为人的犯罪计划纳入考虑因素，并且考虑到两个行为的密接性而将行为作一体化判断，就会得出介入因素不异常的结论，从而肯定既遂故意的成立。实际上，这正是日本法院的判决理由，日本法院以第一行为使得第二行为容易实施、在第一行为成功之后杀人计划的实施就不存在障碍、第一行为与第二行为在时间与场所上存在密接性为由，将两个行为作一体化判断，并以认识到着手为由，肯定了故意既遂犯的成立。〔2〕但是，将行为作一体评价的前提是行为在一开始就只有一个行为意思，例如抱着劫财的故意杀人，人死后取财的，尽管我们否定死者的占有，也能够因将暴力行为、取财行为评价为一个行为从而肯定抢劫罪的成立，但是在“乙醚杀夫案”之中，乙醚捂晕与推入海里是两个独立的行为意思，两个行为无法被一体评价。〔3〕另外，行为计划也不足以成为判断之际的考虑因素，否则就会出现计划越缜密，越不容易成立未遂的结局，例如行为人原计划将行为人拉到轿车里行驶到100公里开

---

〔1〕 最高裁判所1967年10月24日決定，最高裁判所刑事判例集21巻8号1116頁。

〔2〕 最高裁判所2005年3月22日決定，最高裁判所刑事判例集58巻3号187頁。

〔3〕 高橋則夫『「早すぎた構成要件の実現の」一考察——いわゆるクロロホルム殺人事件をめぐって」早稲田法学80巻4号（2005年）7頁。

外的野外强奸，如果考虑行为计划，则拉到车里的一刻还只是预备而不成立未遂，但这无视了在狭小密闭的空间内被害人的法益已经有被侵害的具体危险的事实。实际上，德国对着手的认定采取的是结果之前行为之客观面与计划理论之主观面，偏向于抽象危险说，[1]而我国却是将着手理解为具体而紧迫的客观危险，即将着手理解为一种结果犯，[2]因此，在我国没有理论余地以行为计划判断危险实现与否。总之，"'计划'属于非常不确定的东西，要以此为根据为危险奠定基础，就需要十分慎重"[3]。

经过正面论证可知，在客观归责要件满足下，实行终了的认识之所以能够以为故意既遂责任奠定基础，是因为实行终了的认识还原为客观事实便是最终引起结果的行为，而有所实施进一步行为的意思保留也就是未实行终了的认识，之所以不足以为故意既遂责任奠定基础，是因为其没有认识到危险的实现。

三、故意归属认识论的应用

本书所提倡的故意归属认识论与溯责禁止论属于主客观二元镜像对应关系，即一个故意的、直接实现危险的行为的介入会切断前行为与结果之间的正犯归属关系（类似于"大阪南港案"这样的介入行为仅仅是让死期稍稍提前，即便没有介入行为结果仍然还会发生的案件可以看作例外），那么，对于主观上预设了两个行为，并想通过第二个行为引起结果，不料第一个行为便引起结果的情况而言，主观上的保留意思（对第二个行为引起结果的认识），实际上就是对溯责禁止的认识，从而阻却既遂故意的成立。

上述逻辑不仅高度自洽，而且还具备对因果关系错误问题的解决功

---

〔1〕塩見淳「実行の着手について・(二)」法学論叢121巻4号(1987年)21頁以下。

〔2〕张明楷：《刑法学》(上)(第6版)，法律出版社2021年版，第441页。

〔3〕[日]松原芳博：《刑法总论重要问题》，王昭武译，中国政法大学出版社2014年版，第241页。

能，这也是本书通过对结果的提前实现问题的说明，来展示溯责禁止论良好应用性能的用意所在。具体而言，本书所构建的将主观认识还原为客观，然后判断危险是否于结果中实现的结果归属认识论能够合理处理狭义的因果关系问题、结果提前发生问题（单独正犯与共犯），从而具备良好的应用功能。在展开实践检验之前，需要指出的是，正如柏浪涛教授所正确指出的，结果的推后发生在客观归责上需要判断后行为是否替代或者阻断了前行为的危险因而是一个在客观归责层面就足以解决的问题，[1]而本书所构建的理论属于主观领域问题，因此本书不再检验结果的推后发生问题。另外，因为本书在解决结果提前实现问题之际，需要运用到在狭义因果关系问题中所持的观点，所以将狭义的因果关系问题予以前置探讨。

（一）狭义因果关系错误问题之解决

案例1：甲以杀人故意将一盘拌有毒菌的鱼端给乙食用，但甲并未认识到实际上鱼肉已经腐烂变质并产生了致命毒素，结果乙不喜菌类，故只将鱼肉吃下，因而中毒身亡。

案例2：甲误认为黑砂糖可以杀人，打算将黑砂糖加入被害人的饮料中以达成其毒杀目的，但是其并不知道，被害人对黑砂糖严重过敏或者是有极为严重的糖尿病，因此在喝完饮料后死亡。

案例3：甲以为乙对安眠药有非常严重的过敏，于是基于杀害的意图，暗中将少许的安眠药加入乙的食物中，乙吃完没多久便因药效昏昏欲睡，因此进入卧房休息。事实上乙对安眠药完全没有过敏，但为甲所不知的是，在乙的卧室中有一个非常老旧且被错误安装的暖炉，每当燃油没有完全燃烧时，就会排放一氧化碳。当晚该暖炉内的燃油再度不完全燃烧，室内浓烟密布，乙因为安眠药作用未能如往常一样因受到一氧化碳的恶臭刺

〔1〕 柏浪涛：《结果的推迟发生与既遂结论的质疑》，载《法学家》2016年第1期。

激醒来，最终死于一氧化碳中毒。

其一，结果归属的判断目的是筛选出行为与结果之间的常态化不法关联，排除偶然责任，以确保刑罚一般预防功能的实现，[1]一般预防功能的实现要求将某结果算到某行为的头上的前提是，该行为日后还会引起危害结果，即该行为具有引起结果的“利用可能性”。[2]因此，这种筛选不可避免地带有事后性，即站在事后考虑所有从行为到结果发生之间的客观事实，因为行为时的事实已经被给定，因此是一种必然，必须纳入判断对象之内，[3]如果事后的介入因素是独立的故意行为或者概率极小的灾难事件且直接引起了结果，则排除结果归属。例如，给严重的糖尿病患者吃糖，本身就会导致为其死亡因此肯定结果归属；再如，劝说他人雷雨天到森林里散步，希望其被雷劈死，因为被雷劈属于概率极小的偶然事件所以不具备利用可能性从而排除结果归责；又如，劝说他人坐高铁，希望高铁爆炸而导致其死亡，如果在劝说之际高铁上已经被恐怖分子挂上了炸弹，那么劝说他人乘坐装有炸弹的高铁显然可以致人死亡，此时就要考察行为人是否真正认识到了高铁有炸弹这一点，否则就不能称为故意而只是一种空想，如果高铁一开始没有炸弹而其后才被恐怖分子放置，那么结果属于恐怖分子的故意行为所直接导致而不能归属于劝说行为，在此，如果能够肯定片面共犯，在劝说者知道恐怖分子会在其后放置炸弹的场合，其成立故意杀人罪的片面帮助犯，这里的特别认知，其实并不决定正犯的结果归属，而只决定共犯的结果归属，[4]决定正犯归责的是支配引起结果的原因，而

---

〔1〕 高山佳奈子「死因と因果関係」成城法学63号（2000年）185頁。

〔2〕 山口厚『問題探究·刑法総論』（有斐閣，1998年）27頁。

〔3〕 陈璇：《论客观归责中危险的判断方法——“以行为时全体客观事实为基础的一般人预测”之提倡》，载《中国法学》2011年第3期。

〔4〕 我国以特别认知为由对客观归责理论展开批判的学者往往忽略了一部分特别认知案例实际上涉及共犯归责要件的问题从而与正犯的归责无关。庄劲：《从客观到主观：刑法结果归责的路径研究》，中山大学出版社2019年版，第34页以下。

共犯作为一种处罚扩张形态,[1]决定共犯归责的是为结果提供条件并且认识到正犯的介入,如果特别认知者认识到恐怖分子在其后会放置炸弹,其就已经为恐怖分子提供了杀人的条件,并且认识到了恐怖分子的介入从而同时具备共犯归责的两个条件了。

其二,让我们根据以上观点判断三个案例。在案例1中,因为鱼和毒菌都已经在行为时被给定,被害人不是吃鱼就是吃毒菌,甲的行为创造出了不被允许的风险因而能够肯定结果归属,在故意层面,其认识到的因果流程是被害人吃毒菌而死,将这一认识加以还原为客观现实加以判断,也能够肯定危险实现,因此案例1中的甲成立故意杀人既遂。在案例2中,给对黑砂糖严重过敏或者有糖尿病的人吃黑砂糖本身就可以吃死人因而结果归属肯定,在主观故意上,甲的认识内容是给健康者吃黑砂糖能吃死人,将其还原为客观,给健康者吃黑砂糖吃死人是极为偶然的极小概率事件因此否定结果归属,那么我们就不能说甲认识到了危险的实现从而阻却其故意既遂的成立,因为甲对构成要件欠缺认识,甲充其量成立过失致人死亡罪。在案例3中,情况略微复杂,在甲给乙吃安眠药的行为时,该非常老旧的被错误安装的暖炉已经存在,那么行为所创造的风险便是给卧室有一台经常泄漏一氧化碳暖炉的人吃安眠药,并且,乙的昏迷是造成其吸入

〔1〕 因果关系包含直接引起与诱发引起两种形态,例如,甲教唆乙杀人或者提供给要杀人的乙一把手枪,甲与被害人死亡结果显然具有因果关系,但是,甲只承担共犯责任,承担正犯责任的是乙,因为是乙基于自律与故意而支配了引起结果的原因,即直接引起了结果,甲只是通过乙的答责领域而间接引起结果,是一种诱发形态而并未支配引起结果的原因。支配与答责是一体两面的关系,如果坚持人因支配而答责的原理,那么甲因欠缺对结果的支配而不应当对结果答责才对,实际上,溯责禁止论就直截了当地认为,在追究正犯责任之际,不能追溯到故意引起结果的行为之前的行为(站在结果无价值立场上,深入讨论并持这一学说的,是日本学者岛田聪一郎,参见島田聡一郎:『正犯・共犯論の基礎理論』(東京大学出版会,2002年)234頁以下,从该思路出发,共犯本身就是一种只有在立法明文规定的前提下,正犯背后的人才能够就结果在共犯限度内承担责任的处罚扩张形态,如此看来,正犯责任与因果关系是两个不同层次上的问题,前者涉及答责范围,后者涉及一般预防的边界。我国以往对区分制、单一制共犯体系的探讨,过多地关注于法条规定的形式,而忽略了正犯与共犯两者背后不同的归责原理。近年来,敏锐认识到上述问题,并在归责层面展开共犯体系研究的是何庆仁。何庆仁:《归责视野下共同犯罪的区分制与单一制》,载《法学研究》2016年第3期,第153页以下。

过量一氧化碳的原因，一氧化碳中毒属于急性中毒，如果不能当即做出反应，则后果不堪设想，如此一来，虽然乙的死因是一氧化碳中毒，但是该死因完全在“给卧室存有泄漏一氧化碳的人吃安眠药”的行为之危险的范围内，从而具备“死因同一性”(除了死期稍稍提前之外，结果落在了行为可能性的范围内，也是一种“死因同一性”)。再看甲的主观故意，根据其认识内容，我们可以还原为给对安眠药严重过敏的特殊体质之人吃安眠药，不难发现，这一认识符合危险实现标准从而不阻却既遂故意的成立。综上，案例1与案例3中的行为人成立故意杀人既遂，在案例2中的行为人成立过失致人死亡罪。

(二)结果提前实现问题之解决

在结果提前实现问题之中，本书设置3个案例，2个位于单独正犯领域，1个位于共犯领域。

案例4：甲想毒死乙，在乙的红酒里下毒，本想等乙出差回来后端给他喝，不料乙提前回来自己喝了红酒而死。

案例5：甲想杀乙，但乙人高马大，甲于是想先用安眠药让乙睡着，之后再用刀砍死乙，不料第一个行为就导致乙死亡。

案例6：甲知道乙要杀人，正苦于手头无枪，甲便将手枪放在自家窗台上，想等到第二天乙来家里时再拿给乙，不料当天下午乙有事路过甲家窗台，看到窗台上的手枪误以为是甲要给自己而特意放在窗台上的，遂拿起手枪去杀了人。

首先要予以说明的是，无论既遂、未遂，还是预备，在意志因素上，都必须具备希望结果发生的意志，否则就难以成立故意，不同的是认识内容。预备故意并没有认识到实害结果，这一点很明显，不再赘述，如果将着手理解成构成要件行为的开始，那么既遂与未遂的认识内容也就一致，即认识到实害结果，但是如前所述，着手是未遂犯的要件，其不等于构成要件行为，构成要件行为是既遂犯的要件，例如，瞄准是着手，扣扳机才是杀人的构成要件行为，未遂犯是既遂犯的扩张处罚形态。如此来看，未遂故意与既遂故意的内容也就不同，在阻却既遂故意的前提下，如果行为人认识到了具体危险，则行为人成立的故意便是未遂故意。总结可知，在行为人存在下一个行为才一剑封喉的意思保留即不存在放手认识的前提下，因为未遂犯是一种具体危险犯，预备犯是一种抽象危险犯。〔1〕

根据我国《刑法》第14条规定，行为人也需要认识到具体危险结果、抽象危险结果才能成立故意，所以，如果行为人认识到的危险是具体危险，则成立未遂犯，如果认识到的危险是抽象危险，则成立预备犯。这种故意的阶段性符合法规范保护法益的增长性期待，如果我们动态地来看，行为危险的实现过程经历了引起抽象危险结果、引起具体危险结果、引起实害结果三个阶段，那么，为了保护法益，法规范在这三个阶段中对行为人的制裁也不断升级，即在认识到实害结果而引起的前提下，成立故意犯罪既遂，在认识到具体危险而引起的前提下，成立未遂犯，在认识到抽象危险而引起的前提下，成立预备犯。〔2〕

其次，先分析两个有关单独正犯的案例。在上述案例4、案例5中，在客观层面，行为危险已经实现在结果之中，因此客观归责要件满足，但是，在主观层面，当我们将其主观认识还原为客观事实加以判断之后，会得出两者都没有认识到结果归属的结论，既然如此，两个案例中的行为人就不具备既遂的故意，如此一来，就要看两个案例中的行为人是认识到具体的危险还是抽象危险，如果是前者，成立未遂故意，如果是后者，成立预备故意。未遂犯是一种结果犯，处罚未遂的根据是具体而紧迫的危险，对具体

〔1〕 黎宏：《刑法学总论》（第2版），法律出版社2016年版，第226页。

〔2〕 高橋則夫「『早すぎた構成要件の実現』の一考察——いわゆるクロロホルム殺人事件をめぐって」早稲田法学 80巻4号（2005年）12-13頁；采取类似观点但分析更加细致的文献参见石井徹哉「いわゆる早すぎた構成要件の実現について」奈良法学会雑誌15巻1·2号（2004年）30-37頁。

而紧迫的危险应当作事后的客观判断，[1]在上述案例5中，因为被害人睡着之后，几乎没有什么能够阻止死亡结果的发生，因此危险是紧迫的，另外，行为人给被害人下安眠药的时候，就已经侵入了被害人的人身安全领域，对其产生了交互式影响，因而该危险又是具体的，既然如此，下药便是杀人的着手，行为人又认识到了着手所带来的具体危险，因而成立故意杀人的未遂犯，同时，对于死亡结果如果存在过失的话，还另外成立过失致人死亡罪，两者之间是想象竞合的关系。在案例4中，甲在红酒中下药之际，被害人乙出差在外，不能认为该行为已经侵入乙的人身安全领域。另外，乙出差回来尚需时间，因而其危险并不紧迫、具体而是抽象的危险，行为人对抽象危险具有认识，因此成立故意杀人罪的预备；另外，如果行为人对于死亡结果有过失，则另外成立过失致人死亡罪，两者之间是想象竞合关系，成立预备犯的同时也成立过失犯，并不意味着过失犯的实行行为与预备行为是重合的，否则就会招致过失犯的实行行为竟然被缓和到相当于故意犯的预备行为的质疑。[2]根据本书的观点，在案例4中，因为危险实现了，所以过失犯与故意犯的实行行为同时被满足，之所以会出现预备犯与过失犯的竞合关系，是因为行为人对抽象危险具有故意而对实害结果只有过失。

最后，共犯的因果关系是一种诱发的因果关系，共犯只为结果的发生提供条件而不提供原因。例如，甲给乙刀子，作为自律的乙，不一定会拿刀子杀人，而一旦乙拿刀子杀人，只有乙才支配了引起结果的原因，道理在于，乙支配着自己的手并从自己的组织领域内输出风险杀了别人，而甲并未将乙纳入自己的组织领域被加以支配，乙基于自律与故意而杀人。一个是条件，一个是原因，两者不法内涵不同，不可混淆，这也就是正犯直接

〔1〕 山口厚『危険犯の研究』(東京大学出版会，1982年)150頁以下。

〔2〕 该质疑的提出，参见島田聡一郎「早すぎだ結果発生」西田典之、山口厚、佐伯仁志編『Jurist増刊·新·法律学の争点シリーズ2·刑法の争点』(有斐閣，2007年)66頁。

引起结果，共犯通过正犯间接引起结果的含义所在。如此一来，共犯的成立条件便是客观上诱发了正犯行为，并且在主观上认识到共犯的因果关系，即通过正犯行为的介入来引起结果。[1]

据此审查案例6，行为人在客观上的确促进了乙的杀人行为，从而通过乙的杀人行为与结果之间取得了间接的因果连接，但是问题在于主观方面，将甲的设想还原，应当是先把手枪放到窗台，等第二天乙来自己家里时拿出手枪给乙，乙枪杀别人，根据这一因果流程，甲并不认为自己的行为已经实施完毕，从而也就没有认识到乙会当天下午介入，即甲欠缺对介入因素——正犯行为的认识，如此一来，在肯定片面共犯的前提下，甲就不成立帮助的既遂而只能成立片面帮助未遂。在不肯定片面共犯可成立的前提下，乙成立故意杀人罪的单独预备犯。[2]实际上，虽然对于帮助犯的处罚规定是“应当从轻、减轻或者免除处罚”，对于预备犯的处罚规定是“可以比照既遂犯从轻、减轻处罚或者免除处罚”，但是，两者在“从轻、减轻或者免除处罚”上是一致的，无论以何之名处罚，对甲的量刑都可以达到罚当其罪。

---

〔1〕 島田聡一郎『正犯·共犯論の基礎理論』(東京大学出版会，2002年)403頁。

〔2〕 近来有学者提出针对重罪的教唆未遂、帮助未遂可以按照预备犯处罚，参见秦雪娜:《共犯的实行从属性说在我国的困境与出路》，载《法学家》2015年第4期。

第五章　“递进型”正犯、主犯关系的构建

正犯是在自己的答责领域内直接引起结果的人，是对构成要件结果负“第一次责任”的人。主犯是在共同犯罪中起主要作用的人。在揭示了主犯的规范内涵，以及正犯的归责原理之后，接下来便需要就这一对概念之间的关系作出分析研讨。众所周知，我国采取的是以作用为主，分工为辅的共犯立法模式。以作用为主要标准，共犯被分为主犯、从犯、胁从犯，以分工为辅助标准，共犯被分为正犯、教唆犯与帮助犯。虽然我国立法主要规定了主犯与从犯，但是，必须正视的事实是，我国学者几乎都在使用正犯、共犯这样的概念来讨论共同犯罪问题，正犯与共犯的概念业已成为我国刑法理论中解决共同犯罪问题的基石。如此一来，我们就不得不面对一个问题，即上述两对概念中的两个核心人物——正犯与主犯之间，应当是什么样的关系？

归纳以往的学术探讨可知，理论界已经存在两种正犯、主犯的关系模型，即“交叉型”与“重合型”。导出正犯、主犯“交叉型”关系的必要条件是，正犯与共犯之间的区分仅仅是形式上的区分，两者不存在不法内涵上的层级关系，决定共犯参与人不法内涵与责任大小的，是主犯与从犯的划分。如此一来，正犯既有可能是主犯，也有可能是从犯，主犯既有可能是正犯也有可能是共犯，正犯与主犯之间呈现交叉关系。在我国，

满足这两个必要条件的有且只有单一制正犯体系[1]或者区分制下的形式客观说。[2]导出“重合型”的一个必要条件是将正犯与共犯的区分标准实质化，以支配或者重要作用为标准区分正犯与共犯。一旦正犯与共犯的区分标准被实质化，结局就是我们“也可能认为我国刑法规定的主犯就是正犯，从犯与胁从犯就是帮助犯”[3]，即正犯、主犯两者之间形成重合关系。

在此，我们必须进一步追问，是“交叉型”正确，还是“重合型”正确？或者这两种类型都不正确？以下，本书将逐次批判单一制正犯体系、区分制下的形式客观说，力图通过否定“交叉型”的必要条件，来否定“交叉型”本身，在此基础上。本书对“重合型”加以改造，继而构建出自说——“递进型”正犯、主犯关系，并进一步阐述其理论功能。

〔1〕 我国选择单一正犯体系的代表性学者及其文献有：刘明祥：《论中国特色的犯罪参与体系》，载《中国法学》2013年第6期；阎二鹏：《扩张正犯概念体系的建构——兼评对限制正犯概念的反思性检讨》，载《中国法学》2009年第3期；江溯：《犯罪参与体系研究——以单一正犯体系为视角》，中国人民公安大学出版社2010年版，第242页以下；阮齐林：《刑法学》（第3版），中国政法大学出版社2011年版，第169页；陈洪兵：《共犯论思考》，人民法院出版社2009年版，第252页。

〔2〕 形式客观说的应然逻辑是“双层次区分制”。例如钱叶六认为，就分工与作用两种分类标准下的共犯人的关系来看，正犯、共犯涉及的领域主要是构成要件，旨在解决共犯人的定性及其之间的关系。与此相对，主犯、从犯的划分主要揭示的是共犯人在共同犯罪中的参与程度或者所起的作用大小，旨在解决共犯人的量刑问题。两种分类方法功能各异，并存不悖。这样一来，正犯既有可能是主犯，也有可能是从犯，主犯既有可能是正犯，也有可能是共犯。正犯与主犯就呈现交叉关系。参见钱叶六：《双层区分制下正犯与共犯的区分》，载《法学研究》2012年第1期。与其相同的观点，另参见张开骏：《区分制犯罪参与体系与“规范的形式客观说”正犯标准》，载《法学家》2013年第4期；张伟：《我国犯罪参与体系与双层次共犯评价理论》，载赵秉志主编：《刑法论丛》2013年第4卷，法律出版社2013年版。

〔3〕 张明楷：《刑法学》（上）（第6版），法律出版社2021年版，第517页。金光旭说道：“完全有可能把中国的‘主犯’和日本的‘共同正犯’放在一个平台上加以探讨。”参见［日］金光旭：《日本刑法中的实行行为》，载《中外法学》2008年第2期。杨金彪也认为：“如果用图式化的表达方式，可以得出以下的结论：正犯=主犯，帮助犯=从犯。”参见杨金彪：《分工分类与作用分类的同一——重新划分共犯类型的尝试》，载《环球法律评论》2010年第4期。近期提倡这一观点的文献参见刘方可：《论正犯与主犯的关系》，载《太原师范学院学报（社会科学版）》2021年第4期；胡宗金：《“正犯主犯化”：趋势、原因及启示》，载《法学论坛》2020年第1期。

第一节　既有正犯、主犯关系反思

交叉型与重合型都并非我国正犯、主犯的应然关系类型。交叉型关系的理论基础建立在单一制正犯体系或者区分制下的形式客观说之上，但是，单一制与区分制下的形式客观说存在连定罪问题都无法解决的缺陷从而难以被采纳。鉴于此，交叉型关系也因失去了其必要条件从而难以成立。重合型正犯、主犯关系也存在一定问题从而亟须改造。改造的进路在于，以违法与责任为基础，分层次重构正犯与主犯之间的关系。

一、对交叉型正犯、主犯关系前提的批判

在我国，我们有且只有采取单一制正犯体系或者区分制下的形式客观说，才能够推导出正犯、主犯之间存在交叉关系。那么，单一制与区分制下的形式客观说就是两个交叉型的必要条件，这两个必要条件之间呈现或然关系。根据逻辑，如果我们既否定了单一制正犯体系，又否定了区分制下的形式客观说，就会得出正犯、主犯交叉关系不成立的结论。对于单一正犯体系的批判之前已有所论，此处不赘，而仅对区分制之下的形式客观说作出批判。

如本书之前所述，形式客观说的不足在于，无法解决身份犯共犯的定罪问题。让我们以国家工作人员教唆妻子收受贿赂的利用“有故意无身份的工具”问题为例再作说明。

在上述场合中，形式客观说会导致处罚漏洞。形式客观说中赖以区分正犯、共犯的实行行为，是定型的实行行为。定型化的行为，就是“符合构

成要件的行为”,[1]即被构成要件所限定的行为。表现在身份犯之中,因为身份是实行行为的定型要素(构成要件主体),所以,在身份犯之中,原则上只有身份者才可能实施该罪的实行行为,无身份者只能成立其狭义共犯。例如,提倡形式客观说的团藤重光就认为:“在公务员与非公务员一起收取贿赂的场合,非公务的行为并非受贿罪的实行行为,从而只能成立帮助犯。”[2]但是,另有提倡形式客观说的学者认为,在作为复行为犯的身份犯之中,无身份者可以实施部分的实行行为,从而成立身份犯的共同正犯,例如,女人可以实施强奸罪中的暴力行为。[3]

退一步而言,即便说这种观点有道理,形式客观说无论如何也不可能得出无身份者可以成立受贿罪共同正犯的结论,因为受贿罪是单行为犯。既然如此,无身份者就因无法实施受贿罪的实行行为而不可能成立受贿罪的共同正犯,也因不具备身份而无法成立受贿罪的直接正犯,根据形式客观说,无身份者只可能成立受贿罪的狭义共犯。由于妻子只可能成立受贿罪的狭义共犯,在丈夫没有实施任何形式意义上的实行行为的情况下,将会得出两者谁都不成立犯罪的结论。如果为了肯定两者的可罚性,上述共犯案件中又会出现“没有正犯的共犯”的结局,这已经背离了共犯从属性的基本立场。

为了避免处罚漏洞,形式客观说作出理论补救,但是这种补救在本质上是实质化区分标准的主张。例如,我国持形式客观说的学者钱叶六教授认为:“丈夫应构成受贿罪的直接正犯,理由在于:丈夫虽然没有直接收受贿赂,但受贿罪的构成要件并不是单纯地接受财物,而是要求利用职务上的便利,或者说要求财物与职务行为的可交换性。因而,在本质上,可以

---

〔1〕 団藤重光『刑法綱要総論』(創文社,1990年)139頁。

〔2〕 団藤重光『刑法綱要総論』(創文社,1990年)418–423頁。

〔3〕 陈家林:《共同正犯研究》,武汉大学出版社2004年版,第304页;康怀宇:《特定身份与共同犯罪研究》,载赵炳寿、向朝阳主编:《刑事法问题研究》,法律出版社2005年版。

认为是甲的行为支配了对职务行为不可收买性的侵害。”[1]但是，这种理论补救已经与形式的客观说相去甚远，而是实质化地将丈夫视为实现“权钱交易”犯罪结果的人即正犯，上述“行为支配”这四个字便是明证。我们不得不说，这一实质化的思考方式显然与其自身所坚持的形式客观说相背离，已经倒向了实质化的正犯、共犯区分标准。这一理论立场的转向表明，形式客观说的理论补救难言成功。

二、重合型正犯、主犯关系的不足之处

实质化的区分标准是与形式客观说相对应的概念，其中尚存在各种学说，而最有代表性的观点有两个：一是在日本占据主流地位的重要作用说；二是在德国占据主流地位的犯罪事实支配说。然而，这两种学说之间也是同多于异，因为两者都注重对犯罪完成所起作用大小的考察，正如张明楷教授所言：“犯罪事实支配理论与重要作用说没有明显差别。因为对犯罪事实的支配，应理解为对构成要件事实的支配，尤其应理解为法益侵害、危险结果的支配。所以，从实质上看，对侵害结果或者危险结果的发生起支配作用的就是正犯。”[2]因此，本书将上述两种观点统称为实质化的区分标准。我国采取实质化的区分标准的学者除张明楷教授外，尚有黎宏[3]、周光权[4]、刘艳红[5]等教授。

在区分制之下，如果采取实质化的区分标准，那么对身份犯的共犯的定罪就不是问题。以最具代表性的国家工作人员这一身份为例，因为国家工作人员的身份是实现国家法益（如贪污罪中的职务行为廉洁性、受贿罪

---

〔1〕 钱叶六：《双层区分制下正犯与共犯的区分》，载《法学研究》2012年第1期。

〔2〕 张明楷：《刑法学》（第4版），法律出版社2011年版，第357页。

〔3〕 黎宏：《日本刑法精义》（第2版），法律出版社2008年版，第255页。

〔4〕 周光权：《刑法总论》（第4版），中国人民大学出版社2021年版，第341页。

〔5〕 刘艳红：《论正犯理论的客观实质化》，载《中国法学》2011年第4期。

中的职务行为不可收买性）受到侵害的事实前提，因此，无论是普通人教唆国家工作人员受贿，还是国家工作人员教唆普通人去收受贿赂，因为在整个犯罪实现的过程中，始终是国家工作人员主导了“权钱交易”结果的实现，或者说，国家工作人员的身份是犯罪完成不可或缺的关键性因素，所以，国家工作人员就完全可以成立正犯（如果普通人起到与国家工作人员相当重要的作用，两者成立共同正犯）。〔1〕对普通人也完全能够以身份犯定罪。但是，我国既有的实质化区分标准尚存在以下三个问题：

一是实质化的区分标准无法合理说明我国立法所规定的起次要作用的正犯。在我国，“对于实行犯可以根据其在共同犯罪中的作用和地位，分别按主犯和从犯处理，个别情况下也可以按胁从犯处理”〔2〕，一个最为典型的例证莫过于我国《刑法》第27条第1款“在共同犯罪中起次要”作用的人，即次要的实行犯。对于这一点，我国持实质化区分说的学者们也并不否认，例如，周光权教授在犯罪事实支配说的基础上认为，我国《刑法》第27条第1款规定的起次要作用的人就是次要的正犯，属于从犯。〔3〕张明楷教授也认为：“在国外属于共同正犯的，在我国依然可能仅成立从犯。”〔4〕显然，这里的“问题在于，既然认为正犯是主导、操纵、支配犯罪行为和犯罪进程的核心角色，又何以能够认为正犯同时在犯罪过程中起次要作用而成为从犯呢？”〔5〕这恐怕是提倡实质的区分标准的学者所无法回答的。

二是实质化的区分标准仍然无法指导量刑。因为在现有的实质化区分标准之下，正犯与主犯之间产生了重合，所以，对正犯的判断就是对主犯的判断。如此一来，在量刑之际，谁应当作为主犯处罚、谁应当作为从

---

〔1〕 周啸天：《利用“有故意无身份工具”犯罪定性的法教义学重构》，载《法学评论》2015年第3期。

〔2〕 高铭暄、马克昌主编：《刑法学》，中国法制出版社2007年版，第196页。

〔3〕 周光权：《刑法总论》（第4版），中国人民大学出版社2021年版，第375页。

〔4〕 张明楷：《刑法学》（第4版），法律出版社2011年版，第405页。

〔5〕 钱叶六：《双层区分制下正犯与共犯的区分》，载《法学研究》2012年第1期。

犯处罚，就仍然取决于“作用”的大小，而法官所面临的，势必还是对所有的主客观要素进行一次性的判断，这仍然会导致量刑的粗疏化。

三是如本书前述，我国的主犯、从犯概念并不仅仅位于违法层面，而是具有更为丰富的内容，甚至可以包含政策性思考在内。如为了限制死刑政策、为了给后续到案的行为人综合全案考察均衡量刑，都有可能在主犯之中，又进一步区分作用相对较小的主犯和作用相对较大的主犯。虽然就理论上而言可直接将作用相对较小的主犯论以从犯，但这至少表明，我国的主犯、从犯概念不能够和德日的正犯、共犯等同化理解。

三、两点启示

上述探讨带给我们两点启示：一个是消极的启示，另一个是积极的启示。

消极的启示在于，单一制、区分制下的形式客观说都不应当成为我们坚持的理论方向。如上所述，这两者都无法合理解决身份犯共犯的定罪问题，而定罪是量刑的前提，如果某一理论无法解决定罪问题，我们就不应当再采纳该理论。此外，单一制还无法指导对共犯参与人的量刑。如果单一制与区分制下的形式客观说被否定，那么建立于这两个基础之上的交叉型正犯、主犯关系也被否定。

积极的启示在于，我们可以通过对重合型正犯、主犯关系的改造，克服其无法指导量刑以及与立法相龃龉的不足。如果单一制（一元参与体系）不应当被采纳，区分制（二元参与体系）就是我们应当采取的理论方向。在区分制的前提下，一个命题已经被广为接受，那就是共同犯罪是违法形态，其解决的是“将不法事实归属于哪些参与人的行为”〔1〕。要解决共

〔1〕 张明楷：《刑法学》（上）（第6版），法律出版社2021年版，第495页。

犯的归责问题，我们必须先确定正犯这一个核心角色，然后根据共犯从属性、共犯的处罚根据等共犯理论来决定我们应当处罚哪些共犯以及根据什么罪名对其处罚。这样看来，正犯与共犯的概念应当位于违法层面，其解决的是客观归责的问题而并非主观归责（责任）的问题。但是我国对主犯、从犯的划分显然更为实质，其不仅包含违法的内容，还包含责任的内容，主犯和从犯的区分之中往往也考虑到了行为人的人身危险性和主观恶性大小。例如，2010年2月8日发布的《最高人民法院关于贯彻宽严相济刑事政策的若干意见》第31条中规定："对于一般共同犯罪案件，应当充分考虑各被告人在共同犯罪中的地位和作用，以及在主观恶性和人身危险性方面的不同，根据事实和证据能分清主从犯的，都应当认定主从犯。"这里的人身危险性、主观恶性在两阶层构成要件体系看来，显然是责任要素。

既然如此，在区分制之下，我们改造重合型的应然进路就在于，首先根据犯罪参与人在实现客观违法要件的过程中所起到的作用大小来划分出正犯与共犯，继而再通过犯罪参与人主观责任的大小来进一步筛选出主犯与从犯。这样一来，正犯只包含违法的内容，主犯却兼具违法与责任的内容。因为违法与责任之间的判断属于阶层式的递进关系，那么正犯与主犯之间的关系也应当是递进关系。这一积极的启示，将是我们构建新型正犯、主犯关系的理论方向。

第二节　“递进型”正犯、主犯关系的构建

本书意欲构建的目标命题为，先在违法层面上区分出共犯与正犯，共犯是从犯、正犯是主犯，在一个案件有多个正犯（共同正犯）之际，我们还需要根据责任的大小进一步筛选出主犯与从犯。在这一命题下，正犯不一

定全部是主犯，但是主犯必是正犯，这被称为“递进型”正犯、主犯关系。

一、构建正犯与主犯关系的基础：违法与责任

共同犯罪理论本身具有解决定罪与量刑的双重任务，而定罪与量刑又都决定于违法与责任，那么对正犯与主犯之间关系的厘定，就应当围绕违法与责任的关系来展开。

一是犯罪的实体是违法与责任。我国《刑法》第13条是关于犯罪定义的规定，该条规定：“……危害社会的行为，依照法律应当受到刑罚处罚的，都是犯罪……”因为刑法的目的是保护法益，所以，这里的“危害社会”就是指对法益的侵害。但是，刑法还具有保障人权的机能，并非任何引起法益侵害结果的行为都应当受到处罚，而是只有在行为人已经认识到或者应当认识到规范意思的场合，才应当处罚行为人，处罚行为人也才能起到有效预防犯罪的效果。因此，在宣告行为不正当的基础上，第13条进一步规定，只有行为人“依照法律应当受到刑罚处罚”之际，才对其进行处罚。这里的应罚性问题，无非是应不应当非难行为人的问题，即只有根据《刑法》的相关规定，行为人具备故意（第14条）、过失（第15条）、达到责任年龄（第17条）、具有责任能力（第18条）并且具有期待可能性（第16条）时，才能受到刑罚处罚。[1]据此，第13条所规定的就只不过是“犯罪是侵犯法益而又具备非难可能性的行为”。由于法益侵害性是违法的实质，非难可能性是责任的实质，故而，结合以上论述，我们就完全能够得出，犯罪是违法且有责的行为这一结论。这一结论指出了犯罪的两个组成部分——违法与责任。这两个组成部分，便是犯罪的实体。

二是违法与责任决定量刑。我国《刑法》第5条规定：“刑罚的轻重，应

---

〔1〕张明楷：《以违法与责任为支柱构建犯罪论体系》，载《现代法学》2009年第6期。

当与犯罪分子所犯罪行和承担的刑事责任相适应。”如果我们将这里的刑事责任理解为法律后果，那么本条就应当表述为刑罚与刑事责任相适应即可，而没有必要再加上“犯行”两字。[1]并且，该条所规定的“罪行”就是犯罪行为，即客观上有法益侵害性的行为，否则，我们就没有办法解释第16条中的“损害结果”，因为“损害”本身就代表着对法益的客观侵害，引起法益侵害结果的行为当然是犯罪行为（损害行为），而意外事件显然是不具备主观责任的客观违法。如此看来，还是应当将罪行单纯理解为与主观相分离的客观行为。这里的客观行为满足的是客观违法要件。既然如此，这里的责任就“是指犯罪分子的主观恶性或者人身危险性的内容”[2]，即可罚的责任。主观恶性就是指主观责任（非难可能性），人身危险性就是指决定特殊预防必要性大小的再犯可能性，前者对应刑罚的报应目的，后者对应刑罚的预防目的，而报应与预防，两者共同组成了刑罚的正当化根据。因此，违法与责任仍然是决定量刑的因素。

二、“递进型”正犯、主犯关系的构建

因为“共同犯罪是不法形态”[3]，所以正犯与共犯属于违法层面上的区分，而如上所述，正犯与主犯之间的关系应当围绕违法与责任来展开，责任属于违法被满足之后的另一个判断阶层，那么，当两个或者多个共犯参与人的违法程度相当之际（共同正犯），我们还势必要根据责任的大小来进一步筛选出主犯、从犯，并将责任大者作为主犯处罚。

---

〔1〕 黎宏：《关于“刑事责任”的另一种理解》，载《清华法学》2009年第2期。
〔2〕 黎宏：《刑法学》，法律出版社2012年版，第28页。
〔3〕 张明楷：《刑法学》（上）（第6版），法律出版社2021年版，第496页。

（一）先在违法层面上区分出共犯与正犯，共犯是从犯、正犯是主犯

首先，在违法层面上，根据溯责禁止论来区分正犯、共犯的实质化标准值得采纳。因为，与单独犯罪必须自己实施实行行为不同，共同犯罪本身就是共同引起危害结果的违法形态，在共同犯罪中，谁实施形式意义上的实行行为并不重要，在危害结果已经发生的前提下，让谁承担“第一次责任”，让谁承担“第二次责任”才是重点所在。换句话说，谁是犯罪结果这一作品的主要作成人，谁就承担主要责任，而这只能是一个规范意义上的对结果的归责判断。既然如此，从归责层面上考察整个因果进程中行为与构成要件结果之间的规范关系，就很有必要。自律与答责是一体两面的关系，在故意犯罪之中，一个自律主体的介入并且直接引起因果关系的情形，会切断背后的人与结果之间的归责链条，因为在现代以匿名为特征的商业社会中，一个人无须为另一个人的自律决定负责，否则，日常交往自由必会萎缩，交易必被冻结。

其次，在一个共同犯罪中，如果对各个犯罪参与人能够从违法层面上区分出 正犯与共犯，那么正犯就是主犯，共犯就是从犯，我们没有必要再进行责任大小的判断。

责任是对违法的规范评价，责任的程度不可能超过客观不法。如果违法的程度已定，那么责任的上限也已经确定，主犯、从犯的区分也已经确定。因为，责任对违法具有从属性，其只能小于或者等于违法，而不可能超过违法。例如，甲教唆乙抢劫而乙却实施了盗窃的，我们也只能以盗窃罪处罚甲，因为这里并不存在与抢劫罪相符合的客观违法，如果对甲论以抢劫罪，那么抢劫罪超出盗窃罪的那部分刑罚就不具备正当化基础，因为这一部分的刑罚仅仅针对的是甲的主观恶性，以主观恶性为处罚根据则是典型的主观主义刑法。反之，甲教唆乙盗窃，然而乙却实施了抢劫的，尽管甲通过乙实现的是抢劫罪的法益侵害结果（违法），但是我们只能在能够

对甲主观归责的盗窃罪的限度内对其处罚。总之，责任以违法为前提，如果没有违法事实，也就没有非难可能性，所以，虽然存在没有责任的违法，但是不存在没有违法的责任，这便是责任对违法的从属性。〔1〕既然责任不可能超出违法的程度，那么在共同犯罪之中，当共犯参与人之间已经通过区分正犯与共犯而区分出违法的程度之际，只要各个共犯参与人对其所实施的行为、参与的程度有所认识，那么责任的大小实际上也随之得到了限定。如此一来，主犯、从犯的划分当然也就确定下来。那么，如果在一个共同犯罪中，有一个正犯和一个共犯的话，那么共犯就是从犯，正犯就是主犯。

在立法层面上，帮助犯是从犯这一点是支持上述结论的最佳证据。我国《刑法》第27条规定在共同犯罪中起“辅助作用的”是从犯。我国的通说认为，这里的“‘辅助作用’即是指帮助犯”〔2〕，这实际上以立法的方式明文规定了帮助犯便是从犯这一点，而帮助犯恰恰是共犯。

最后，教唆成年人的教唆犯，应当是共犯，所以是从犯，而教唆未成年人的教唆犯，因为属于共同正犯从而有可能被评价为主犯。

我国《刑法》第29条第1款规定：“教唆他人犯罪的，应当按照他在共同犯罪中所起的作用处罚。教唆不满十八周岁的人犯罪的，应当从重处罚。”根据该条规定，作为共犯的教唆犯有可能是主犯，这是否意味着本书所认为的共犯都是从犯的主张并不正确？实际上，我国已经有学者对教唆犯能够是主犯这一点展开反思。例如，周光权教授认为：“实务上对于提起犯意的人，通常都认定为主犯，只有极其罕见的场合，才有成立从犯的余地。但是，笔者的观点恰恰相反：对于提起犯意的人，通常都应该是从犯，只有在造意后又着手实行，针对未成年人提起犯意、为犯罪集团或者聚众

---

〔1〕 小池信太郎「量刑における消極的責任主義の再構成」慶應法学1号（2004年）279−280頁。

〔2〕 高铭暄、马克昌主编：《刑法学》（第10版），北京大学出版社、高等教育出版社2022年版，第173页。

犯罪造意等极其罕见的场合，才有成立主犯的余地。”[1]理由在于，教唆犯在客观违法层面上，只是间接引起违法结果的人，在主观责任层面上，也并无对他人造成任何意思压制，正犯具有充分的意志自由，既然如此，为何教唆犯是主犯竟成了常态？其答案恐怕是我们长久以来，习惯了“造意者为首”的思维模式。针对这一点，张明楷教授说道：“在我们国家，我就一直不同意教唆犯重于正犯的观点。这种观点主观主义色彩太浓了。”[2]的确，在不法内涵上，直接引起法益侵害结果的正犯要大于教唆犯，如果以主犯处罚教唆犯，那么超出客观不法程度的那一部分刑罚的根据就只能是主观恶性，这正是主观主义刑法观的表现。因此，我们应当修正以往的观点，秉承教唆者应当是共犯，从而是从犯，被教唆者才是主犯的理念。

本书认为，《刑法》第29条第1款分两句话，前面一句话中的“作用”包含大、小两方面，其中作用大的情况仅指第二句话中的教唆未成年人的场合，也正因如此，这两句话才在同一款中被规定下来。应当说，“教唆不满十八周岁的人犯罪的”人已经不是教唆犯而应当是共同正犯。如前所述，判断共犯与正犯的大方向在于支配，而溯责禁止是一个明确清晰的位于支配基准的下位子基准。溯责禁止的核心，是一个自律的故意行为的介入，会导致归责链条的切断。但是，溯责禁止论并未否定共同正犯成立的可能性。例如，在甲和乙基于共谋，一起向被害人丙开枪而事后无法查明谁的子弹击中被害人的场合，不是甲通过乙的介入而引起结果，便是乙通过甲的介入而引起结果，根据溯责禁止论，应当说，此时的甲和乙都应当成立共犯。

如本书以往所述，共同犯罪是一种团体现象，具有“1+1>2”的风险递

[1] 周光权：《造意不为首》，载《人民检察》2010年第23期。
[2] 张明楷：《刑法的私塾》，北京大学出版社2014年版，第62页。

增效应，为了规制这一风险的升级，立法者才设立了共同犯罪制度以实现一般预防效应。从这个角度来看，在背后者通过行为媒介者而引起结果的场合，如果背后者对行为媒介者存在强烈的心理助力或者与其之间存在共谋，行为媒介者所实施的行为正是背后者的意志贯彻之际，便能够肯定共同正犯的成立。在此，实行的共同正犯正是以实际行动给彼此以强烈的心理助力，而共谋的共同正犯正是以高度的意思联络，确保行为媒介者所实施的行为是背后者的意志贯彻。需要说明的是，肯定共同正犯与溯责禁止理论并不矛盾，共同正犯可以看作溯责禁止理论所允许存在的例外，因而是一种正犯性的扩张。[1]

如果根据这个标准衡量教唆未成年人的场合，未成年人的认知能力低、意志力薄弱的特点决定了教唆者表面上实施的是“教唆行为”，实质上实行的却是“煽动行为”，因为煽动行为保证了煽动者犯罪意志的贯彻，从而以至于我们可以认为是煽动者与未成年人一起形成了共谋的共同正犯关系，共同地引起了犯罪结果的发生，所以，两者应当起到对等重要作用。也正是因为煽动行为具有相当程度的意志支配力（当然，其尚未达到间接正犯程度），我国刑法有的条文将其作为实行行为处罚，例如我国《刑法》第105条第2款规定的煽动颠覆国家政权罪。

将看似“教唆犯”的人作为共同正犯处罚，实际上是贯彻实质的区分标准的应然结论。这一结论能够从日本刑法理论之中得到印证。日本实务界与理论界的通说是承认共谋的共同正犯的，并将共谋的共同正犯区分为支配型的共谋的共同正犯与分担型的共谋的共同正犯，[2]前者使没有实施形式的实行行为的幕后组织者能够被作为正犯处罚，后者使得为犯罪的完成提供重要心理影响的人被作为正犯处罚，由此不难发现，共谋共同正

〔1〕 内海朋子『過失共同正犯について』(成文堂，2013年）169頁。

〔2〕 ［日］西田典之:《日本刑法总论》(第2版)，王昭武、刘明祥译，法律出版社2013年版，第310页。

犯的“实质在于，共谋给予实行者以重要的心理影响力、心理支配力，从而使得共谋者相当于达到了与实施了实行行为一样的重要作用”〔1〕。无论我国是否承认共谋的共同正犯（实际上，我国的组织犯即是支配型共谋共同正犯），道理上是相通的。日本刑法学界对共犯参与人在心理上的重要作用的发现十分值得我国重视。共犯的因果性分为心理的因果性与物理的因果性，以对心理因果性的支配力大小为标准而将貌似“教唆犯”的人认定为正犯的做法完全可以被我国所借鉴。既然如此，教唆未成年人的教唆者，因为在客观上实施的是“煽动行为”，在主观上提供了重要的心理影响力从而应当与未成年人一起成立共同正犯。

需要补充说明的是，立法者之所以将两句话规定到同一款之中而不是分为两款规定，是因为立法者要特别提示司法工作人员，第一句话中的作用大的情况仅指第二句话中教唆未成年人的场合，在教唆成年人的场合，不得将教唆者认定为主犯。

（二）在共同正犯之中，还须根据责任大小进一步筛选出主犯

首先，我国的立法与司法实践都承认次要的正犯。在立法上，我国《刑法》第27条规定“在共同犯罪中起次要作用”的人是从犯。我国学界的通说一致认为，这里的“次要作用”是指“次要的实行犯”。〔2〕在司法实践上，也承认次要的正犯，例如，在一起共同实施抢劫的案例中，我国广西壮族自治区玉林市中级人民法院将实施了抢劫罪中的暴力行为的一名共犯参与人由主犯改判为从犯。〔3〕

---

〔1〕 西田典之「共謀共同正犯いついて」内藤謙等編『平野龍一先生古稀祝賀論文集·上』(有斐閣，1990年）375頁。

〔2〕 高铭暄、马克昌主编：《刑法学》（第10版），北京大学出版社、高等教育出版社2022年版，第173页。

〔3〕 广西壮族自治区玉林市中级人民法院刑事判决书，（2014）玉中刑二终字第117号。

其次，在共同正犯之中区分出主犯、从犯的现实原因是对刑事政策的贯彻，理论根据则是可罚的责任论。宽严相济是我国所贯彻的刑事政策，“这一政策关于共同犯罪的基本精神或者核心思想就是区分不同情况和危害大小，予以区别对待”〔1〕。我们可以将其总结为“首恶必办、胁从不问”一句话。“首恶必办、胁从不问”是我们党长期以来领导对敌斗争以及与犯罪斗争丰富经验的科学总结，这不仅符合唯物辩证法区分不同情况不同对待的基本思想，也被实践证明是行之有效的。为了贯彻这一刑事政策，我们自然有必要在共同正犯之中进一步区分责任较重与较轻者，从而筛选出“首恶”予以集中打击。

可罚的责任是指在期待可能性的基础上，还须考虑到预防必要性的责任。我国《刑法》第13条但书规定表明，当违法没有达到可罚的程度之际，就不是犯罪，与可罚的违法相应，当责任没有达到可罚的程度之际，也当然不是犯罪。原因在于，刑罚是最为严厉的惩罚措施，属于保护法益的最后一道防线，因此，只有在犯罪行为具备可罚的违法与可罚的责任之际，方才值得动用最为严厉的惩罚措施对其加以惩处。而在判断责任是否达到可罚的程度之际，显然应结合是否需要处罚这一点加以考虑。正如黎宏教授所言：“为了说明行为人具有刑法上的责任即可罚的责任，就要求对其谴责必须强烈到有必要使用刑罚手段加以谴责的程度。”〔2〕这里的“有必要使用刑罚手段加以谴责的程度”正是与预防必要性有关的目的性思考。以可罚的责任为理论基础，在共同正犯之中，我们完全能够根据参与人期待可能性的大小、预防必要性的大小来进一步区分出主犯、从犯。例如，甲与乙一起实施盗窃行为，窃取数额较大的财物，甲是为寻求刺激，而乙是为亲人筹集医药费，显然，乙的期待可能性小于甲，甲才是主犯。再如，

〔1〕 吴光侠：《主犯论》，中国人民大学出版社2007年版，第94页。

〔2〕 黎宏：《关于“刑事责任”的另一种理解》，载《清华法学》2009年第2期。

甲与乙在一次共同犯罪中，共同实施杀人行为，杀死了被害人丙，甲出于变态心理而杀人，且系多次作案，乙只是出于一时激愤而杀人，因为甲的特殊预防必要性大于乙，所以甲是主犯。

再次，其实我国已经有学者的论述隐含了上述观点。张明楷教授说道：“应当注意的是，我国刑法与司法实践关于主犯、从犯的区分标准，比国外的正犯、教唆犯与帮助犯的区分标准更为实质。所以，在国外属于共同正犯的，在我国依然可能仅成立从犯。”[1]这里的“更为实质”包含拓展到责任领域的理论可能性。在此，总结影响主观责任大小的因素分别有：谁的动机更为强烈，谁不实施犯罪行为的期待可能性更大，谁的违法性认识更为明确，谁的人身危险性即特殊预防必要性更大等。

又次，我国司法实践中对主犯、从犯的查证和区分，可能位于判决书中的不同部分，但都包含对客观、主观要件的评判。在司法实践中，有的在判决书中的“量刑情节认定”之下专门开辟一部分认定主犯和从犯。有的在判决书中对全案事实和证据部分加以评判，并分别列举了关于本案的定性问题、关于共同犯罪及主从犯的认定问题、关于本案违法所得数额的认定问题、关于鉴定意见的效力问题、关于犯罪故意的认定问题、关于自首的认定问题。

无论位于判决书中的什么部分，可以肯定的是，综合全案证据审查行为人的客观行为、主观恶性、人身危险性大小，是区分主犯、从犯的共同做法。既然如此，我们就不能认为，责任本身就是需要个别判断的因素，责任要素不在区分主犯和从犯的考虑范围内。例如张明楷教授批判本书观点认为：“共犯是不法形态，主张对各个犯罪参与人从不法层面区分正犯与共犯，那么，再从责任角度在共同正犯中区分出主犯，就有自相矛盾之

〔1〕 张明楷：《刑法学》（第4版），法律出版社2011年版，第405页。

嫌。”〔1〕一是主犯、从犯概念本就不必和正犯、共犯概念一致，这是我国的实际立法情况使然；二是倘若主犯、从犯的区分与责任无关，便会在主犯责任轻，从犯责任重的场合，得出主犯的量刑轻于从犯的结论从而并不合理。主犯、从犯的量刑应当在全案之中实现均衡，一般而言，从犯的量刑不能轻于主犯，这是我国的司法裁判理念。这一点，即便在自首这样需要个别判断的政策性一身事由里，也不例外。例如，2010年12月22日最高人民法院《关于处理自首和立功若干具体问题的意见》中“在共同犯罪案件中，对具有自首、立功情节的被告人的处罚，应注意共同犯罪人以及首要分子、主犯、从犯之间的量刑平衡”的规定，便体现了在主犯、从犯的区分之际，综合考虑违法、责任、政策性因素，均衡量刑的理念。

最后，在主犯、从犯的区分之际，考虑主观恶性、人身危险性大小是我国司法实践的一贯做法。除了本书前引2010年2月8日颁布的《最高人民法院关于贯彻宽严相济刑事政策的若干意见》第33条的规定之外，还有类似的司法解释如下。2016年1月6日颁布的最高人民法院《关于审理抢劫刑事案件适用法律若干问题的指导意见》第5条第1款中规定：“审理抢劫共同犯罪案件，应当充分考虑共同犯罪的情节及后果、共同犯罪人在抢劫中的作用以及被告人的主观恶性、人身危险性等情节，做到准确认定主从犯，分清罪责，以责定刑，罚当其罪。”最高人民法院于2008年12月1日颁布的《关于全国部分法院审理毒品犯罪案件工作座谈会纪要》第9条中规定：“对于共同犯罪中有多个主犯或者共同犯罪人的，处罚上也应做到区别对待。应当全面考察各主犯或者共同犯罪人在共同犯罪中实际发挥作用的差别，主观恶性和人身危险性方面的差异，对罪责或者人身危险性更大的主犯或者共同犯罪人依法判处更重的刑罚。”

〔1〕 张明楷：《共犯人关系的再思考》，载《法学研究》2020年第1期。

第三节 “递进型”正犯、主犯关系的功能展开

正犯、主犯“递进型”关系具有两大功能：一是体系整合功能，二是指导量刑功能。

一、“递进型”关系的体系整合功能

（一）“递进型”关系有利于合理解释我国共犯立法

首先，我国《刑法》第25条指出了决定共同犯罪定罪与量刑的两个因素——违法与责任。第25条第1款规定：“共同犯罪是指二人以上共同故意犯罪。”根据行为共同说，这句话应当被解读为“共同犯罪是指二人以上共同去故意犯罪”，即共同犯罪中的共同，只需要构成要件行为的共同即可，而属于主观责任的故意则需要个别判断。[1]这样一来，共同犯罪就只不过是各个共犯参与人在违法层面上，通过客观构成要件行为上的互相利用而共同引起法益侵害结果的违法形态而已，但是，最终对共犯参与人的定罪与处罚，还必须个别判断共犯参与人的责任要件。显然，我国《刑法》第25条的立法规定不仅是对共同犯罪的总括式规定，还从根本上指出了解决共同犯罪定罪与量刑的两个因素，即违法与责任。

本书认为，共同犯罪是一种团体现象，行为共同说中的意思联络不能稀薄到只要彼此知道对方的存在，知道对方和自己一起干坏事即可的程

〔1〕 张明楷：《刑法学》（上）（第6版），法律出版社2021年版，第539-541页。

度。根据本书前述的SCA“共享合作行为理论”，要贯彻共同犯罪是“相互配合、相互协调、相互补充，形成一个整体”[1]的理念，尽管双方不尽然要具备相同的犯罪故意（事实上，犯罪故意的认定也是一个规范评价问题），但是至少应当要求彼此之间存在一定程度的意思联络。这里意思联络的核心内容是——经由意思沟通，彼此之间可以期待对方根据自己的行动而作出调整，并对背叛对方抱有心理抵触，以此形成配合关系。因此，秉承行为共同说，就应当进一步赋予其意思联络以上述实质性内容。否则，行为难以共同，行为共同说便有滑向将同时犯视为共同犯罪之虞。

其次，我国《刑法》第26条、第27条的规定提示我们应当以违法与责任为中心，分层次理解主犯与从犯。在第25条指出违法与责任这两个共同犯罪中的核心要素之后，紧接着立法者在第26条之中先将组织犯规定为主犯，因为组织犯在违法层面支配了犯罪流程，在责任方面贯彻了自己意志，所以组织犯是主犯无疑。但是，组织犯不可能是主犯的唯一形式，因此立法者规定“在共同犯罪中起主要作用的，是主犯”，以此提醒司法工作人员不要忘了将在违法、责任层面上都起到重要作用者按照主犯处罚。然而，刑罚是一种最为严厉的处罚措施，作为一种必要的“恶”，某一个行为只有在确有必要以刑罚惩处之际，才可对其施加刑罚，因此，刑法应当谦抑，重刑不应当滥用。本着这一精神，立法者在第27条之中，将在共同犯罪中起次要作用的人，即共同正犯之中责任较小之人，以及在违法层面上起到辅助作用的帮助犯作为从犯处罚。

最后，虽然教唆犯在违法与责任层面都起到相对于正犯的较小作用，但是，立法者为了贯彻保护未成年人的刑事政策，将教唆未成年人者作为主犯处罚。当然，这里还须注意的是，如果教唆行为已经是组织行为或者是正犯行为，那么教唆者就并非作为共犯的教唆犯，而是组织犯或者正犯了。

---

〔1〕 贾宇主编：《刑法学》（上册·总论），高等教育出版社2019年版，第231页。

(二)合理说明我国司法解释

我国理论通说认为，我国的主犯与从犯解决的是共同犯罪的量刑问题，正因为如此，在不同身份者的共犯问题中，当我们需要为共同犯罪定性之际，主犯决定说就受到了颠倒定罪与量刑顺序的一致批判。但是，我国司法解释一直以来贯彻的都是主犯决定说，例如，2000年6月30日颁布的《最高人民法院关于审理贪污、职务侵占案件如何认定共同犯罪几个问题的解释》，其中第3条规定，在各自利用职务便利侵吞本单位财产的案件中，以主犯定罪。根据“递进型”正犯、主犯关系说，上述司法解释所说的主犯实际上就是被评价为主犯的正犯。如果这样理解的话，上述司法解释所贯彻的理念就是：以正犯所触犯的罪名作为认定犯罪性质的标准，共犯在罪名上从属于正犯。这一理念并没有以量刑事由来解决定罪问题，因此无可厚非。

二、“递进型”关系的量刑指导功能

正犯、主犯递进说还能够指导对共犯的量刑。

其一，如果我们能够在违法层面上区分出正犯与共犯，那么两者之间的违法的程度也分别得到确定，主犯与从犯的划分也就确定下来。当然，我国的责任是可罚的责任，我们还可以根据主犯、从犯预防必要性的大小，来调整其目的刑。例如，如果从犯是初次参加犯罪，并且预防必要性非常小，我们就完全可以对其免除处罚。总结而言，决定各个参与人违法程度大小的因素有：实行行为、身份、心理因果力的强弱与心理优势地位（主观的违法要素）、可替代性等。

在共犯参与人无法在违法上区分出大小程度，即都是共同正犯的场合，我们还能够根据责任的大小来进一步筛选出主犯与从犯。将责任大的人作为主犯处罚有利于实现集中打击首恶的刑事政策，将责任小的人作为从犯处罚有利于实现刑法的谦抑性。总结影响责任大小的因素有：谁对危害结果的认识更为明确、谁对危害结果的追求动机更为强烈、谁不实施犯罪行为的期待可能性更大、谁的违法性认识更为明确、谁的人身危险性即特殊预防必要性更大等。

其二，在责任层面上进一步筛选主犯与从犯不仅有利于控制死刑，还有利于司法判决的说理。在审判层面上，我国司法实践不乏这样的案例，即先将全部犯罪参与人都认定为主犯，继而以某一个人在主犯中起到相对较小的作用为理由，将该人的死刑立即执行改判为死缓。例如，在一起故意杀人、抢劫案之中，王某辉组织祁某、王某强、王某松、牛某、尹某、赵某六人对被害人实施杀害与抢劫行为，除赵某只实施了故意杀人罪的实行行为之外，其余六人都实施了抢劫罪、故意杀人罪的实行行为。一审法院认定除赵某为从犯（判处无期徒刑）之外，其余六名都为主犯，最终判处六人死刑（四名立即执行、两名缓期执行），但是，二审法院认为该案量刑过重从而发回重审。虽然法院的重审并未改判主犯为从犯，然而就死刑而言，最终只有王某辉一人被执行死刑，其余被改判为缓期执行。重审对王某辉适用死刑的理由是："作案动机十分卑劣、手段极其残忍、情节特别恶劣、造成的后果极其严重且主观恶性极深、人身危险性极大。"〔1〕其余三名主犯被改判为死刑缓期执行的理由是，作用"相对于王某辉要小一些"〔2〕。

可见，当对主犯量刑过重之际，审判实践主要是根据主观责任的大小来调节刑罚，对作案动机最为强烈、主观恶性极大、人身危险性极大的人

〔1〕《对共同故意杀人致人死亡的多名主犯如何区别量刑》，载中华人民共和国最高人民法院刑事审判第一、二、三、四、五庭主办：《刑事审判参考》（总第48集），法律出版社2006年版，第21页。

〔2〕《对共同故意杀人致人死亡的多名主犯如何区别量刑》，载中华人民共和国最高人民法院刑事审判第一、二、三、四、五庭主办：《刑事审判参考》（总第48集），法律出版社2006年版，第21页。

处以极刑。但是，既然都是主犯，就表明对作用大小的判断已经完成，经过判断，大家都起到了主要作用，我们为何还要在主犯中再次衡量谁的作用相对较小呢？这并不合理。其实，我国的审判实践完全可以将上述案件中的其余五人以可罚的责任较小为由作为从犯看待，而不必将其认定为主犯。因为他们在实质上已经获得了从犯的量刑待遇，我们倒不如直接将其改判从犯，这样既能缩小主犯的打击范围，又能减少死刑的适用，甚至还为其刑罚的进一步调低创造了很大的空间。当然，这样做也避免了在主犯之中还要比较作用大小而带来的上述疑问。

“违法与责任的区别，这是过去100年间刑法学所获得的最重要的知识”〔1〕。本书以违法与责任为中心，先通过对违法的判断来区分正犯与共犯，后通过对责任的判断继而在多个正犯（共同正犯）中进一步筛选出主犯，根据这一思路，本书构建了正犯与主犯之间的新型关系——“递进型”关系。在这一关系之中，正犯不一定是主犯，但主犯一定是正犯。如此一来，我国立法就并未扩大主犯的成立范围，从而避免量刑畸重，也并未缩小正犯的成立范围，从而避免刑罚畸轻，这可以看作我国相对于德日立法的一大高明之处。

〔1〕 Claus Roxin, “Schuld” und “Verantwortlichkeit” als Strafrechtliche Systemkategorien.in: Grundfragen der gesamten Strafrechtswissenschaft., 1974, S.171.

下编

具体应用编

本书所构建的“递进型”正犯、主犯关系的核心要义是，维持共同犯罪是违法形态的基本命题，并且坚持没有超出违法的责任（肯定超出违法的责任会将刑罚的根据设置在纯粹的主观恶性之上从而丧失处罚根据的客观基础）。在这一基础上，引入溯责禁止论，在划分出正犯与共犯之际，肯定正犯便是主犯，共犯便是从犯，但是，在共同正犯的场合，则认为可以进一步根据责任的大小区分出主犯与从犯，以最终实现共同犯罪中宽严相济、重点打击的刑事政策。

建构是为了应用，在建构了前述教义学原理之后，这一部分的基本内容便是阐明其应用性能。因此，本书选择普通犯罪的共同犯罪、身份犯的共同犯罪、不作为犯的共同犯罪三者，加以论述。需要指出的是，根据逻辑体系安排，普通犯罪本应与特殊犯罪（身份犯、不作为犯）相对应。但是，鉴于特殊犯罪形态研究的重要性以及篇幅安排，本书将三者并列一起，共同作为下编的三章依次论述。

下编的研究目的是，将众多的主犯、从犯判断标准加以体系化、层次化、明晰化，为我国的司法实践提供简洁明快的思考路径。梳理总结我国司法实践中出现的主犯、从犯判断标准，根据客观要素在先，主观要素在后，最后是政策性要素的顺序，可以罗列如下：①实行行为；②因果力；③人之关系/地位；④谋议；⑤动机/积极性；⑥参与时间、程度；⑦可替代性；⑧利益分配所得；⑨事后表现（逃跑、销赃等）。

在我国司法实践中，这些要素往往综合在一起加以判断，比如，审判实践中的法官认为："对从犯的认定，应当根据犯意的形成、犯罪的共谋、是否参与了全部犯罪活动、是否实施了实行行为、实行行为在整个犯罪构成要件中的关键程度和所起的作用、危害后果的发生与其实行行为的关联程度、分赃情况等因素综合审查。"〔1〕这一综合判断法有利有弊，其优点在于，给予法官充分的自由裁量空间，有利于实现具体问题具体分析，具体情况具体应对的能动性司法，其弊端在于，前述众多因素的综合判断容易让思考过程"黑箱化"，从而使主犯、从犯的判断过程成为一种融合很多元素综合考虑的"大杂烩"，既无法将思维过程可视化，并将其体现在裁判说理中，也无法有效地做到同案同判。

主犯、从犯的区分是一个值得不断挖掘、深入研究的课题，本部分的主要目的便是使这一判断过程体系化、层次化、明确化，这将在普通犯罪的共同犯罪之中着重予以阐明。

〔1〕 冉容、涂俊峰、黄超荣：《张甲、张乙强奸案——共谋轮奸，一人得逞，未得逞的人是否构成强奸既遂？如何区分该类犯罪案件中的主犯、从犯地位》，载中华人民共和国最高人民法院刑事审判第一、二、三、四、五庭主办：《中国刑事审判参考·02》(增订第3版)，法律出版社2017年版，第627页。

第一章 普通犯罪中“递进型”关系的应用

第一节 普通犯罪中共同正犯的界定

对于教唆犯与帮助犯，我们将其称为狭义共犯。如果认为共同正犯属于共犯，则加上共同正犯，我们可以将前三者统称为广义共犯。对于教唆犯、帮助犯的界定探讨，已经相当成熟，此处不赘。这里需要讨论的，是对共同正犯的界定。共同正犯仍存两个问题有所争议，需要厘清：一是共同正犯的性质问题，这实际上是一个结果归责问题，即其本来就属于对结果承担“第一次责任”的正犯，还是对结果承担“第二次责任”的共犯。对这一问题的回答，和本书所提出的溯责禁止论密切相关，因为如果在共同正犯之中仍然贯彻溯责禁止论，似乎只能得出共同正犯仍是一种共犯的结论，相反，如果根据机能的行为支配理论来看待共同正犯，则会得出共同正犯属于彼此行为高度一体化的共同行为体，从而得出其属于正犯的结论。孰是孰非，需要明辨。二是共同正犯为何被论以“正犯”之责。根据本书提出的“递进型”正犯、主犯关系，在共同正犯之中有分别主犯、从犯的必要，那么，共同正犯便成了进一步区分主犯、从犯的基础，其重要性不言而喻。因此，明确其为何被论以“正犯”之责的理论任务，实际上就是寻求共同正犯成立条件的理论任务。

一、共同正犯的性质

有关共同正犯的性质问题，在我国存在以下三种学说：

第一，正犯说。周光权教授在教科书中的正犯之下分别列举了直接正犯、间接正犯、共同正犯，[1]这表明其采取了共同正犯说。另外，其论述认为："共同正犯，是指以共同犯罪意思，各自分担犯罪的一部分，共同实现'自己的犯罪'的人。讨论共同正犯是否成立的意义在于：确定其在共同犯罪中的角色地位，以便于适用部分行为全部责任原则（交叉归责原则）。"[2]

第二，正犯、共犯两性说。张明楷教授在第四版教科书之中，采取正犯、共犯两性说。从分类上，将共同正犯分为三种类型：一是单一行为的犯罪中，各参与人都实施了足以造成结果的危害行为但只有一人的行为直接引起结果，如甲、乙两人一起向丙开枪，但只有甲的子弹击中丙；二是单一行为或复合行为的犯罪中，各参与人都实施了足以直接造成结果的行为，各参与人的行为均是结果的原因，如上例中，甲、乙所射子弹均击中丙；三是在复合行为的犯罪中，各参与人都分担了一部分实行行为，如甲、乙共同抢劫丙，甲实施暴力行为，乙实施取财行为。从第一种类型来看，共同正犯有共犯的性质，但从后两种类型来看，共同正犯是正犯。[3]此外，陈家林教授也认为共同正犯既有正犯的属性，也有共犯的属性，单纯将共同正犯归为一种类型难以构筑合理的刑法体系。[4]

---

〔1〕 周光权：《刑法总论》（第4版），中国人民大学出版社2021年版，第340页以下。

〔2〕 周光权：《刑法总论》（第4版），中国人民大学出版社2021年版，第346页。

〔3〕 张明楷：《刑法学》（第4版），法律出版社2011年版，第362-363页。

〔4〕 陈兴良：《本体刑法学》，中国人民大学出版社2011年版，第432页。

第三，共犯说。张明楷教授在新版教科书之中，认为有两种情形属于扩张的处罚形态，因此，必须经由立法的规定，才能够加以归责，即“没有实施构成要件行为，但在共同犯罪中起主要或者重要作用，需要按共同正犯处理的情形（正犯性的确认或者拟制）”，〔1〕以及“虽然实施了部分构成要件行为（‘分担型’共同正犯），或者实施了全部构成要件行为但并不能证明其行为造成了构成要件结果，需要对共同犯罪的整体不法负责的情形（归责范围扩张的确认）”。〔2〕这两种情形实际上已经包含了其原先认为的属于正犯的分担复合行为类型。可以认为，张明楷在新版教科书中进一步偏向以共犯来理解共同正犯的立场。

林亚刚教授认为共同正犯是共犯。其认为，共同正犯虽然具有实行犯的特征，但是，共同正犯的共犯性是其主要方面，对它的认定和处罚依据，应当是共同犯罪的原理和规定。理由是：第一，虽然正犯的行为是犯罪构成客观要件的行为，同时刑法分则法定刑是以实行行为为依据的，但是这并不意味着对共同正犯的处罚都是依据单独实行犯，因为刑法分则的法定刑并不都是依据单独实行犯设置的，有的犯罪，其犯罪构成的客观要件就是共同实行行为，例如，必要共同犯罪形式中的聚众性共同犯罪、对行性共同犯罪等；第二，如果说共同正犯是正犯而非共犯，那么，在处罚时也存在对共同正犯的刑罚个别化的问题，而这种个别化，离开共同犯罪的一般理论是根本不可能实现的。〔3〕

本书认为，共同正犯的性质兼备正犯和共犯双重属性。张明楷教授将共同正犯分为五种类型如下：〔4〕

一是各参与人单独没有能力实现构成要件，只有共同实施构成要件行

〔1〕张明楷：《刑法学》（上）（第6版），法律出版社2021年版，第520页。
〔2〕张明楷：《刑法学》（上）（第6版），法律出版社2021年版，第520页。
〔3〕林亚刚：《共同正犯相关问题研究》，载《法律科学》2000年第2期。
〔4〕张明楷：《刑法学》（上）（第6版），法律出版社2021年版，第542页。

为，才能够实现构成要件。如甲、乙二人一起将他人的保险柜抬回家的情形。单独一个人因为搬不动保险柜而不可能完成盗窃罪。

二是各参与人单独可以实现构成要件，在共同实施时各自均实现了构成要件。如甲、乙共谋同时向丙开枪，甲打中乙头部，乙打中丙心脏，都是致命伤。

三是在单一行为的犯罪中，各参与人均实施了足以直接造成结果的实行行为，但只有一人的行为直接造成了构成要件的结果。如甲、乙两人向被害人射击，只有一发子弹击中被害人致其死亡。

四是单一行为或者复合行为犯罪中，各参与人均实施了足以直接造成结果的行为，而且各参与人的行为均是结果的原因。如甲、乙两人一起向被害人射击，两发子弹都命中被害人，被害人因为两个伤口同时流血，失血过多而死亡。甲、乙两个人一起抢劫被害人，都实施了暴力和胁迫行为，一起导致结果的发生。

五是在复合行为的犯罪中，各参与人分担了一部分实行行为。例如，甲、乙基于意思联络，共同实施抢劫，甲对丙实施暴力压制被害人反抗后，乙强取财物。

就上述第二种、第四种情形，甲、乙两人本身便能够成立正犯，在两人具备意思联络之际，是共同正犯，在两人不具备意思联络之际，也完全能够以同时正犯论处。就第一种、第五种情形而言，甲、乙两人的行为具有强烈的团体成员互补性质，甲、乙成立共同正犯的原因在于两人基于意思联络而形成一个整体。就第三种情形而言，根据溯责禁止原理，不是甲通过乙的介入而引起结果，便是乙通过甲的介入而引起结果，在不能证明谁直接引起结果之际，只能够认为甲、乙都仅仅成立共犯。因而，从上述类型化的角度来看，共同正犯的确兼备共犯和正犯属性因而具有两面性。

二、共同正犯的正犯性界定

就共同正犯[1]何以成为正犯的理论探讨，我国的通说根据重要作用或者支配程度加以说明。学者在论述共同正犯时说道，“共同正犯是指正犯之外的在共同犯罪中起重要作用的参与形态”，[2]“共谋只能是成立共谋共同正犯的必要条件，而不是充分条件，成立共谋共同正犯的充分条件是‘发挥了重要作用的共谋’，因此，不是所有参与共谋的人都能成立共谋共同犯罪。参与了共谋，但没有发挥重要作用的，只能是从犯”[3]，在考虑共谋者是否起到了支配作用之际，“需要考虑以下因素：共谋者与实行者的主从关系、谋议与准备阶段的实际作用、是否存在角色的可替换性、谋议的可操作性等，以仔细考察共谋者是否达到发挥正犯的‘支配’作用的程度”[4]。

无论是重要作用说还是行为支配说，都无疑是从实质的角度来寻求共同正犯被论以正犯之刑的处罚原理，既然是作为量刑事由的处罚原理，其本就不必是单一的。放眼域外，共谋的共同正犯是日本判例所提出的概念，目的是将虽然并未实施实行行为但值得重罚的人，论以正犯之刑。最早为其提供理论说明的，是草野豹一郎教授的共同意思主体说。[5]这一说理因为违背了现代的个人责任原则而不被采纳。其后，西田典之教授出于客观化说明共同正犯之“正犯原理”的初衷，将动机、获利等主观因素排

〔1〕只要不否认共谋的共同正犯概念本身，这里的共同正犯当然包含共谋的共同正犯，实际上，实施了实行行为的共同正犯往往并不成为问题，真正成为问题的，是一方并未实施实行行为的共谋的共同正犯。

〔2〕张明楷：《刑法学》（上）（第6版），法律出版社2021年版，第533页。

〔3〕黎宏：《刑法学总论》（第2版），法律出版社2016年版，第273页。

〔4〕周光权：《刑法总论》（第4版），中国人民大学出版社2021年版，第354页。

〔5〕草野豹一郎『刑法総則講義·第二分册』（勁草書房，1952年）164頁。

除在重要作用的判断范围之外，而提出了准实行行为说，其说道："我倒认为，在犯罪的共谋、准备、实行阶段，尽管没有分担实行行为，但如果能认定共谋者的行为对于犯罪的实现发挥了可与实行的分担相匹敌，或者相当于实行的分担的作用，则应该肯定其具有共同正犯性。我称其为准实行共同正犯论。"〔1〕在判断正犯之际，"应该以对于犯罪的实现的事实贡献程度为标准进行客观的类型性判断，至于主观性心理要素，则只要将其作为酌情减轻等量刑判断的材料予以考虑即可"〔2〕。西田的用意虽然良好，但是，完全以客观要素作为划分正犯与共犯的准据难免忽视了共同犯罪是经由人的心理沟通而形成互相协作的团体的一面，从而使其应用功能有限。

共同犯罪是一种人与人之间相互关联、协同合作的社会现象。正犯与共犯的区分问题固然是一个构成要件评价问题，位于不法层面，但与单独犯罪有一个重要不同——单独犯罪中的违法性层面只能例外地肯定主观违法要素，〔3〕但是，在共同犯罪之中，因为人与人之间的心理影响是共犯人得以结成团队的关键因素，所以，基于意思联络的共谋、彼此之间的心理优劣地位，也能够成为共同犯罪领域中的主观违法要素。

在某种程度上，虽然"违法是客观的，责任是主观的""违法连带，责任个别"，但是，在共同犯罪领域之中，在正犯与共犯的区分之际，主观要素也应当考虑在内。肯定这一点的，是日本学者所提倡的"多重要素说"。日本学者亀井源太郎便提出了"多重要素说"。这些要素包含：参与者在从犯罪计划的产生到实施的一整个过程中的作用、实现犯罪的意欲程度、参与行为在犯罪全体中的重要性、不可或缺程度、到实施范围为止的因果经过、共谋者和实行者间的主从关系、共谋者在谋议达成过程中的作用重

〔1〕［日］西田典之：《日本刑法总论》，冯军、毛乃纯译，中国人民大学出版社2007年版，第288页。

〔2〕［日］西田典之：《日本刑法总论》，冯军、毛乃纯译，中国人民大学出版社2007年版，第292页。

〔3〕在例外情形下，决定违法性程度的目的，可以成为主观的违法要素。周啸天：《目的犯共犯教义学原理的再建构》，载《清华法学》2014年第3期。

要性、犯罪准备与实行阶段中共谋者所起作用大小等因素，而这些因素需要综合判断。[1]综合考虑多种因素这一点没有问题，但是，这些因素较为繁多，如果一起综合考虑，容易让判断过程“黑箱化”。

本书认为，共同正犯之所以按照正犯处罚，理论根据在于两方面：一是在客观层面上，面向法益侵害结果因果流程中的不可或缺性，二是在主观层面上，彼此之间犯罪动机、计划的约束性。前一个与实行共同正犯有关，后一个与共谋共同正犯有关。

其一，共同正犯是一种共同引起构成结果的违法形态，其被论以正犯加以处罚的根据在于对共犯参与人结成了“团队”，这一密切的联系升高了犯罪成功的概率，基于事前一般预防的需要，刑法以正犯之刑加以论处。共同正犯的“共同性”是其区别于教唆犯、帮助犯的要件。正如山口厚教授所言：“基于与其他的共同者共同的意思，通过对构成要件该当事实引起的重要事实的实现，可认为以构成要件该当事实全体的共同惹起为基准是妥当的。”[2]这里共同性是一种互相影响的双方向的因果力，体现在共犯参与人之间的彼此联系，紧密的意思联络是其常态，即共犯参与人之间基于意思联络将犯罪作为自己共同的“事业”从而结成“团队”，互相配合、互相利用地完成犯罪。从事前来看，“团队”的形成提高了犯罪成功的可能性，从而产生了特殊的危险，基于一般预防的需要，刑法将全部共犯参与人论以正犯之刑。[3]人说到底是社会中的人，人的第一属性是社会性。既然如此，我们就不能以完全独立、很难受他人影响的人类形象来观察人本身，人无时无刻不处在和他人的信息交互之中。尤其是在信息网络时代，我们对信息获取更为便捷，对信息的吸收也更有效率，其结果就是——人更容易受他人影响。从这个角度来看，当共同正犯便是彼此影响、勠力同

---

〔1〕 亀井源太郎『正犯と共犯を区別するということ』(弘文堂，2005年)136頁以下。

〔2〕［日］山口厚:《刑法总论》(第3版)，中国人民大学出版社2018年版，第339页。

〔3〕 内海朋子『過失共同正犯について』(成文堂，2013年)266頁。

心，共同犯罪的产物，强烈的心理因果关系（意思联络），才是其核心要件。

其二，人要影响另一个人的心理，与之结成“团队”，可以通过两种方式：一是简单的意思联络+实际行动，二是强烈的信息输出即意思灌入。前者对应面向法益侵害结果因果流程中的不可或缺性，也即对构成要件行为的实施。后者对应动机支配与计划支配。比如，甲欲强奸被害人，但苦于一直没有机会，一日甲的朋友医生乙知道后，将国家严格管控的精神类药物提供给甲，甲利用吃饭之机下药并强奸得逞。再如，甲虽有盗墓本领，但不会勘山寻墓，确定盗洞入手点，乙有丰富的古墓勘查经验，找到古墓后为甲划定了盗洞打探点。上述案例中的乙以实际行动提供了至关重要的帮助，已然给甲以强烈的心理影响，确保了甲犯罪的顺遂，应当成立共同正犯。还如，甲与乙在简单地确认之后，共同向被害人开枪，虽然事前并无紧密的意思联络，但一起开枪的行为无疑给对方心理以强烈影响，两者成立共同犯罪。

动机支配和计划支配主要体现在共谋的共同正犯之中。近来，我国有学者否定共谋的共同正犯概念，比如张开骏博士在采取“规范的形式客观说”的基础上认为：“假手于人实施构成要件行为时，如果被利用者对利用人，意图实现的犯罪不具有规范障碍，那么，利用行为就能够被评价为实行行为，实施了利用行为的利用者就具有实行行为性，从而成立正犯（间接正犯）。也就是说，亲自实施构成要件行为（形式的实行行为）的人以及实施了对不具有规范障碍者的构成要件行为的利用行为（规范的实行行为）的人都成立正犯。共同正犯则是共同实施这类实行行为的人，每个正犯者要求全部或者分担地实施了实行行为；换言之，成立共同正犯，客观上要求每个正犯亲自（全部或者分担地）实施了构成要件行为，或者利用不具有规范障碍者实施了构成要件行为，而不承认利用实行正犯、实质上具有支配性的共谋正犯。因此，否定共谋共同正犯可谓是中国共犯立法和正犯理论的自然归结。”[1]但是，这一观点存在自相矛盾之处，即为何仅仅将间接正犯中的实行行为进行规范化理解，而将共谋行为排除在外？另外，实行行为不具有区分正犯与共犯的功能。这一点本书之前已经指出，此处不赘。

应当看到，共谋行为实质上也是在心理的因果性上彼此给予共犯参与人以强烈影响。共谋是一个动机和计划的互相传递过程，可以有效地在共犯参与人之间形成约束，如果这一约束强烈到一定程度，便起到类似于犯罪协议的效果，这一协议确保双方都将犯罪作为自己的“事业”加以完成，彼此都对背叛抱有强烈的心理抵触，此时团队得以结成。如果将共谋排除在外，等于将人与人之间心理的因果影响视而不见，既不符合心理学事实，[2]也大为限缩了共同正犯的成立范围。从这一观点来看，我国司法实践在判断主犯与从犯之际所考虑的心理优势地位、共谋、谁先提起犯意等要素，实际上都是判断区分正犯与共犯的主观违法要素。

综上所述，共同正犯的正犯性来源有两个：一是不可替代性，这表现为以实际行动即实施构成要件行为来入伙；二是意思贯彻性，这表现为动机支配或者计划支配。

第二节　普通共同犯罪中主犯、从犯的区分

首先，在正犯与共犯能够区分清楚之际，我国审判实践一般都将正犯

---

〔1〕张开骏：《共谋共同正犯理论的反思》，载《中国法学》2018年第6期。

〔2〕从心理学上来看，人的心理的因果关系与自然界的因果关系都是科学的探求对象，只不过前者更为隐蔽，对其完全揭示的难度更高，但不能以此为由否认心理因果影响力的存在。实际上就人而言，一旦真心接受了某个想法而起念，则该念头不易挥去。

作为主犯，将共犯作为从犯。这一点，在委托包税型走私案件之中，体现明显。委托包税是指，进出口货物的“货主”为了逃避关税，少缴税额，将购买或销售的商品以“委托包税”方式由通关公司走私进出境，以达到以明显低于货物正常进口应缴税款的“包税”价格进出口货物的目的。在这类案件中，货主公司决定进出口商品的价格、交货地点、数量等，提供商品或货款、清关费用，通关公司通过伪造货物清单、虚假报关等一系列方式，直接实施走私罪的实行行为，给国家应收税款造成巨大损失。我国的司法实践将“货主”公司论以从犯，将通关公司论以主犯，这实际上是将前者认定为帮助犯，继而直接评价为从犯，将后者论以正犯，继而直接评价为主犯的思考方式。这无疑是正确的。

案例1：广州顺亨汽车配件贸易有限公司等走私普通货物案。[1]该案事实较多，择其要者列举部分事实如下。

广州市中级人民法院经公开审理查明：2007年至2009年3月，被告单位广州顺亨公司为谋取不法利益，经总经理被告人李某钦决定，指使该公司职员被告人李某坚具体操作和联系，将被告单位广州顺泰昌公司、广州宏璟公司以及香港鸿益贸易公司、广州鸿星汽配经营部委托该公司包税进口的汽车配件和其自购的进口汽车配件以明显低于正常报关进口应缴税款的价格，转委托被告单位深圳创竞达公司、深圳天芝柏公司、广州瀚盛公司及广东新联公司等公司包税进口，从中赚取包税差价。经海关关税部门核定，广州顺亨公司（李某钦、李某坚）走私进口汽车配件277个货柜，偷逃应缴税额人民币（以下币种同）108，094，245.41元。被告单位广州顺泰昌公司、广州宏璟公司及香港鸿益贸易公司、广州鸿星汽配经营部为降低

---

〔1〕 崔小军、许媛媛：《广州顺亨汽车配件贸易有限公司等走私普通货物案——在刑事案件中如何审查电子数据的证据资格以及如何认定走私共同犯罪中主、从犯》，载中华人民共和国最高人民法院刑事审判第一、二、三、四、五庭主办：《中国刑事审判参考指导案例·03》（增订第3版），法律出版社2017年版，第88页以下。

进口汽车配件成本，少缴进口关税，在明知被告单位广州顺亨公司伙同其他单位采用低报价格、伪报品名和藏匿等手段走私进口汽车配件的情况下，经各自的负责人被告人庄某、许某、张某、许某决定，将其单位或者个人自购或其他客户委托其进口的汽车配件，以明显低于正常报关进口应缴税款的价格委托被告单位广州顺亨公司包税进口。香港鸿益贸易公司为减少中间环节，经张某决定和经手，还将部分进口汽车配件以明显低于正常报关进口应缴税款的价格直接委托被告单位深圳创竞达公司、深圳天芝柏公司等单位包税进口。香港鸿益贸易公司还利用其在香港的鸿益货场，为广州顺亨公司、广州顺泰昌公司等单位或者个人从美国、新加坡等国家和地区购买和运输至香港或者在香港直接购买的进口汽车配件进行集装箱拼装、压缩、再包装、藏匿等，为将上述货物从香港走私入境提供便利。

由以上事实可知，广州顺亨公司、深圳创竞达公司、深圳天芝柏公司、广州瀚盛公司、广州鸿桂源公司、广州顺泰昌公司、广州宏璟公司属于通关公司，直接实施走私罪的实行行为。广州瀚盛公司、广州鸿桂源公司、广州顺泰昌公司、广州宏璟公司属于“货主”公司，审判法官认为：“对于主动四处揽货、组织包税进口货物并压缩拼柜、藏匿货物、制作虚假报关单据、联系报关行采用伪报低报的手段走私货物的，一律认定为主犯，依法按照其参与的全部犯罪处罚……对那些贪便宜、节省生意成本，在支付包税费后就放任其他单位采取任何形式通关、只关心本单位货物的参与走私的货主单位，按照其在共同犯罪中所起的作用和所处的地位，可以认定为从犯，结合其认罪态度和退赃情节，依法可以减轻处罚。”〔1〕从而将帮助犯评价为从犯，将正犯评价为主犯。

---

〔1〕 崔小军、许媛媛：《广州顺亨汽车配件贸易有限公司等走私普通货物案——在刑事案件中如何审查电子数据的证据资格以及如何认定走私共同犯罪中主、从犯》，载中华人民共和国最高人民法院刑事审判第一、二、三、四、五庭主办：《中国刑事审判参考指导案例·03》（增订第3版），法律出版社2017年版，第93页。

另外，如前所述，不可替代性是认定共同犯罪的基准之一，那么，对于可被替代的边缘角色，则往往可直接认定为共犯，从而进一步认定为从犯。

案例2：卢某丰、卢某只等诈骗案。[1]在卢某丰、卢某只等诈骗案中，为实施诈骗，从河南安阳市一人（身份不详）处购得被害人信息、银行卡、手机卡等物品，后将印制有“三星”公司周年庆典“刮刮奖”及公证书、宣传彩页（虚假信息）按被害人信息通过快递寄出。被害人收到快递误以为真，按照宣传彩页指示拨打所谓的“兑奖热线”“公证专线”（实为卢某丰等人诈骗使用的电话号码），卢某丰等人冒充公司兑奖人员、公证处公证人员，谎称核实被害人中二等奖，奖金100万元，取得被害人信任后，以领取奖金需缴纳公证费、个人所得税、银行手续费等为由，诱骗多名被害人向其指定的银行账户内汇款。其中，被告人周某和常某受雇于卢某只等人，分别冒充北京九芝堂保健股份有限公司（以下简称九芝堂公司）的兑奖热线员和北京市丰台区公证处的公证员进行诈骗活动。法院认为，“……卢某丰在与他人共同犯罪中起主要作用，系主犯；卢某只在与常某、周某共同犯罪中系犯意提起者，亦系组织者和指挥者，在共同犯罪中起主要作用，系主犯……被告人常某、周某受雇参与犯罪，周某仅领取工资，常某仅领取工资和小部分提成，在共同犯罪中起次要作用，均系从犯，依法对二被告人均可减轻处罚……”[2]

其次，在区分了共同正犯之后，我们还能够进一步根据责任区分出主犯与从犯。

案例3：刘某、李某非法持有枪支案。[3]在刘某、李某非法持有枪支案中，从2015年开始，被告人刘某持有加制钢管的射钉枪一支，射钉弹若干，偶尔使用该射钉枪上山打鸟，平时不用时将射钉枪、射钉弹藏在自己家中。

[1] 河南省驻马店市中级人民法院刑事判决书，(2017)豫17刑终101号。

[2] 河南省驻马店市中级人民法院刑事判决书，(2017)豫17刑终101号。

[3] 湖南省安化县人民法院刑事判决书，(2022)湘0923刑初289号。

2018年左右，被告人刘某因担心射钉枪放在家中不安全，便将该射钉枪与射钉弹128发、钢珠若干等物品交给被告人李某进行保管，被告人李某将射钉枪、射钉弹、钢珠等物品储藏在自家厨房的茶碗柜顶上。2022年1月15日，涉案枪支在被告人李某的家中被某机关查获。经益阳市某局物证鉴定所鉴定，送检的枪形物以火药为动力发射金属丸，属于枪支。法院认为，"被告人刘某、李某违反枪支管理法规，非法持有一支以火药为发射动力的枪支，二人的行为已构成非法持有枪支罪……本案系共同犯罪，被告人刘某系主犯，应当按照其所参加或者组织的全部犯罪处罚；被告人李某在犯罪中起次要作用，系从犯，依法从轻处罚……"[1]

在本案中，被告人刘某、李某在具有意思联络的情况下，共同实施了非法持有枪支的行为，因而他们在不法层面上无疑均属于非法持有枪支罪的正犯，但是两人在量刑上的待遇并不相同：前者被认定为了主犯，后者则被认定为了从犯。尽管法院并未在判决书中进一步说明将被告人刘某和李某分别认定为主犯和从犯的根据，但是从已经披露的案情来看，无疑是因为被告人刘某的责任较大，被告人李某的责任较小。具体而言，被告人刘某是为了满足其打鸟的乐趣而主动产生非法持有枪支的犯罪故意的，并且其主观上具有使用枪支的意图，危害公共安全的意图较强，因而其主观恶性明显更大。而被告人李某则是在被告人刘某请求其代为保管枪支，碍于情面难以推辞的情况下而被动产生非法持有枪支的犯罪故意的，并且其主观上并不具有使用枪支的意图，危害公共安全的意图较弱，因而其主观恶性明显更小。基于此，法院将前者和后者分别认定为主犯和从犯的做法是有道理的。

最后，在区分了共同正犯之后，在进一步区分主犯、从犯之际，可考虑的要素当然包含政策性要素，比如前述列举的前科、累犯、年龄、人身危险

〔1〕 湖南省安化县人民法院刑事判决书，(2022)湘0923刑初289号。

性因素等。本书认为，与其先认定为多个主犯，继而再以限制死刑适用等政策性理由，在主犯之中再区分出起作用相对较小的主犯，从而达到限制死刑的目的，不如直接将起作用相对较小的主犯评价为从犯。因为在主犯之中再区分起作用大的主犯，起作用小的主犯，无异于在主犯之中又进一步区分了主犯和从犯，不仅带来了司法适用上的混乱与标准不明，也有硬性通过司法实践创造出一个介乎于主犯与从犯之间的“起作用相对较小的主犯”之共犯类型，有司法权僭越立法权之嫌。

案例4：龙某、吴某故意杀人、抢劫案。[1]2006年11月28日22时许，被告人龙某、吴某经预谋，携带匕首、塑料胶带、尼龙绳等作案工具，在云南省个旧市租乘被害人李某驾驶的奇瑞牌出租车（价值人民币2万元，以下币种均为人民币）至红河州财校附近公路边时，持匕首戳刺李某，劫得现金100余元和价值400元的NEC.N620型手机1部。后龙某驾车至个旧市锡城镇戈贾森林公园，将李某拖至公路旁猴子山树林里，二人分别用匕首朝李某颈、胸、背部连捅数十刀，致李某当场死亡。同月24日22时30分许，被告人龙某、吴某经预谋，携带水果刀、塑料胶带等工具，在昆明市租乘被害人保某驾驶的桑塔纳出租车至昆明卷烟厂附近龙泉路“友缘”招待所门口时，二人持刀威胁并用塑料胶带捆绑保某，劫得现金420元、价值661元的小灵通手机1部、交通银行卡和农业银行卡各1张，并逼迫保某说出银行卡密码，后将保某捆绑弃于一废弃防空洞内。二人驾车逃离途中，将车丢弃，从保某交通银行卡上取走1800元。

一审、二审并未区分主犯、从犯，而是对两人都判处死刑。最高人民法院经复核认为，被告人龙某、吴某以非法占有为目的，采取暴力、胁迫手段抢劫他人财物，其行为均构成抢劫罪。龙某、吴某抢劫后，为灭口杀死

[1] 徐琛：《龙世成、吴正跃故意杀人、抢劫案——共同抢劫杀人致一人死亡案件，如何准确区分主犯之间的罪责》，载中华人民共和国最高人民法院刑事审判第一、二、三、四、五庭主办：《中国刑事审判指导案例·01》（增订第3版），法律出版社2017年版，第149页以下。

被害人，其行为还构成故意杀人罪。龙某、吴某抢劫财物数额巨大，抢劫后为灭口杀死一人，情节恶劣，手段残忍，后果和罪行极其严重，应依法惩处并数罪并罚。在共同犯罪中，龙某首先持刀捅刺被害人，两次作案后负责驾车逃跑，毁灭大部分罪证，并占有较多赃物，其作用相对较大。吴某在共同犯罪中作用相对较小，且归案后认罪态度较好，综合考虑全案的犯罪事实和情节，对吴某判处死刑，可不立即执行。

“吴某在共同犯罪中作用相对较小”一句表明，最高人民法院在主犯之间又区分了作用大小，虽然并未明示将吴某的刑事责任调低至从犯，但是在实质上将其作为从犯处罚。与其在主犯之间再区分主犯、从犯，不如直接将其作为从犯处理更为恰当。法官在撰写这一案例时论述道：“共同抢劫杀人致一人死亡的案件，主犯之间的地位、作用看似相当，但根据各人犯罪的具体情节，实际上存在进一步区分罪责大小的必要性和余地。这既是贯彻宽严相济刑事政策的具体要求，也是罪责刑相适应原则的具体体现。不能以分不清主次为由，简单地一律判处死刑。从实践情况看，应综合考虑各被告人在共同犯罪中的具体作用及主观恶性、人身危险性等因素，来准确确定罪责大小。”〔1〕这里的人身危险性因素，包含前科、累犯、再犯等众多政策性因素，即“一般情况下，成年人和未成年人共同犯罪的，成年人罪责较大；父子或者兄弟共同犯罪的，父亲或者兄长的罪责较大；有累犯、再犯情节或者违法记录的被告人，比素行良好的初犯的罪责更大。从犯罪后的表现看，作案后自首、立功、认罪悔罪、积极赔偿、取得被害人谅解的比不具备这些情节的被告人的罪责要小”〔2〕。

---

〔1〕 徐琛：《龙世成、吴正跃故意杀人、抢劫案——共同抢劫杀人致一人死亡案件，如何准确区分主犯之间的罪责》，载中华人民共和国最高人民法院刑事审判第一、二、三、四、五庭主办：《中国刑事审判指导案例·01》（增订第3版），法律出版社2017年版，第150页。

〔2〕 徐琛：《龙世成、吴正跃故意杀人、抢劫案——共同抢劫杀人致一人死亡案件，如何准确区分主犯之间的罪责》，载中华人民共和国最高人民法院刑事审判第一、二、三、四、五庭主办：《中国刑事审判指导案例·01》（增订第3版），法律出版社2017年版，第151页。

分析这一案件中，不难发现，与“侯某齐、李某书、侯某山等人走私、贩卖毒品案”相似，法官都是在主犯之中又根据作用大小区分出了“主犯中的主犯”和“主犯中的从犯”，从而达到了限制死刑的政策性效果。但是，根据本书所揭示的主犯之丰富内涵可知，主犯本身就包含了政策性因素在内，政策性因素完全可以成为区分主犯、从犯的考虑内容。上述在主犯之中进一步区分出主从犯的做法，实际上是将我国的主犯、从犯等同于德日的正犯、从犯，然后在共同正犯（共同主犯）之中进一步区分出主犯、从犯，造成了主犯概念的模糊，其必要性值得反思。

第二章　身份犯共犯中“递进型”关系的应用

本章的理论工作是，先对身份犯中的身份作出界定，继而在作出充分探讨的基础上对身份犯的共犯问题（尤其是不同身份者互相利用各自的职务便利共同犯罪之际的定性问题）给出合理的解决方案，进而给出身份犯中主犯与从犯的区分标准。

需要说明的是，本书在构建“递进型”正犯、主犯关系时并未抛开正犯、共犯的概念而径行使用主犯、从犯这对概念，而是认为，完全舍弃学界之前吸收德日正犯、共犯论优秀智识的积淀而另起炉灶，既不现实，也不明智。因此，本书立基于正犯、共犯概念，采用限制的正犯概念，并引入自律说即答责理论，填充了正犯概念的规范内涵，继而提出了“递进型”的正犯、主犯关系，以期为我国的司法实践提供简洁明快的主犯、从犯判断标准。

既然如此，正犯、共犯便仍然是区分主犯、从犯的基础性概念，而身份犯的共犯问题，其肯綮与难点在于定性，而不在于量刑。如此一来，本章的重点论述内容自然将围绕身份犯的定性展开，其中大量使用的，必然也是正犯与共犯这一对概念。以下，分身份概念的界定、身份犯共犯的定性、身份犯中主犯与从犯的认定三步展开论述。

第一节　身份概念及其本质的再界定

身份犯是由身份这一特殊的构成要件要素所构成的犯罪类型。因为刑法分则中所规定的犯罪都是正犯，所以，身份犯与普通犯罪最大的不同在于，在司法实践中，不具备身份这一特殊的构成要件要素者，就绝不可能被认定为身份犯的正犯（包含单独正犯与间接正犯）。〔1〕鉴于上述实践意义，在我国，区分哪些犯罪属于身份犯，哪些犯罪属于普通犯罪就十分重要，然而，这一区分在我国刑法理论中并不清楚。例如，就强奸罪而言，“通说认为女性不能单独构成本罪的实行犯，但可以成立本罪的教唆犯和帮助犯”〔2〕，因为这里的实行犯当然包含间接实行犯（间接正犯），所以能够推知，通说是按照身份犯来理解强奸罪的。但是，有学者在认为妇女可以成立强奸罪间接正犯与共同正犯的前提下，明确否定强奸罪属于身份犯。〔3〕还有学者认可前述观点的前提，但并未明示强奸罪是否属于身份

〔1〕 无身份者只能成立身份犯的教唆犯、帮助犯。至于能否成立身份犯的共同正犯，取决于我们对共同正犯的理解，如果认为共同正犯是共犯，则答案是肯定的，如果认为共同正犯是正犯，则答案是否定的，本书认为共同正犯是共犯，理由前文已述。

〔2〕 高铭暄、马克昌主编：《刑法学》（第10版），北京大学出版社、高等教育出版社2022年版，第469页。

〔3〕 张明楷：《刑法学》（下）（第6版），法律出版社2021年版，第1133页。在日本，也存在否定强奸罪属于身份犯的观点，例如，团藤重光认为：“强奸罪并非身份犯，女人可以实施压制被害人反抗的实行行为的一部分，这样一来，即便强奸罪的共犯不适用于刑法第65条，也能够得出女人可以成立其共同正犯的结论。”参见団藤重光『刑法綱要総論』（第3版）（創文社，1990年）422頁。当然，日本通说与我国相同，针对上述观点，前田雅英批判认为，如果将强奸罪排除出身份犯之外，会引起身份概念的混乱。前田雅英『刑法各論講義』（第5版）（東京大学出版会，2011年）529頁。

犯。〔1〕再如,《刑法》第198条规定了保险诈骗罪,并将保险诈骗罪的行为主体限定为投保人、被保险人与受益人。然而,在司法实践中,就出现过个体汽车运输户将汽车挂靠在其他运输队,并以该运输队名义投保,其后虚报财产事故骗取保险金的案件。〔2〕对于保险诈骗罪是否属于身份犯,也出现了肯定说〔3〕与否定说〔4〕的对立。另外,关于事后抢劫罪是否属于身份犯的问题,在我国也存在肯定说〔5〕与否定说〔6〕的对立。要澄清上述争议,就必须对身份有清晰的界定,因为身份犯是由身份这一特殊构成要件要素所构成。界定身份,并进一步划定身份犯的范围,是本书的目的所在。

除上述实践意义外,在理论层面上,身份与身份犯作为两个教义学上的概念,也理应具有清晰的内涵与外延。因此,界定身份兼具理论与实践意义。以下,本书将在梳理广义与狭义两种身份概念的基础上,探析身份的实质内容,并根据该实质内容对身份的概念作出再界定,从而具体划定我国刑法分则中的身份犯。在此,需要特别说明两点:一是本书所界定的身份就是指能够构成身份犯的身份,因为一方面肯定某要素是身份,但另一方面却否定由其构成的犯罪是身份犯的逻辑于理不合,且会导致身份概念的混乱。二是因为身份犯是分则规定的犯罪类型,所以,本书所讨论的

---

〔1〕 黎宏:《刑法学各论》(第2版),法律出版社2016年7月版,第230页;周光权:《刑法各论》(第4版),中国人民大学出版社2021年版,第34-35页。并未明示强奸罪是否属于身份犯,恰恰表现出我国学界对划定身份犯范围问题上的犹豫,实际上,日本学者也对强奸罪是否属于身份犯表示出疑惑。例如,平野龙一将强奸罪称为疑似身份犯。参见平野龍一『刑法総論・Ⅱ』(有斐閣,1975年)368頁。

〔2〕 方海明、闵仕君、范莉:《徐开雷保险诈骗案——被保险车辆的实际所有人利用挂靠单位的名义实施保险诈骗行为的,构成保险诈骗罪》,载中华人民共和国最高人民法院刑事审判第一、二、三、四、五庭主办:《中国刑事审判参考指导案例·03》,法律出版社2017年版,第287页以下。

〔3〕 张明楷:《论身份犯的间接正犯——以保险诈骗罪为中心》,载《法学评论》2012年第6期。

〔4〕 刘宪权:《保险诈骗罪疑难问题的司法认定》,载《浙江大学学报(人文社会科学版)》2008年第4期。

〔5〕 黎宏:《论事后抢劫罪的若干问题》,载顾军主编:《侵财犯罪的理论与司法实践》,法律出版社2008年版,第111-112页;参见郑泽善:《转化型抢劫罪新探》,载《当代法学》2013年第2期。值得注意的是,郑泽善一方面倾向于将事后抢劫罪认定为不真正身份犯,但另一方面却指出将其认定为身份犯会导致与其既未遂形态的认定标准相矛盾的结局,从而导致其观点并不明确。

〔6〕 张明楷:《事后抢劫的共犯》,载《政法论坛》2008年第1期。

身份，限于分则。

一、两种身份概念的对立与原因解析

在大陆法系的刑法理论中，对于如何界定身份犯中的身份，存在两种对立观点：一是广义的界定，二是狭义的界定。这两者的真正差异在于，广义的身份概念侧重于形式上的界定，而狭义的身份概念则联系了身份的实质内容来界定身份。

（一）两种身份概念：广义与狭义

我国通说采取了广义的身份概念。广义的身份概念，来自日本判例中的界定。在日本，最早有关身份的定义见于1911年的大审院〔1〕判决，即“刑法第65条中所谓的身份并不限于男女性别、本国人或外国人、亲戚、公务员的资格等关系，还包含所有与犯罪行为相关的人的关系、特殊地位或者状态。”〔2〕该定义被1952年最高裁判所的判例所沿用。〔3〕在日本，最高裁判所的相关判例具有先例作用，因此，以上广义的身份定义被学界所沿用。这一概念被我国学者广为采纳。我国学者或者将身份表述为“特殊身份是指行为人在身份上的特殊资格，以及其他与一定的犯罪行为有关的，行为主体在社会关系上的特殊地位或者状态。如男女性别、亲属关系、国籍、国家工作人员、司法工作人员、证人等”〔4〕，或者表述为“犯罪主体的特殊身份，是指刑法所规定的影响行为人刑事责任的行为人人身方面特定的资

---

〔1〕 大审院设立于日本明治时期初期，即1875年，在“二战”后的1947年，随着《日本国宪法》与《裁判所法》的施行，大审院被撤废，最高裁判所被设立。直至最高裁判所设立为止，大审院一直是日本近代的最高法院。

〔2〕 大審院1911年3月16日判決，大審院刑事判决录17辑6卷405頁参照。转引自香川達夫『身分概念と身分犯』(成文堂，2014年）8頁。

〔3〕 最高裁判所1952年9月19日决定，最高裁判所刑事判例集6卷8号1083頁。

〔4〕 张明楷：《刑法学》(上）(第6版），法律出版社2021年版，第171页。

格、地位或者状态”[1]。总之，无论如何表述，“资格、地位或者状态”是身份的核心要素。因为由身份组成的犯罪便是身份犯，所以，根据广义的身份概念，身份犯的范围十分宽泛。以日本刑法为例，不仅由公务员构成的受贿罪、特别公务员暴行罪等犯罪是身份犯，连由男性构成的强奸罪，由医师、药剂师、医药品贩卖业者、助产师、律师等主体构成的泄露秘密罪，由妊娠中的女子构成的堕胎罪等犯罪，也都应当是身份犯。[2]

但是，上述广义的身份概念在近期的日本学界受到了反思与批判，其代表性学者是香川达夫教授。香川认为，身份犯是具备一定的特征者才能成立正犯的犯罪类型，这一特征应当求之于产生于刑罚法规之外的特别义务（例如，公法上的公务员义务、身份法上的沉默义务、私法上的诚实义务），那么，像男女的性别这样的身份就并非身份犯中的身份，由上述广义的身份概念所构成的犯罪就并非全部是身份犯。只有那些与特别义务相关联的身份，才是构成身份犯的身份。[3]在此基础上，香川认为，如果将上述对身份的定义分为前半部分“男女性别、本国人或外国人、亲戚、公务员的资格等关系”，与后半部分“特殊地位或者状态”，那么“后半部分是原则，前半部分只是示例而已……如果打比方，后半部分是分母，前半部分只是分子，分母是不可变的，而分子的确存在变更的可能性”，[4]就这样，香川将“特殊地位或者状态”中的“特殊”与特别义务相关联，并认为这才是身份犯中的身份。由此可知，香川限缩了身份犯中的身份概念，即认为代表特别义务的身份才是身份犯中的身份。如此一来，身份犯的范围也随之受到限缩，根据这一观点，只有类似于公务员、看守人、为他人处理事务

〔1〕 高铭暄、马克昌主编：《刑法学》（第10版），北京大学出版社、高等教育出版社2022年版，第91页。

〔2〕 [日]大谷实：《刑法讲义各论》（新版第2版），黎宏译，中国人民大学出版社2008年版，第58、106、141页。

〔3〕 香川達夫『身分概念と身分犯』（成文堂，2014年）30-31頁。

〔4〕 香川達夫『身分概念と身分犯』（成文堂，2014年）34頁。

的人这样的身份所构成的犯罪才是身份犯，上述强奸罪、堕胎罪就并不是身份犯。[1]

在我国，尚未见学者在论述身份概念之际，明确提出以特别义务限缩身份概念的观点。

（二）对立原因所在

上述对立源自德国义务犯理论对日本的影响，而两者的差异在于，广义的身份概念侧重于形式层面上的定义，狭义的身份概念侧重于实质层面上的定义。

首先，狭义的身份概念系受到罗克辛所首倡的义务犯理论的影响而来。罗克辛首次在支配犯之外，提出义务犯（Pflichtdelikt）概念。继韦尔策尔提出作为正犯原理的目的行为支配理论以来，从存在论的角度寻求正犯根据的犯罪支配理论一直是德国的主流学说，但是罗克辛发现，犯罪支配理论是有边界的。其认为，对于有些特定资格者才能构成的犯罪，我们的确无法用犯罪支配理论说明其正犯性。例如，普通人胁迫、指使公务员犯《德国刑法典》第343条刑讯逼供罪的，根据犯罪支配理论，普通人根据指使而获得了对犯罪全体事实的支配，但是尽管如此，由于其不具有公务员身份从而无法成为正犯。仔细分析，便可知这里赋予正犯以基础的，并不是犯罪支配，而是与犯罪主体相联系的义务，这个义务不是一般的公务员身份，而是在审问活动中所应当具有的特别义务。[2]罗克辛在从身份犯的正犯准则中析出特别义务违反原理之后，将所有以特别义务违反作为正犯准则的犯罪类型称为义务犯，并认为，所有的身份犯与不作为犯都是义

〔1〕 值得注意的是，香川并不否定男性性别是身份，只是认为其与身份犯无关，其并非身份犯中的身份。参见香川達夫『身分概念と身分犯』（成文堂，2014年）35頁。

〔2〕 平山幹子『不作為犯と正犯原理』（成文堂，2005年）124-125頁。

务犯。[1]

义务犯理论传至日本，[2]对身份犯领域带来的一个具体变动便是，渐渐有学者将身份犯理解为义务犯，并根据特别义务违反界定身份犯中的身份。例如上述的香川达夫便是如此。实际上，早在香川之前，就有学者这样做了。例如，藤吉和史认为，身份犯的本质是特别义务违反，因此，日本《刑法》第65条第1项规定的真正身份是具有特别义务的人，而判例所定义的身份，应当理解为第65条第2项所规定的不真正身份。[3]另外，上野幸彦在注重身份的社会功能的基础上认为，判例对身份的限定太过广泛，身份犯是具有特定地位者违反角色的犯罪类型。因为身份具有特定的社会功能，而这一社会功能实际上就是其所具有的特别义务，所以，无论真正身份还是不真正身份，都应当放在与特别义务相关的视角下来理解。[4]

其次，广义的身份概念与狭义的身份概念的差异在于前者侧重于形式而后者侧重于实质。广义的身份概念受到的一大批判在于，该定义“过于宽泛”，[5]以至于“没有什么内容”。[6]受到这一批判的根本原因在于，广义的身份只是从形式上来界定身份。一方面，从形式上界定身份，等于是在说“身份是身份”，从而难逃循环定义之嫌。因为我们实在想不出，除

---

〔1〕 Roxin, Kriminalpolitik und Strafrechtssystem, 2. Aufl., 1973, S.19. 转引自何庆仁:《义务犯研究》，中国人民大学出版社2010年版，第38页。

〔2〕 在日本，最早介绍义务犯理论的是中义胜，参见中义胜「クラウス·ロクシン著‘正犯と行為支配’·(一)」关関大学法学論集15卷2号（1965年），《Claus Roxin的‘正犯与行为支配’·(二)》，《関西大学法学論集》15卷3号1965年。中義勝「いわゆる義務犯の正犯性」团藤重光、平场安治、平野龍一等编『犯罪と刑罰（上）佐伯千仞博士還暦祝賀』（有斐閣，1968年）463-477頁。近期专门探讨义务犯的日文文献有：平山幹子『不作為犯と正犯原理』（成文堂，2005年）；佐川友佳子「共犯論と身分犯の共犯——特に義務犯について」刑法雑誌50卷1号（2010年）。

〔3〕 藤吉和史「身分犯の概念について」明治大学大学院紀要（法学篇）18卷（1981年）237頁。持相同理解的，参见外木央晃「身分犯の法的性质」法学研究論集29卷（2008年）82-89頁。

〔4〕 上野幸彦「身分犯への一視座——以地位概念の分析を手がかりとして」法学紀要27卷（1986年）191-201頁。

〔5〕 上野幸彦「身分犯への一視座——以地位概念の分析を手がかりとして」法学紀要27卷（1986年）201頁。

〔6〕 平野龍一『刑法総論·Ⅱ』（有斐閣，1975年）367頁。

了“在身份上的特殊资格”“与犯罪行为有关”“社会关系上的”“地位、资格或者状态”之外，我们还能用什么词语来描述身份。另一方面，形式化概念难以具备明确的身份犯界定功能，尤其是在强奸罪是否身份犯这一类问题上，形式化概念下的回答就显得含糊。与此不同，实质的身份概念看起来不存在上述问题，从身份所代表的特别义务或者社会功能的角度来界定其内涵，使身份的定义具备了实质性内容，并且通过上述比较，我们可以明确一点，那就是狭义的身份概念的确有效地限缩了身份犯的范围，我们至少不必再困惑于由男人所构成的强奸罪、[1]露阴罪（德国《刑法典》第183条）是否属于身份犯的问题。

形式与实质的差异背后也体现出考察身份视角与界定方法的不同，广义的身份概念侧重于从事实层面上界定身份，采取的主要是归纳法，而狭义的身份概念则侧重于从规范层面界定身份，采取的主要是演绎法。广义的身份概念将男女性别这样再自然不过的事实也纳入身份之中，但是，狭义的身份概念却否认这一点，而是将身份限定在类似于公务员身份这样的与法的评价相关的范围内，这足以说明，前者偏向于存在论，后者偏向于规范论。另外，采取广义的身份概念的学者往往会归纳道：“被判例所肯定的构成的身份有，日本刑法第156条中的公务员、第160条中的医师、第169条中的依照法律宣誓的证人、第184条中的有配偶的人、第197条及本条以下的公务员或者仲裁人、第247条中的为他人处理事务的人、第252条

〔1〕 在欧陆地区，也有学者将强奸罪称为“表见的身份犯”（die scheinbare Sonderdelikte）。瑞士学者Oscar Schnyder于其博士论文中，在真正身份犯与不真正身份犯（echten—und unechten sonderverbrechen）的区分之外，认为强奸罪中的男人与受贿罪中的国家工作人员不同，强奸罪中身份的产生是基于“一定的客观的特质”，但真正身份犯中的身份则是基于法的特质而来，欠缺正犯标志即身份者就不可能实现构成要件结果，但是，欠缺男人这一身份的女人显然可以实现强奸罪的构成要件结果。在此基础上，Oscar Schnyder将强奸罪这类身份犯称为表见的身份犯。Oscar Schnyder，Täterschaft und Teilnahme bei den Sonderdelikten des Schweizerischen Strafgesetzbuches，Diss Zürich，1962，S.20-102. 转引自泉健子『「表見的身分犯」小稿』鹿児島大学法学論集第25集1・2合并号（1990年）102-115頁。

中的占有他人财物的人等等。”〔1〕与此相对，因为狭义的身份概念是与特别义务相联系的，而根据首倡义务犯论的罗克辛或者延续与发展义务犯论的雅各布斯，特别义务或者是“先行于刑法规范的根据其他法领域而来的义务。例如，公法上的公务员义务、身份法上的沉默义务、私法上的诚实义务”〔2〕，或者来自“社会生活的抽象特征——制度”〔3〕，而无论是先于刑法的特别义务，还是被社会制度所塑造的积极义务，都是被具体的社会制度所规定的，〔4〕其随着社会制度的变化而变，因此，其难以逐一列举归纳，而只能根据其本质来演绎。

最后，总结上述身份概念的演变路径可知，身份概念不可避免地要加入实质性的内容，这可以看作刑法学研究全面实质化的一个注脚。但是，在加入实质性因素之前，我们必须澄清一个问题：那就是能否联系特别义务来界定身份？如果答案是否定的，那么联系法益来看待问题的思路就仍然是我们应当坚持的基本方向。

二、身份本质的界定

身份的本质问题，就是对身份作实质解释的问题。无论认为构成要件是违法类型或者违法与责任类型，对构成要件要素的解释，都必须联系违

〔1〕 平野龍一『刑法総論·Ⅱ』(有斐閣，1975年)367頁。

〔2〕 中義勝「いわゆる義務犯の正犯性」団藤重光、平场安治、平野龍一等编『犯罪と刑罰(上)佐伯千仞博士還暦祝賀』(有斐閣，1968年)464-465頁。

〔3〕 何庆仁:《义务犯研究》，中国人民大学出版社2010年版，第30页。“人们把相当稳定不变的、持续相互产生关联性的行为样本称为社会上的体制(soziale Institutionen)，这些行为样本在一个社会群体中具有重要的需求，因此被认为具有合法性而且用社会的制裁加以贯彻，也就是说用一连串主题相互归属的规范，所以‘体制上的管辖’不外意味着从任何一种社会规范(也就是说根本还不是从法律规范)所规定的行为。”参见[德]许迺曼:《德国不作为犯法理的现况》，陈志辉译，载许玉秀、陈志辉合编:《不移不惑献身法与正义——许迺曼教授刑事法论文选辑(贺许迺曼教授六秩壽辰)》，台北，新学林出版股份有限公司2006年版，第643页。

〔4〕 Günther Jakobs, Die strafrechtliche Zurechnung(Fn.20), S. 36f. 转引自平山幹子『不作為犯と正犯原理』(成文堂，2005年)196-197頁。

法与责任来加以实质性地界定。这一点，对于作为构成要件要素的身份，也不例外。根据对身份犯违法性实质的不同理解，身份的本质存在联系义务与联系法益加以观察的两种进路。应当说，前一种理论进路不应当被采纳。

（一）身份本质的学说梳理

我国学者是按照真正身份与不真正身份的分类来界定身份的本质的，归纳之，我国学界存在真正身份代表义务说；真正身份与不真正身份都代表义务说；真正身份、不真正身份都与法益相关说；真正身份与法益相关、不真正身份与期待相关说；三重法益说这五种观点。如果对上述观点按照法益与义务为标准加以分类，可以分为义务说、法益说、折中说三种观点。

1.义务说

上述第一种、第二种观点属于义务说的范畴。提倡真正身份代表义务说的，是陈兴良与周光权两位教授，两位教授在论述非身份者不能构成真正身份犯共同正犯的原因时说道："对于身份犯的性质应当适用义务违反说，纯正身份犯在这个意义上就是义务犯。从义务犯出发，身份犯的实行行为是以义务为前提的，具有这种义务的人才有可能实施该种行为；无此义务的人是不可能实施该种行为的。"〔1〕可见，两位教授将真正身份的本质视作代表着一定的义务。近期，林维教授也将真正身份犯的实质不法看作义务违反。〔2〕在日本，从行为规范的规制对象出发，对身份犯进行限定的代表性学者是木村龟二教授。木村认为："纯正身份犯的本质是一定身份者根据身份，而被科之于一定的义务，因此，本来就只有义务负担者，能够就此义务违反而成立犯罪。"〔3〕据此，木村认为判例中所作的身份的定义，

〔1〕 陈兴良、周光权：《刑法学的现代展开》，中国人民大学出版社2006年版，第342页。

〔2〕 林维：《真正身份犯之共犯问题展开——实行行为决定论的贯彻》，载《法学家》2013年第6期。

〔3〕 木村亀二『刑法総論』(有斐閣，1959年)156頁。

即“与一定的犯罪行为相关的犯人的关系或者特殊地位、状态”，并不能适用于纯正的身份犯，但是，此定义对于不真正身份犯而言是适当的，因为纯正身份犯的本质是义务违反，而不纯正身份犯则仅仅是刑的加重、减轻的原因或者地位、资格、状态。川端博教授也与其持相同观点。〔1〕

另外，不区分真正身份与不真正身份，而是一概从义务违反处来说明两者本质的，是赵秉志教授。其认为，刑法之所以将特定身份规定为某些犯罪的主体要件，是由于行为人所具有的特定身份与法律上一定的权利和义务紧密相关，这些特定的身份赋予有此身份者特定的职责即权利和义务，如果具有特定身份者不正确履行义务，就严重破坏了统治阶级用刑法所保护的权利和义务关系，从而具有相当严重程度的社会危害性。对于加减身份而言，特定身份者所具有的权利义务关系，导致其犯罪行为的社会危害性高，从而承担更重的刑事责任。〔2〕在日本，也有学者持相同观点。〔3〕

值得注意的是，上述提倡义务说的学者所言之义务，并非罗克辛所说的特别义务，而是根据身份犯的行为规范所指向的特定主体这一点，所导出的一般性刑事义务。两者的不同在于三点：一是来源不同。前者来自先于刑法之前的其他规范，或者来自社会制度，后者来自刑法中指向特定主体的行为规范。二是理论层次不同。前者是一个普适性的正犯原理，甚至根据罗克辛的想法，义务犯包含了身份犯，而后者却被包含于身份犯之中，被用于解释身份犯的违法性实质。三是范围不同。特别义务要比一般性

---

〔1〕 川端博『刑法総論講義』(第2版)(成文堂，2006年)584頁。

〔2〕 赵秉志:《犯罪主体论》，中国人民大学出版社1989年版，第291-293页。

〔3〕 日本的野村稔认为:“所谓身份犯，是指只有具有某种特定的身份才能构成犯罪，或者对于其刑法予以加重或减轻的场合。这是因为由于一定的身份而负有特别的义务。例如，遗弃罪的违法要素是对被遗弃者的生命、身体的抽象的危险。在这一点上，单纯遗弃罪和保护责任者遗弃罪都一样。但是，对于后者的刑罚较重，这是因为在违法要素中加上了作为保护责任者违反了应负担的保护义务的缘故。”[日]野村稔:《刑法总论》，全理其、何力译，法律出版社2001年版，第94页。

义务更为限缩。实际上，罗克辛就将义务分为两种类型，即表明与人有关的特别不法的特别义务，以及只是在立法者眼中限制行为人范围的一般性义务。前者如《德国刑法典》第331条以下诸多职务犯罪中的公务员身份，第203条泄露秘密罪中的保密性义务以及第266条背信罪中的财产照管义务，后者如第142条中事故肇事者的等待义务。并且认为，只有前者才适用《德国刑法典》第28条第1款〔1〕的规定。〔2〕

2.法益说

我国学者阎二鹏教授认为，纯正身份犯中的身份影响犯罪的成立，行为人无此身份不仅无法构成身份犯罪，亦不能构成其他犯罪，这是由纯正身份犯所侵犯的特定法益所决定的。例如，受贿罪侵犯的法益是国家工作人员职务行为的不可收买性，显然，该法益只有具有特殊身份的人才有可能侵害；在不纯正身份犯中，有身份者的行为之所以会比无身份者的行为受到更重的处罚，其根本原因在于有身份者对法益侵害的危险更大。〔3〕

另有学者认为，真正身份与法益相关、不真正身份与期待相关。例如，李成博士认为，纯正身份犯客观方面的危害行为只能由具有特定身份的人实施，这是由于具有这一身份的人实施某种犯罪行为，才会侵犯相应的特定的法益。质言之，纯正身份犯的本质是特定的法益侵害，但是在不纯正身份犯中，有身份者与无身份者在客观上对法益造成的损害是相同的，之所以对二者的处罚不同，是因为行为人的期待可能性相异。例如，国家机关工作人员或者普通公民，实施诬告陷害行为的法益侵害性相同，但是，前者不侵犯公民的人身权利的期待可能性比后者大一些，但其却犯法，显

〔1〕 德国《刑法》第28条第1项规定："共犯（教唆者或帮助者）不具备作为正犯可罚性基础的特别的一身要素（第14条第1项）时，其刑罚根据第49条第1项而减轻。"第2项规定："法律规定因特别的一身要素而加重、减轻或者阻却刑罚的时候，该法规仅适用于存在此要素的参与者（正犯或者共犯）。"

〔2〕 ［德］克劳斯·罗克辛：《德国刑法学·总论：犯罪行为的特别表现形式》（第2卷），王世洲等译，法律出版社2013年版，第81-82页。

〔3〕 阎二鹏：《共犯与身份》，中国检察出版社2007年版，第92-93页。

示了其主观恶性较大，从而从重处罚。[1]因为期待可能性是责任的基础，所以，总结上述学者的观点，可以概括为真正身份与违法有关，是违法身份，而不真正身份与责任有关，是责任身份。这一观点，陆续得到我国其他学者的赞同，例如，近期，陈兴良、[2]黎宏[3]两位教授，便持此观点。在日本，早期的结果无价值论学者泷川幸辰教授[4]持此观点。

3.折中说

该说结合法益与义务来界定身份本质。例如，提倡"三重法益说"的杨辉忠认为："身份的本质在于特定的义务主体侵害了法律所保护的特定的法益，身份犯的主体在违背自己特定义务侵害刑法所保护的特定法益的同时，也侵害了刑法所普遍保护的普通法益。笔者暂且将之称为'三重法益论'。在此，笔者首先强调了主体的特定性，即身份犯的主体并非仅仅是普通公民，而是负有一定义务的特定的人。其次，笔者强调了犯罪行为所侵害的法益的特定性，即这种法益必须是为法律所保护的特定的法益，它与犯罪主体的特定义务密切相关。最后，笔者在强调身份犯侵害特定法益的同时，也强调身份犯所同时侵害的刑法所普遍保护的普通法益。"[5]这可以看作对义务论与法益论的折中调和。在日本，也有学者持类似观点，例如，大塚仁教授认为："犯罪是以法益侵害为核心来构成的。即通说的法益侵害说的立场基本上是妥当的……进一步考虑时，必须率直地承认犯罪中也存在应该作为义务违反来把握的一面……犯罪的本质，基本上是对也包含着其侵害、威胁的形式的法益的侵害、威胁，同时，也必须认为是对一

---

〔1〕 李成：《共同犯罪与身份关系研究》，中国人民公安大学出版社2007年版，第50-62页。

〔2〕 陈兴良：《身份犯之共犯：以比较法为视角的考察》，载《法律科学》2013年第4期。

〔3〕 黎宏认为："在真正身份犯的场合，身份是'构成要件要素'，而在不真正身份犯的场合，身份只是'罪责要素'。"因为构成要件至少是违法类型，而罪责就是责任，因此可以推知，黎宏将真正身份作为与法益侵害有关的违法身份来理解，而将不真正身份作为只是与责任有关的责任身份来理解。黎宏：《刑法学总论》(第2版)，法律出版社2016年版，第303页。

〔4〕 [日]泷川幸辰：《犯罪论序说》，王泰译，法律出版社2005年版，第164页。

〔5〕 杨辉忠：《身份犯研究》，中国检察出版社2007年版，第87页。

定法义务的违反。"〔1〕

(二)义务论批判与身份本质自说的展开

1.义务犯论批判

如上所述,这里所说的义务包含两种义务,一是来自刑法行为规范的义务,二是特别义务。应当说,这两种义务都难以合理界定身份犯的本质。

首先,从行为规范中无法推导出义务。将身份与义务挂钩的核心论点在于,将身份犯的违法性实质视作违背行为规范,继而将身份者作为接收行为规范(命令、禁止做或者不做某一行为)的"收信人"。但是,在普通犯罪之中,行为规范照样对普通人发出了具体的行为指示,例如,故意杀人罪中的"禁止杀人"以及具有作为义务时"应当救人"的规范指令,就针对每一个具有刑事责任能力的人而发出。如果说接收规范指令的人具有遵守规范行事的义务,那么,全部犯罪的实质违法性都是对义务的违反了,继而刑法中的行为人全部都负有不实施犯罪的义务了。这显然并不合理。另外,我们也禁不住要问,当身份者并未引起危害结果之际,其身份有何刑法上的意义?答案应当是并无意义。因为,具体的身份并非刑法的评价对象,现实中的入罪审查机制是从一个事实上的危害结果出发,追溯行为以及行为人的过程,也即"将一部纪录片倒过来看,从结尾来回逆所发生的事件的全过程"〔2〕。

基于前述入罪审查机制的事后判断性,刑法规范首先应当是法官用以裁判案件,并依据罪刑法定原则来遏制国家权力以免其不当侵犯人权的裁判规范,从裁判规范的视角来看,对义务的违反本身并不具有任何意义,法益侵害结果才是评价的重点。尤其是,我国刑法对受贿罪、贪污罪的犯

---

〔1〕[日]大塚仁:《刑法概说(总论)》(第3版),冯军译,中国人民大学出版社2003年版,第91-92页。

〔2〕黎宏:《行为无价值论与结果无价值论:现状和展望》,载《法学评论》2005年第6期。

罪数额都作了具体规定，并且通过司法解释提高了对数额的要求，这表明我国刑事立法是以危害结果作为定罪与量刑标准的。至此，不得不说，身份的本质是义务这一观点本身具有理论根据上的软弱性。

应当看到，身份是与实行行为、结果相并列的一个构成要件要素，而不是什么特殊的要素，具有身份的人也并非什么特殊的人。构成要件在指示国民当为或不当为的同时，也有着将违法的行为，或者违法并且有责的行为予以类型化的机能，即构成要件同时也是违法的类型或者违法且有责的类型。从构成要件的机能出发，我们无法得出身份与其他构成要素不同的结论，因为身份同样是为违法性或者有责性赋予基础的要素之一。而且，在一个犯罪中，如果缺少身份、实行行为、结果等各构成要件要素之一的话，便不能被评价为构成要件的全面实现。这样一来，身份就是与实行行为、结果、因果关系一样的构成要件要素，这些要素综合决定着身份犯的不法。〔1〕在这个意义上，身份并无特殊性。如果非要说身份有什么特殊性，那也只在于没有一定身份的人无法成立身份犯的单独正犯，相较于普通犯罪，身份犯的主体受到限缩，但是，我们不能根据这一基于立法规定而来的“形式上”的特殊性，得出身份在“实质上”与义务相关联的理论推导。这一理论推导，显然存在论证上的“飞跃”从而不应被采纳。

其次，罗克辛或者雅各布斯的义务犯理论也不应当被采纳。因为有学者已经对义务犯理论作过系统反思与批判，〔2〕本书持同一立场，此处不再逐层批驳，而只简述其主要原因，即义务犯理论与我国立法相龃龉。我国《刑法》第29条中规定：“教唆他人犯罪的，应当按照他在共同犯罪中所起的作用处罚。”据此，无身份的共犯参与人完全有可能被评价为主犯，从而在处罚上重于身份犯的正犯，但是根据义务犯理论，却只能导出与之相

〔1〕 十河太朗『身分犯の共犯』(成文堂，2009年)249頁。

〔2〕 对义务犯论的系统反思与批判，请参见周啸天：《义务犯理论的反思与批判》，载《法学家》2016年第1期。

反的结论。例如，普通人教唆或者帮助法官枉法裁判(《德国刑法典》第339条)的，虽然普通人能够参与法官的枉法裁判行为，但是，因为只有法官才负有特别义务从而能够实现枉法裁判罪所规定的高程度的“特别的不法”，所以，不是法官的人根据第28条而相比法官减轻处罚。〔1〕简言之，凡称之为义务者，必有一身专属性，这种专属性导致无身份的教唆犯、帮助犯的行为无价值程度低于具备身份的正犯，从而导致无身份者的刑罚都应当低于身份者。〔2〕这的确与德国刑法规定相契合，因为根据《德国刑法典》第28条第1款的规定，无“特别的一身要素”(besondere persönliche Merkmale)〔3〕(以下简称身份)的人，虽可成立身份犯的狭义共犯，但其刑罚应当根据第49条第1款而减轻。这一规定直接与我国《刑法》第29条的规定相抵触。

最后，上述两种与义务有关的观点，都不应当得到赞同，随即，企图根据义务来限缩身份犯中身份的理论进路，也不应当被采纳。当然，这不代表广义的身份概念不需要改进，至少我们应当在其中加入实质性的内容，

---

〔1〕［德］克劳斯·罗克辛：《德国刑法学·总论：犯罪行为的特别表现形式》(第2卷)，王世洲等译，法律出版社2013年版，第191页。

〔2〕罗克辛认为义务犯的正犯准则是特别义务违反，可罚性基础是法益侵害，参见中義勝『クラウス·ロクシン「正犯と行為支配」(一)』関西大学法学論集15卷2号(1965年)72頁以下。根据罗克辛的理论，无身份者与身份者在结果无价值这一点上相同，即法益侵害是连带的，但是，在行为无价值上，因为无身份者无特别义务，从而轻于身份者，即在行为无价值上，是相对独立的。雅各布斯认为义务犯的正犯准则与可罚性基础都是特别义务违反，但是，无身份者能够通过身份者而诱发、促进对义务的破坏，因此，无身份者也能够成立身份犯的共犯。因为无身份者的行为无价值程度低，无身份者应当减轻处罚。平山幹子『不作为犯与正犯原理』(成文堂，2005年)189—191頁。由此可知，根据义务犯理论，一定会导出无身份者的违法性程度低于身份者。值得注意的是，我国有学者在秉承义务犯理论的基础上，否认这一点。何庆仁：《义务犯研究》，中国人民大学出版社2010年版，第318-321页。

〔3〕根据《德国刑法典》第14条第1款规定，“特别的一身要素”(besondere persönliche Merkmale)是“特别的一身属性、关系或者事由”(besondere persönliche Eigenschaften, Verhältnisse oder Umstände)。判例、通说认为，“属性”是指如年龄、男女之别、怀孕的状态这样的，与行为的本质密不可分的精神的、身体的、法律的要素；“关系”是公务员、裁判官、军人等资格，以及亲族关系、与他人之间的委托关系这样的，与他人、机关、物之间的外部关系；“事由”是“属性”和“关系”以外，全部的个人要素，其包含动机、心情等主观的要素，以及营业性、常习性。［德］克劳斯·罗克辛：《德国刑法学·总论：犯罪行为的特别表现形式》(第2卷)，王世洲等译，法律出版社2013年版，第182页。

以期避免身份概念的空壳化。

那么，一个基本思路就顺理成章，即在坚持刑法的目的是保护法益的基础上，联系法益与期待可能性来理解身份本质的理论进路。

2.法益或可罚责任相关说的提倡

联系违法与责任这一对犯罪的实体对身份加以实质解释可知，身份要么与法益相关，要么与期待可能性、预防必要性相关。前者可称为违法身份，后者可称为责任身份。

首先，分析最为典型的国家工作人员可知，国家工作人员身份在事实上是侵害法益的前提或者加重法益侵害程度的前提，在规范上代表着对国有财产这一法益的支配。例如，就受贿罪而言，在事实层面上，不具备国家工作人员身份，不可能侵犯国家工作人员职务行为的不可收买性这一法益。

需要着重说明的是，在规范层面上，国家工作人员身份代表对法益（国有资产）的现实支配。结合新近的司法解释，即可明白这一点。我国2010年出台了《最高人民法院、最高人民检察院关于办理国家出资企业中职务犯罪案件具体应用法律若干问题的意见》，其中第6条第2款规定：“经国家出资企业中负有管理、监督国有资产职责的组织批准或者研究决定，代表其在国有控股、参股公司及其分支机构中从事组织、领导、监督、经营、管理工作的人员，应当认定为国家工作人员。”这一司法解释实质性地扩大了“国家工作人员”的范围，加大了对国有资产的保障力度，因为，根据该解释第6条第2款的规定，“经过国家机关、国有公司、企业、事业单位委派不再是认定国有控股、参股公司中国家工作人员的必要条件”〔1〕。另外，该款也包含这一层意思，即对于国家出资企业委派到国家出资企业从

---

〔1〕 吴涛、杨艳荣：《国有控股、参股公司中国家工作人员的认定》，载《人民法院报》2013年6月5日，第6版。

事领导、管理等工作的“二次委派”人员，也完全可以认定为国家工作人员。[1]这显然完全脱离了以形式化的思维（有无根据文件任免等委派程序而获得的身份）来界定国家工作人员的范畴，从而在最大化保护国有资产这一价值导向下，秉承了以对国有资产这一法益有无事实上的支配、管理状态为核心标准，来界定身份的实质化解释思维。

总之，对国有资产的现实支配，使国家工作人员获得了保证人地位，这一与法益相连接的保证人地位，才是身份的规范本质所在，而绝不是什么义务。

其次，我国刑法中的身份并非全部与法益相关，有的身份还与期待可能性、预防必要性相关。例如，妨害司法类犯罪中的“本犯”，我们一般认为其是消极的责任阻却身份，即无论是本犯教唆他人窝藏自己，还是他人帮助本犯逃匿，本犯都因为不具备期待可能性而并不成立犯罪，[2]这一消极的身份，实际上与期待可能性有关而与法益侵害无关，因为本犯教唆别人窝藏自己的，当然通过正犯侵犯了司法秩序这一法益，在法益侵害性上，本犯与正犯一致。

除了有些身份阻却期待可能性之外，有些身份还代表着可罚的责任的加重。可罚的责任是在期待可能性基础上，兼顾预防必要性的责任，本书采取可罚的责任论。简言之，我国刑法规定表明我国采取了可罚的责任。我国《刑法》第13条的但书规定表明，当违法没有达到可罚的程度之际，就不是犯罪，与可罚的违法相应，当责任没有达到可罚的程度之际，也当然不是犯罪。原因在于，刑罚是最为严厉的惩罚措施，属于法益保护的最后一道防线，因此，只有在犯罪行为具备可罚的违法与可罚的责任之际，方才值得动用最为严厉的惩罚措施对其加以惩处。而“为了说明行为人具

〔1〕 张宁、桑爱红：《国家出资企业人员职务犯罪有关问题的认定——国家出资企业人员职务犯罪研讨会综述》，载《人民法院报》2013年1月23日，第6版。

〔2〕 张明楷：《刑法学》（下）（第6版），法律出版社2021年版，第1430页。

有刑法上的责任即可罚的责任，就要求对其谴责必须强烈到有必要使用刑罚手段加以谴责的程度。”[1]这里的“有必要使用刑罚手段加以谴责的程度”正是与预防必要性有关的目的性思考。总之，可罚的责任论兼顾应罚性（期待可能性）与需罚性（预防必要性），是刑法教义学与刑事政策学结合的一个具体表现，也是当今德日责任论的主流。[2]

我国《刑法》第361条中的“单位的主要负责人”就是与可罚的责任相关的身份。第361条第1款规定了旅馆业、饮食服务业、文化娱乐业、出租汽车业等单位人员，利用本单位条件，组织、强迫、引诱、容留、介绍他人卖淫的，成立相关犯罪，第2款规定“前款所列单位的主要负责人，犯前款罪的，从重处罚”。因为第361条第1款所规定的组织卖淫、强迫卖淫等犯罪行为中已经包含“利用本单位的条件”的规定，所以，第2款中的“单位的主要负责人”所实施的行为，也应当满足“利用本单位的条件”的规定。实际上，无论是旅馆等服务业的次要负责人，还是主要负责人，都利用到了单位这一整体所具有的优势，在对单位优势的利用这一点上，两者不会产生利用程度的差异。例如，某公司拥有五星级酒店一座，内含房间100个，无论是该公司的总经理，还是该公司的客房部主管，都只能在100间房的范围内“利用本单位的条件”来组织、容留卖淫，两者在违法性的程度上很难分出伯仲。既然如此，对该公司的总经理（主要负责人）从重处罚的根据就并不在于违法的加重，而是可罚的责任的加重，即总经理（主要负责人）因具有一定的专业管理能力从而具有更高的预防必要性。

另外，还有些身份虽然没有写在刑法之中，但是，在我国司法实践以及刑事理论中，大家都公认其具有阻却责任或者减轻可罚的责任的效果，例如，盗窃罪中的近亲属。2013年《最高人民法院、最高人民检察院关于

〔1〕 黎宏：《关于“刑事责任”的另一种理解》，载《清华法学》2009年第2期。

〔2〕 关于可罚责任的论述，另参见周啸天：《身份犯共犯教义学原理的重构与应用》，载《中外法学》2016年第2期。

办理盗窃刑事案件适用法律若干问题的解释》，其第8条规定："偷拿家庭成员或者近亲属的财物，获得谅解的，一般可以不认为是犯罪；追究刑事责任的，应当酌情从宽。"据此，近亲属在盗窃罪中起着阻却、减轻期待可能性以及预防必要性的作用，即"在亲属之间，反对行为动机的反对动机很微弱，期待其不要盗窃明显困难，因此，对这种亲属之间的盗窃行为，认定其责任较轻而否定其具有可罚的责任。"〔1〕实际上，日本刑法第244条就明文规定了配偶、直系血亲或者同居亲属对盗窃罪可罚的责任的阻却作用。

最后，总结以上，身份的本质或者与法益相关，这表现在某些身份是侵害法益的事实前提，或者与期待可能性与预防必要性即可罚的责任相关，这表现在某些身份是阻却责任或者加重责任的事实前提。如果要彻底贯彻刑法的目的是保护法益这一点，并且联系犯罪论体系中的违法与责任，来实质地看待身份的功能，我们就必然会得出这一结论。

另外需要说明的是，虽然我国已经有学者在引入日本的身份的实质化分类的基础上，提出违法身份与责任身份的概念，〔2〕应当说，这一理论引入工作颇具意义，但是，该学者并未联系我国的犯罪论体系，尤其是并未从实质违法性与可罚的责任处来说明违法身份与责任身份的实质内涵，从而并未完整揭示违法身份与责任身份的理论基础。本书对身份本质的界定，正好能够弥补这一不足。

对我国违法身份、责任身份的引入及其类型化的理论工作，将在以下详细展开。

---

〔1〕 黎宏：《关于"刑事责任"的另一种理解》，载《清华法学》2009年第2期。

〔2〕 陈洪兵：《违法身份与责任身份分类的尝试——以日本刑法第65条的规定为视角》，载《云南大学学报（法学版）》2007年第4期；陈洪兵：《加减的违法身份概念之提倡——以日本共犯与身份理论为借鉴》，载《同济大学学报（社会科学版）》2007年第6期；陈洪兵：《共犯与身份的中国问题》，载《法律科学》2014年第6期；陈洪兵：《共犯论的分则思考——以贪污贿赂罪及渎职罪为例》，载《法学家》2015年第2期。

三、身份本质观的应用面向

本书所提倡的身份本质观，存在两个具体应用面向：一是消除身份概念空壳化的困境；二是明确划定我国刑法中身份犯的范围。

首先，引入本书提倡的身份本质观，身份的概念就具备了实质性内容，而不再只是形式意义上的概念空壳。如上所述，本书通过联系犯罪论体系中的违法与责任两个实体来看待身份，从而将身份的本质界定为身份代表着违法或者可罚的责任。那么，我们就完全可以将身份的概念表述为：身份是指行为主体在社会关系上与违法或者可罚的责任相关的特殊资格、地位与状态。当然，从广、狭两义的对比上来看，本书所提倡的身份概念仍然是广义的，因为根据该定义，身份的范围较为宽泛，但是与原先广义的身份概念不同的是，身份的概念之中被纳入了实质性因素，如此一来，对身份的定义就不再单单是语词上的循环定义，这也就避免了身份概念的空壳化。

其次，根据身份的实质定义，还可以明确划定我国刑法分则中身份犯的范围。对于最具争议的强奸罪而言，既然男人是侵犯到妇女性自主决定权这一法益的事实前提，并且男人是一种性别地位，那么，我们就应当大方地承认男人是身份，由男人所构成的强奸罪是身份犯。

就刑法分则而言，因为身份的本质或者是侵害法益的事实前提，或者是影响可罚的责任的事实前提，所以，身份本身不可能引起法益侵害，引起法益侵害的，是犯罪行为，具体而言，是着手。这一点也正如张明楷所指出的：“特殊身份必须是在行为主体开始实施犯罪行为时就已经具有的特殊资格，或者已经形成的特殊地位或状态，因此，行为主体在实施犯罪后才形成的特殊地位，不属于特殊身份。例如，在犯罪集团中起组织、策划、指挥作用的首要分子，不属于特殊身份。”[1]应当说，这里的“犯罪行为时”指的是着手之后，而非着手之前。[2]这是因为：一方面，身份并不会直接引起法益侵害结果，直接引起法益侵害结果的，只能是具备具体危险的行为（着手后的行为），而不是身份，否则，身份就成了因果归责的起点了，这显然荒谬。另一方面，既然身份是一种状态，那么，在我国，有些因为实施了先于着手的行为而获得的状态，也可以看作身份，例如，我国《刑法》第198条保险诈骗罪中第1款第1项所规定的“投保人故意虚构保险标的，骗取保险金”中的投保人即是如此。对此，张明楷作过精彩论述，其认为，第1项的行为以签订合同时虚构保险标的为着手，那么，投保人身份就因着手实施犯罪而形成，那么第1项所规定的投保人就不是特殊身份，第1项的犯罪就不是真正身份犯；但如若认为第1项的行为以骗取保险金为着手，那么，投保人身份在开始实施犯罪前便已具备，第1项的投保人就是特殊身份，第1项的行为就是真正身份犯。而着手应对法益侵害具有实质、紧迫的危险，那么，此处的着手应为骗取保险金之时，既然基于实施投保行为而获得的状态产生于着手之前，我们就完全可以将此处的投保人身份理解为真正身份。[3]

的确，犯罪行为的开始并不意味着着手，因为，着手具备的是“结果危险”，其更加具体而紧迫，而犯罪行为只具备“行为危险”，其相对抽象而缓和。根据这一点，犯罪行为与着手就可以相对分离，例如，隔地犯、隔时犯便是如此。那么，上述投保人身份实际上就是实施虚假投保的行为的人，其当然可以看作身份，由投保人所构成的保险诈骗罪，当然是身份犯。实际上，“投保人故意虚构保险标的，骗取保险金”中的投保人是不是身份的困惑只是来自立法者的规定而已，因为立法者完全可以将上述条款规定

---

〔1〕 张明楷：《刑法学》（上）（第6版），法律出版社2021年版，第171页。

〔2〕 [日]十河太朗：『身分犯の共犯』（成文堂，2009年）336頁。

〔3〕 张明楷：《论身份犯的间接正犯——以保险诈骗罪为中心》，载《法学评论》2012年第6期。

为“虚假投保人骗取保险金”，从而消解我们的疑虑。

并且，我国《刑法》第269条事后抢劫罪中的“犯盗窃、诈骗、抢夺罪”的人，也是身份，因为该罪的着手是实施暴力或者以暴力相威胁之际，并且，通过实施盗窃、诈骗、抢夺行为当然可以获得一种实施了行为的状态，只不过这种状态是通过实施一定的行为而获得的。既然这种状态产生于着手之前，那么，第269条就是由特殊主体所构成的身份犯，我们完全可以根据身份犯共犯的相关原理，来解决第269条的共犯问题。

另外，就哲学上而言，在一个本质日益被解构，碎片化、交错、断层等语词愈加被重视的后现代社会里，身份本身或许就是难以把握的。我们不妨回想一下名为“忒修斯之船”的思想实验，即“忒修斯”之船的木头被逐渐替换，直到所有的木头都不是原来的木头，那这艘船还是原来的那艘船吗？如果“忒修斯”之船同时可以是，也可以不是“忒修斯”之船，我们何以确保我们自己的同一性？如果我们自己也可以不是自己，我们又何以确保依附于我们身上的标签，即身份还是那个身份？当然，这样的问题或许多少会再次令我们感到沮丧。

最后，还是让我们回到教义学上来，本书认为保险诈骗罪、事后抢劫罪、强奸罪都是身份犯，那么，无身份之人就只能成立上述犯罪的教唆犯、帮助犯，或者充其量再包含共同正犯，而绝不可能成立其单独正犯（直接正犯、间接正犯）。有学者或许会质疑，女人利用智障男性强奸其他女性的，难道不是强奸罪的间接正犯吗？根据本书的观点，答案是否定的。因为共同犯罪是违法形态，而共犯只需要引起正犯的违法即可，而无须从属于正犯的故意，[1]所以，当以间接正犯的故意而实现了共犯的构成要件（因不具备特别的构成要件要素而满足的修正的构成要件）之际，我们完全可以将上述案例中的女人论以强奸罪的教唆犯。又因为在我国，根据《刑

〔1〕 具体论证参见张明楷：《共犯对正犯故意的从属性之否定》，载《政法论坛》2010年第5期。

法》第29条第1款的规定，教唆犯完全有可能被论以主犯，所以，本书的观点不会带来定罪与量刑上的问题。

第二节　身份犯共犯的定性

身份是行为人的特殊资格，以及与一定的犯罪行为有关的，行为主体在社会关系上的特殊地位或者状态，由身份构成的犯罪是身份犯。在身份犯的共犯理论领域内，有两个核心问题亟须解决：一是普通主体与身份者之间的共犯参与问题，二是不同身份者之间的共犯参与问题。与德日等大陆法系国家不同，我国并无身份犯的相关立法，对身份犯的共犯问题的解决，必须依赖于我国刑法教义学层面上的具体探讨。然而时至今日，关于身份犯共犯的两个核心问题，我国学界仍然存在激烈争议。就第一个问题而言，在身份者参与普通主体犯罪的场合该如何定性的问题上，我国学界的争议由来已久。例如，在讨论邮政工作人员教唆普通人实施毁弃邮件行为的场合，在普通人成立侵犯通信自由罪的正犯的基础上，学界存在认为邮政工作人员成立侵犯通信自由罪教唆犯，〔1〕以及成立私自毁弃邮件罪教唆犯的观点对立；〔2〕关于第二个问题，自主犯决定说因混淆了定罪与量刑的逻辑顺序而被学界主流拒绝后，我国出现了分别定罪说〔3〕、主职权行

〔1〕 马克昌：《共同犯罪与身份》，载《法学研究》1986年第5期。

〔2〕 吴振兴：《论教唆犯》，吉林人民出版社1986年版，第167页。

〔3〕 杨兴培、何萍：《非特殊身份人员能否构成贪污罪的共犯》，载《法学》2001年第12期。

与杨兴培、何萍认为身份犯的实质违法性在于义务违反不同，江溯认为身份犯的实质违法性是法益侵害，但是在不同身份者共同犯罪的场合，江溯否认不同身份者之间能够成立共同犯罪，并采取了分别定罪的结论。江溯：《共犯与身份——大陆法系与我国之比较研究》，载陈兴良主编：《刑事法评论》第15卷，中国政法大学出版社2004年版，第236-237页。

为决定说[1]、较高身份决定说[2]、区别对待说[3]、核心角色说[4]、互为想象竞合犯说[5]、部分犯罪共同说等学说。[6]众多观点之间的对立，不仅凸显出我国身份犯共犯问题的理论混乱，更导致理论丧失了指导司法实践的功能。例如，同样是银行工作人员与外部人员相勾结而监守自盗的案件，就存在将普通主体以贪污罪论处的判例，[7]与将普通主体以盗窃罪论处的判例。[8]

在上述现状下，我国亟需一个统一的教义学原理来澄清理论、指导实践，但是现今的通说难以当此重任。在身份犯的共犯问题上，我国通说可以概括为真正身份（定罪身份/构成身份）在定罪上起连带作用，不真正身份（量刑身份/加减身份）在定罪上起独立作用这一句话。[9]但是，通说观

---

〔1〕 赵秉志：《共犯与身份问题研究——以职务犯罪为视角》，载《中国法学》2004年第1期。

〔2〕 周光权：《刑法总论》（第4版），中国人民大学出版社2021年版，第383页。

〔3〕 狄世深：《刑法中身份论》，北京大学出版社2005年版，第158-159页。

〔4〕 张明楷：《刑法的基本立场》，中国法制出版社2002年版，第281-282页。

〔5〕 尽管结论存在些许差异，但是以想象竞合犯原理解决问题的观点，参见陈兴良、周光权：《刑法学的现代展开》，中国人民大学出版社2006年版，第339页；张明楷：《刑法学》（上）（第6版），法律出版社2021年版，第595-596页；王作富、庄劲：《共同犯罪与构成身份新论》，载《人民检察》2003年第11期；陈家林：《共同正犯研究》，武汉大学出版社2004年版，第309页；吴飞飞：《身份犯论——基于犯罪形态视野的考察》，中国检察出版社2014年版，第192页。

〔6〕 阎二鹏：《共犯与身份》，中国检察出版社2007年版，第235-237页。此外，以部分犯罪共同说为根据，分情况解决不同身份者共犯问题的，还有杜国强：《身份犯研究》，武汉大学出版社2005年版，第254-255页；李成：《共同犯罪与身份关系研究》，中国人民公安大学出版社2007年版，第148-149页。

〔7〕 李祥民：《陈贵杰等贪污案——银行临时工与外部人员勾结监守自盗应如何定罪》，载中华人民共和国最高人民法院刑事审判第一、二、三、四、五庭主办：《中国刑事审判参考指导案例·06·贪污贿赂罪·渎职罪·军人违反职责罪》，法律出版社2017年版，第27-29页。需要注意的是，因为本案发生在“97刑法”之前，所以法院以侵占罪对全部犯罪参与人定罪。但是，“97刑法”将《全国人民代表大会常务委员会关于惩治违反公司法的犯罪的决定》中所规定的侵占罪以职务侵占罪这一罪名规定下来，与之相伴随，贪污罪的主体也有所扩大，即不再以“干部身份”确定国家工作人员，据此，钟国华、卢欣阳就因为是在国有公司中从事公务的人员从而属于国家工作人员。那么，如果本案发生在“97刑法”之后，则应当对全部犯罪参与人定以贪污罪。

〔8〕 张新民：《高金有盗窃案——外部人员与银行工作人员勾结窃取银行现金的行为如何定性》，载中华人民共和国最高人民法院刑事审判第一、二、三、四、五庭主办：《中国刑事审判参考指导案例·04·侵犯财产罪》，法律出版社2017年版，第496-499页。

〔9〕 高铭暄、马克昌主编：《刑法学》（第10版），北京大学出版社、高等教育出版社2022年版，第92页。

点难言正确。因为量刑身份并不当然起到独立作用。以普通人参与国家机关工作人员诬告陷害他人的场合为例，因为刑法分则规定的都是单独正犯，所以，我们能否对普通人也“从重处罚”就成为问题。而问题的答案无法根据“量刑身份”这一概念得出，答案只能取决于国家机关工作人员受到“从重处罚”的实质根据是什么。决定量刑的因素是违法与责任，如果“从重处罚”的根据在于国家机关工作人员的犯罪行为能够引起更为严重的法益侵害结果，那么，普通人通过正犯引起了加重的法益侵害结果从而也应当“从重处罚”。如果“从重处罚”的根据在于对国家机关工作人员的期待可能性升高，即责任更重，那么根据责任在共犯之间应当个别判断的原理，对普通人就不应当“从重处罚”。还有，定罪身份也并不当然起到连带作用。例如，窝藏罪中的“本犯”是消极的定罪身份，但是“本犯”却是与期待可能性相关的责任身份，其应当起到独立作用。如此看来，通说的主张存在缺陷。

身份在定罪之际应当起到何种实质作用，即身份应当起连带作用还是独立作用无疑是解决身份犯共犯问题的关键所在。如果国家工作人员身份应当起连带作用，那么参与国家工作人员监守自盗行为的普通主体应当成立贪污罪，不然，则成立盗窃罪。而身份所起的作用只能是一个实质层面上的价值判断问题，其无法被真正身份、不真正身份这一形式化区分所决定。以真正身份、不真正身份的形式化区分来决定身份的实质作用，是导致我国长久以来在身份共犯问题上理论混乱的根本原因所在。因此，我们要建构身份犯共犯的统一的教义学原理，就始终绕不过这一问题，即哪些身份应当起连带作用？哪些身份应当起独立作用？只有在回答这一问题的基础上，我们才能够回答下面两个问题，即我们应当构建出什么样的身份犯的共犯的教义学原理？其应用功能为何？以下，本书在进一步揭示通说所存缺陷的基础上，辨析身份所应当起的实质作用，继而构建出统一的身份犯共犯的教义学原理，并阐明其应用功能。

一、形式化问题解决进路的缺陷所在

如前所述，在身份犯的共犯问题上，我国通说认为真正身份起连带作用，不真正身份起独立作用。真正身份是为刑罚奠定基础的身份，不真正身份只是加减刑罚的身份，[1]该区分是借鉴自德日刑法学之中以构成要件为标准所作的形式化区分。以身份的形式化区分来解决身份犯共犯问题的我国通说，可称为形式化的问题解决进路，上述分别定罪说、主职权行为决定说、较高身份决定说、区别对待说、核心角色说、互为想象竞合犯说、部分犯罪共同说都属于这一问题解决进路。反观域外，德日的刑法学界早就对形式化的问题解决进路展开了批判与扬弃。应当说，身份的形式化区分不仅无法决定身份所应起的实质作用，其在我国也面临区分标准选择上困境。因此，形式化的问题解决进路，不应当被采纳。

（一）德日刑法学者对形式化问题解决进路的批判

《德国刑法典》第28条与《日本刑法典》第65条是身份犯共犯的立法规定，两条之下都分两款，根据这两款规定，第1款身份起连带作用，第2款身份起独立作用。针对这一立法，德日学者在解读之际遭遇两个难题：第一个难题是，第1款身份起连带作用从而符合共犯从属性立场，第2款身份起独立作用从而符合共犯独立性立场，而两种立场之间截然矛盾，这有违教义学的内在统一性；第二个难题是，同样的公务员身份，当其属于真正身份时起连带作用，当其属于不真正身份时起独立作用，这违背同一身份应起同一作用的基本逻辑。例如，因为职务伤害罪（《德国刑法典》第340条）是单纯伤害罪（第223条）的加重身份犯，所以这里的公务员身份起独

〔1〕［日］大谷实：《刑法讲义总论》（新版第2版），黎宏译，中国人民大学出版社2008年版，第409页。

立作用，但是，受贿罪中的公务员身份却因为是真正身份从而起连带作用。面对立法所带来的上述理论难题，德日刑法学的通说只是单纯地认为，第1款规定了真正身份的连带作用，第2款规定了不真正身份的独立作用。〔1〕但是，由于存在以下致命的缺陷，通说的回答难以令人满意。

一是在逻辑上，身份的形式化区分无法决定身份所起的实质作用。真正身份与不真正身份仅是根据立法规定而来的形式化区分。以日本立法为例，当立法规定了特别公务员暴行罪之际，相对于暴行罪，这里的公务员便是不真正身份，但是受贿罪中的公务员却因为并无与之相对应的加重、减轻犯罪从而是真正身份。然而，身份应当起什么作用，并非身份“是”真正身份还是不真正身份所能够决定的，它取决于身份“应当”发挥什么样的功能，而这有赖于一个实质层面上的价值判断。以形式化区分决定身份的实质作用，犯了混淆“实然”与“应然”的逻辑谬误。正因为存在这种逻辑上的跳跃，德日学者对形式化区分提出了批判意见。例如，针对上述同一公务员身份在《德国刑法典》第340条与第223条中分别起独立与连带作用的现象，德国学者就批判认为，相同的公务员身份，仅根据其是构成的身份还是加减的身份这一形式上的不同，会产生不同的法效果（连带作用与个别作用——笔者注），这一点显然存在问题。〔2〕日本学者也批判认为，“为何在真正身份的场合身份起到连带作用，而在不真正身份的场合身份起到独立作用，这一点通说并未给出任何实质的论据。”〔3〕

二是在具体结论上，身份的形式化区分会导致因为共犯教唆内容的不

〔1〕 Hans Welzel, Das Deutsche Strafrecht, 11. Aufl. 1969, S.121f. Lackner/Kühl, Strafgesetzbuch, Kommentar, 26. Aufl. 2007, §28 Rn. 1f.［日］大谷实：《刑法讲义总论》（新版第2版），黎宏译，中国人民大学出版社2008年版，第410–413页；山中敬一『刑法総論』（成文堂，2008年）936頁；木村光江『刑法』（東京大学出版会，2002年）174頁；前田雅英『刑法総論講義』（東京大学出版会，2011年）522頁。

〔2〕 Sánchez-Vera, Pflichtdelikt und Beteiligung, 1999, S. 182f. Roxin, Strafgesetzbuch, Leipziger Kommentar, 11. Aufl., 1993, Vor §26 Rn. 25.

〔3〕 曽根威彦『刑法の重要問題・総論』（成文堂，2005年）366頁。

同，而对共犯论以不同罪行的不当结论。例如，《德国刑法典》规定了普通伤害罪（第223条），与虐待被保护人罪（第225条），前者限于对他人造成身体痛苦，后者除造成身体痛苦外，尚包含精神痛苦，那么，当普通人教唆保护者对被保护人造成身体痛苦之际，由于其参与的是不真正身份犯，所以成立普通伤害罪，当其教唆保护者对被保护人造成精神痛苦之际，由于其参与的是真正身份犯，所以成立虐待被保护人罪。但是，教唆者同样参与正犯的虐待被保护人罪，却仅因教唆内容的不同而成立不同罪名并受到不同处罚，这并不具有合理性。〔1〕在日本也存在同样的问题。《日本刑法典》第217条规定了普通遗弃罪，其行为是作为形式的“遗弃”，第218条规定了保护责任者遗弃罪，其行为除“遗弃”外，还包含不作为形式的“不进行必要保护”。如此一来，当普通人教唆保护责任人以作为方式实施犯罪的，成立普通遗弃罪，但教唆其以不作为方式实施犯罪的，成立保护责任者遗弃罪。同样是对保护责任者遗弃罪的参与，根据教唆内容的不同而处罚不同，这并不合理。〔2〕

（二）形式化区分于我国存在独有难题：区分标准选择的进退两难

既然逻辑是我们思维的基本形式，那么，德日学者对形式化问题解决进路在逻辑上的批判（混淆了“实然”与“应然”）也完全适合于我国。但是，我国形式化问题解决进路所存在的问题还不止于此。因为，真正身份与不真正身份的区分，在我国还存在区分标准选择上的进退两难这一独有缺陷。

首先，我国区分真正身份与不真正身份的主流标准与德日并不接轨。就真正身份、不真正身份的区分标准而言，我国的主流观点认为，定罪身份（真正身份/构成身份）是“决定刑事责任存在的身份，又称为犯罪构成

〔1〕 Hake, Beteiligtenstrafbarkeit und “besondere persönliche Merkmale”, 1994, S.33ff.

〔2〕 西田典之『新版共犯と身分』（成文堂，2003年）257頁。

要件的身份”,〔1〕量刑身份(不真正身份/加减身份)是“影响刑事责任程度的身份。”〔2〕在这一区分标准下,凡是被构成要件化了的身份都是定罪身份,而量刑身份则位于构成要件之外,由量刑的身份所构成的犯罪,实际上是普通犯罪。例如,我国《刑法》第243条诬告陷害罪中第2款规定:“国家机关工作人员犯前款罪的,从重处罚。”其中的国家机关工作人员所犯的并非身份犯,而是任何人都能够触犯的普通犯罪。

应当说,上述的主流区分标准完全符合我国的立法规定。因为,我国立法并未将不真正身份犯(量刑身份犯)独立规定为一个构成要件类型,也即不真正身份犯本身就是普通犯罪而并非“身份犯”,其与普通犯罪在构成要件类型上是同一关系,而无法形成对比关系。在这一立法规定下,不真正身份犯并不具有构成要件类型上的独立存在空间,与此相应,不真正身份也只能是刑罚升高的条件而已。然而在德日,真正身份与不真正身份都是被构成要件化了的身份,也就是说,因为德日立法对犯罪构成要件的分类较细,所以,真正身份犯与不真正身份犯都是独立的构成要件类型,两者之间形成对比关系。例如,日本立法中的赌博罪与常习赌博罪、堕胎罪与业务堕胎罪、侵占罪与职务侵占罪等,单从罪名上即可看出其关系。既然我国的不真正身份并非被构成要件化了的身份,那么我国就不存在继受不真正身份起独立作用的德日以往通说的基础。如此一来,我们要么必须单独论证不真正身份所应起的实质作用,要么必须对主流的区分标准作出改变,以期与德日的区分标准相接轨。

其次,为了解决身份的实质作用问题,我国有学者彻底引入德日真正身份与不真正身份的区分标准,但是,这又会导致荒谬的结论。为了根据

---

〔1〕 高铭暄、马克昌主编:《刑法学》(第10版),北京大学出版社、高等教育出版社2022年版,第92页。

〔2〕 高铭暄、马克昌主编:《刑法学》(第10版),北京大学出版社、高等教育出版社2022年版,第92页。

德日通说中真正身份起连带作用、不真正身份起独立作用的教义学原理来解决身份的实质作用问题，我国有学者主张彻底引入德日对真正身份与不真正身份的分类标准。例如，有学者认为，对于同一种犯罪行为，如果有身份者与无身份者都可以实施，而刑法将其分别规定为不同的犯罪，两罪的区别仅仅在于主体身份的不同而影响到刑罚轻重，那么有身份者实施的犯罪为不纯正身份犯。〔1〕根据这一区分标准，私自开拆、隐匿、毁弃邮件、电报罪就是不真正身份犯，因为普通人也可以触犯侵犯通信自由罪。贯彻这一区分标准，也会顺理成章地导出贪污罪也是盗窃罪、诈骗罪、侵占罪的不真正身份犯的结论，因为普通人也能够触犯他罪。〔2〕根据这一结论，在普通主体教唆国家工作人员实施贪污行为的场合，普通主体应当成立盗窃罪而非贪污罪，但这显然与我国既有的共识与司法实践不符。

最后，我国对真正身份、不真正身份的区分标准始终徘徊于上述两难之间而进退维谷。一方面，虽然我国主流观点所采取的区分标准与立法相契合，但是，我国的立法并未给予不真正身份犯以存在空间，从而仅将不真正身份限定为刑罚升高条件；另一方面，为了解决身份所起的实质作用，在理论解释之际，有学者照搬德日标准，力图通过对构成要件的类型的对比来为不真正身份犯寻求存在空间，然而，这不仅脱离了我国的立法现状，而且还会导致上述荒谬的结论。更为致命的是，德日学界早已抛弃了以形式化区分决定身份实质作用的理论进路，我国对形式化区分的引入注定达

〔1〕 马克昌主编：《犯罪通论》，武汉大学出版社1999年版，第589-590页；马克昌：《马克昌文集》，武汉大学2005年版，第98页。持同样观点的，参见李成：《共同犯罪与身份关系研究》，中国人民公安大学出版社2007年版，第63页；童德华：《身份犯中的犯罪参与问题比较研究》，载林维主编：《共犯论研究》，北京大学出版社2014年版，第229页。另有学者阎二鹏说道：“以有身份者与无身份者共同犯罪时可能涉及的罪名为一个还是两个，如果可能涉及两个罪名的为不纯正身份犯，反之，如果只能涉及身份犯一个罪名的则为纯正身份犯。”参见阎二鹏：《共犯与身份》，中国检察出版社2007年版，第72页。

〔2〕 例如，我国学者阎二鹏认为：“传统刑法学者所主张的‘纯正身份犯’，其中包括一些现行标准之下的‘不纯正身份犯’，例如私自开拆、隐匿、毁弃邮件、电报罪，贪污罪等。这种划分标准与我国传统刑法观点相比，不仅可以满足身份犯自身体系的合理性，而且在研究共犯与身份问题时更加便利。”阎二鹏：《共犯与身份》，中国检察出版社2007年版，第73页。

不到解决问题的目的。实际上，我国学界在对真正身份、不真正身份的区分标准选择的问题上，始终显得进退维谷。这导致我国学者在很长一段时间内，都纷纷深陷于对真正身份与不真正身份的区分标准的讨论之中，为了区分而区分是导致我国的身份犯的共犯理论进展缓慢的原因之一。

二、身份的实质化区分的提出与类型化

由形式入实质是解决身份犯共犯问题的应然理论进路。而要决定身份的实质作用，就必须将身份与犯罪的实体——违法与责任相联系，对身份进行功能性重构。应当说，违法与责任是对身份进行实质化区分的理论根据。在身份的实质化区分之中，违法身份的认定标准在于，从事实层面看，身份是侵犯法益的前提条件，从规范层面看，身份代表着对法益的现实支配。责任身份的认定标准在于，身份决定着非难可能性的存在与否以及预防必要性的大小。在厘清违法身份与责任身份认定标准的基础上，进一步对违法身份与责任身份进行分类可知，我国刑法中分别存在构成的违法身份与加重的违法身份，构成的责任身份、加重的责任身份与减轻的责任身份。

（一）实质化问题解决进路的引入

首先，鉴于形式化问题解决模式的困境，在德日两国，学者纷纷由形式入实质，转而将身份与违法、责任相联系，将身份划分为违法身份与责任身份，并以此种实质化区分为基础解决身份犯的共犯问题。这是德日学界的研究趋势。

一方面，《德国刑法典》第29条规定为责任身份与违法身份的划分提供了契机。在德国，由于刑法第29条[1]规定了责任个别的原则，尽管对分

〔1〕《德国刑法典》第29条规定："数人共同犯罪的，各依自己的罪责受处罚，不考虑他人的罪责。"这表明德国以立法的方式规定了限制从属性。

则规定的责任身份（如谋杀罪中的“性欲的满足”、侮辱国家及其象征罪中的“恶意”、被废除前的杀婴罪中的非婚生母亲等）到底适用第28条还是第29条还存在争议，但是总则所规定的责任身份（如无刑事责任能力人、无期待可能性的人）适用于第29条这一点已经形成共识。“与之相对，所有个人的不法要素都没有争议地属于第28条的适用范围”[1]，因此，第28条就主要是有关违法[2]身份的规定。又由于《德国刑法典》第28条第1款规定对无身份者应当根据第49条第1款而减轻处罚，这表明第1款中的“特别的一身要素”并未起到完全的连带作用。罗克辛认为，这是因为“特别的一身要素”的本质是代表着特别的义务的缘故。例如，普通人教唆或者帮助法官枉法裁判（《德国刑法典》第339条）的，虽然普通人能够参与法官的枉法裁判行为，但是，由于只有法官才负有特别义务从而能够实现枉法裁判罪所规定的高程度的“特别的不法”，故而，相比法官，不是法官的人根据第28条能减轻处罚。[3]据此，将身份犯的正犯原理与实质违法性视为特别义务违反的义务犯理论，在德国理论界日益有力。

另一方面，日本学者也早已展开了实质层面上的探讨。佐伯千仞于1936年首次指出：“不从一般的身份是什么，并且它在刑法上有怎样的意义，特别是与违法性、有责性有着怎样的关联这一点出发进行考察，此问题的解决真是寸步难行。”[4]据此，佐伯首次将身份与违法、责任相联系，并区分为违法身份与责任身份。与其同一时期的泷川幸辰也将身份“分配到违法要素和责任要素里去”，[5]并认为真正/构成身份都是违法身份，不

〔1〕［德］克劳斯·罗克辛：《德国刑法学·总论：犯罪行为的特别表现形式》（第2卷），王世洲等译，法律出版社2013年版，第177页。

〔2〕尽管德国所称的不法是指符合构成要件的违法，其与违法具有不同的含义，但是，本书在同一含义上看待不法身份与违法身份。因为，无论是不法还是违法，都与责任相区别，从这一点来看，在与责任身份相对应的意义上，不法与违法没有本质区别。

〔3〕［德］克劳斯·罗克辛：《德国刑法学·总论：犯罪行为的特别表现形式》（第2卷），王世洲等译，法律出版社2013年版，第191页。

〔4〕佐伯千仞「共犯と身分—その問題史的概観（二）·完」法学論叢33巻3号（1936年）435頁。

〔5〕［日］泷川幸辰：《犯罪论序说》，王泰译，法律出版社2005年版，第164页。

真正/加减身份都是责任身份。其后，平野龙一进一步发现，真正身份、不真正身份这一形式化区分并不对应着违法身份与责任身份的实质化区分，两对区分应当是交叉关系，因为日本刑法中还存在加重的违法身份与构成的责任身份。〔1〕沿袭平野的观点，西田典之、〔2〕山口厚、〔3〕佐伯仁志、〔4〕岛田聪一郎〔5〕等学者纷纷站在结果无价值的立场上，以法益侵害作为违法身份的实质违法性，并系统性地构建出"违法身份连带、责任身份个别"的教义学原理，以此解决身份犯的共犯问题。

综上所述，尽管德日学者在违法身份的本质是与义务违反还是法益侵害相关这一点上尚存分歧，但是，两国学者都试图从违法与责任的实质层面出发，来寻求问题的解决之道。更有甚者，奥地利通过立法的方式，将违法身份与责任身份的实质化区分规定下来。〔6〕

其次，我国也应当将对该问题的研究推入实质层面，这样做在我国不存在立法障碍。一方面，真正身份与不真正身份属于根据立法规定所作的形式化区分，其无法决定身份的实质作用；另一方面，此一分类在我国还存在着区分标准难以明确的困境。在德日刑法纷纷以实质化进路解决问题的当下，抛弃形式化区分，从实质化维度出发，重构身份的功能的理论

---

〔1〕 平野龍一『刑法総論・Ⅱ』(有斐閣，1975年)366-374頁。加重的违法身份如特别公务员暴行罪，相对于暴行罪而言，其在侵犯人身权利之外还侵犯了职务行为的公正性这一附加法益。构成的责任身份如《处罚暴力等行为的法律》中第2条第2项规定的常习性强行要求见面罪中的常习者。

〔2〕 西田典之『新版共犯と身分』(成文堂，2003年)260-270頁。

〔3〕 [日]山口厚：《日本刑法中的共犯与身份》，载马克昌、莫洪宪主编：《中日共同犯罪比较研究》，武汉大学出版社2003年版，第141-142页。

〔4〕 佐伯仁志『刑法総論の考え方・楽しみ方』(有斐閣，2013年)414-416頁。

〔5〕 島田聡一郎「いわゆる'故意ある道具'の理論について(三)・完」立教法学62号(2002年)93-97頁。

〔6〕 奥地利刑法第14条第1项规定："当法律规定，可罚性或刑罚的程度依存于与行为不法有关的特别的一身资格或者关系时，即便这样的资格或者关系仅存在于参与人中的一人，全部参与人也适用于此法规。但是，当行为不法取决于具有特别的一身资格或者关系的人直接实施犯罪或者以其他特定的方法对犯罪加功之时，必须满足自己实施或者以其他特定方法加功这一条件，其才构成犯罪。"第2项规定："与前不同，当特别的一身资格或者关系仅与责任相关时，其法规仅适用于具备这样的资格或者关系的人。"

工作在我国已经显得刻不容缓。另外，相较于日本，我国具备从实质层面解决问题的优势，因为，实质化的问题解决进路在我国并不存在任何立法障碍。在日本，有学者对违法身份、责任身份这一区分批判认为，《日本刑法典》第65条第1款的文言是“根据身份而构成的犯罪行为”，如果按照第1款身份是违法身份所以起连带作用，第2款身份是责任身份所以起个别作用的学说，加减的违法身份也应当起连带作用从而适用于第65条第1款，但是，加减的违法身份显然不是“根据身份而构成的犯罪行为”（构成身份），可见，该学说与法律用语的含义相违背。〔1〕然而，我国并不存在有关身份犯共犯的立法，这反倒避免了接受这一实质化区分的文法上的障碍。

最后，在实质化的问题解决进路上，我国不应当借鉴德国的义务犯理论。值得瞩目的是，我国近期也出现了从实质化的维度来建构身份犯共犯的教义学原理的趋势。例如，周光权、〔2〕何庆仁〔3〕两位教授遵循德国的理论方向，以义务犯理论解决身份犯的共犯问题。但是，如果说身份所代表的义务是刑法中的一般义务，那么该义务无非是不能侵犯法益的义务，继而，该义务就是派生于保护法益的目的，我们单独强调义务就没有任何意义。如果说这里的义务是位于刑法规范之前的，刑法之外的特别义务，那么这些先于刑法规范的民事义务、行政义务到底是如何转化入刑法的呢？上述学者并未就此作出令人满意的回答。即便认为这些义务能够顺利转化入刑法之中，其也仍然是不得侵犯法益的一般义务。舍去法益，义务将没有任何实质内容可言。另外，认为身份犯的实质违法性在于特别义务违反的义务犯理论虽然能够与德国的刑事立法相契合（《德国刑法典》第28条第1款规定对无身份者应当根据第49条第1款而减轻处罚），但是却与我国的立法不符，因为，如前所述，根据我国《刑法》第29条的规定，显然，教

〔1〕 山中敬一『刑法総論』(成文堂，2008年)934頁。

〔2〕 周光权:《论身份犯的竞合》，载《政法论坛》2012年第5期。

〔3〕 何庆仁:《义务犯研究》，中国人民大学出版社2010年版，第285-301页。

唆犯有可能受到比正犯更重的处罚，但是根据义务犯理论，教唆者因为并不具有特别义务从而无论如何不可能实现比正犯更重的违法，也自然不可能受到比正犯更重的处罚。据此，引入义务犯概念的理论路线不足采纳。

与此相对，陈兴良、〔1〕张明楷、〔2〕黎宏、〔3〕陈洪兵〔4〕四位教授则在认为违法身份犯的实质违法性是法益侵害的基础上，借鉴日本的“违法身份连带、责任身份个别”的教义学原理来解决身份的共犯问题。虽然这一理论进路值得采纳，但是，陈兴良、黎宏两位教授将真正身份与违法身份相对应，将不真正身份与责任身份相对应，犯了以实质化之名行形式化之实的谬误。张明楷、陈洪兵两位教授则没有回答这两个问题，即到底什么是违法身份与责任身份？我国又存在哪些违法身份与责任身份？这难免使我国的实质的身份犯共犯理论的既有建构工作显得失之泛泛，有欠系统性。

（二）违法身份、责任身份认定标准的提出

犯罪的实体是违法与责任，这为我们将身份划分为违法身份与责任身份提供了充分的理论支撑。我国《刑法》第13条规定：“……危害社会的行为，依照法律应当受到刑罚处罚的，都是犯罪……”因为刑法的目的是保护法益，所以，这里的“危害社会”就是指对法益的侵害。但是，刑法还具有保障人权的机能，并非任何引起法益侵害结果的行为都应当受到处罚，而是只有在行为人已经认识到或者应当认识到规范意思的场合，才应当处罚行为人，处罚行为人也才能起到有效预防犯罪的效果。因此，在宣告行为不正当的基础上，《刑法》第13条进一步规定，只有行为人“依照法律应当受到刑罚处罚”之际，才对其进行处罚。这里的应罚性问题，无非是应

〔1〕 陈兴良：《身份犯之共犯：以比较法为视角的考察》，载《法律科学》2013年第4期。

〔2〕 张明楷：《刑法的私塾》，北京大学出版社2014年版，第175-177页。

〔3〕 黎宏：《刑法学》，法律出版社2012年版，第305页。

〔4〕 陈洪兵：《共犯与身份的中国问题》，载《法律科学》2014年第6期；另可参见陈洪兵：《共犯论的分则思考——以贪污贿赂罪及渎职罪为例》，载《法学家》2015年第2期。

不应当非难行为人的问题，即只有根据《刑法》的相关规定，行为人具备故意（第14条）、过失（第15条）、达到责任年龄（第17条）、具有责任能力（第18条）并且具有期待可能性（第16条）时，才能受到刑罚处罚。[1]据此，第13条所规定的就只不过是“犯罪是侵犯法益而又具备非难可能性的行为”这一句话。由于法益侵犯性是违法的实质，非难可能性是责任的实质，故而，结合以上论述，我们就完全能够得出，犯罪是违法而且有责的行为这一结论。这一结论指出了犯罪的两个组成部分——违法与责任，这两个组成部分，便是犯罪的实体。既然如此，作为犯罪成立条件的身份就或者体现着法益侵犯性，或者体现着非难可能性，从而不是违法身份就是责任身份。

第一，认定违法身份的标准。

首先，从事实层面来看，违法身份是侵犯特定法益的前提条件。例如，我国刑法规定了贪污罪、受贿罪，法条明文将其主体限定为“国家工作人员”，那么，国家工作人员的身份便是侵犯贪污罪、受贿罪所保护的特定法益的前提条件，不具备该身份的人要么只能构成盗窃罪、诈骗罪或者侵占罪，要么无法成立犯罪。如此看来，这些身份便是与违法相关的身份，而违法身份的本质“不过是对直接单独正犯中法益侵害可能性所进行的事实上的限定罢了”[2]。在这个意义上，我国学者张明楷明确指出，“特殊身份是表明法益侵犯性的要素”[3]，这里的特殊身份指的就是违法身份。

但是，仅仅认为违法身份是侵犯法益的前提条件的观点还并不全面。针对该观点，姚诗批判认为：“‘只有有身份者实施实行行为，才可能侵害特别的法益或者使其危险化’这样的论证之逻辑缺陷在于，本来应该证明身份是认定法益侵害之因，结果反倒变成说明‘身份是法益侵害之果’。用刑法上的法益侵害概念直接说明身份，必然是一种循环论证，它使得身

---

〔1〕张明楷：《以违法与责任为支柱构建犯罪论体系》，载《现代法学》2009年第6期。

〔2〕西田典之『新版共犯と身分』(成文堂，2003年)190頁。

〔3〕张明楷：《刑法学》(上)(第6版)，法律出版社2021年版，第172页。

份几乎成了摆设用的花瓶，而无法积极向客观不法提供根据。”[1]这一批判的确是中的之言。而要说明为什么有身份者才能侵犯法益，就必须从规范的角度说明为什么身份与法益之间存在关联。

其次，从规范层面来看，违法身份代表着对法益的现实支配。以对国家工作人员的认定标准为例，我国现在的通说是公务说。[2]公务说认为，犯罪主体是不是国家工作人员，应以其是否从事公务来认定，而不问是否具备国家工作人员的资格身份。[3]也就是不以编制、任命程序等形式要件论身份，而是以某人是否具体从事公务论身份。那么，什么是国家工作人员公务的核心所在呢？答案应当是对法益（国有资产）的现实支配。结合新近的司法解释，即可明白这一点。2010年颁布的《最高人民法院、最高人民检察院关于办理国家出资企业中职务犯罪案件具体应用法律若干问题的意见》，其中第6条第2款规定：“经国家出资企业中负有管理、监督国有资产职责的组织批准或者研究决定，代表其在国有控股、参股公司及其分支机构中从事组织、领导、监督、经营、管理工作的人员，应当认定为国家工作人员。”这一司法解释实质性地扩大了“国家工作人员”的范围，加大了对国有资产的保障力度，因为，根据该解释第6条第2款的规定，“经过国家机关、国有公司、企业、事业单位委派不再是认定国有控股、参股公司中国家工作人员的必要条件”[4]。另外，该款也包含这一层意思，即对于国家出资企业委派到国家出资企业从事领导、管理等工作的“二次委派”人员，也完全可以认定为国家工作人员。[5]这显然完全脱离了以形式化的思

〔1〕 姚诗：《先行行为问题研究》，清华大学2010年博士学位论文，第79页。

〔2〕 张明楷：《刑法学》（上）（第6版），法律出版社2021年版，第173-174页；黎宏：《刑法学》，法律出版社2012年版，第931页；周光权：《刑法各论》（第4版），中国人民大学出版社2021年版，第537页；孙国祥：《论刑法中的国家工作人员》，载《人民检察》2013年第11期。

〔3〕 张明楷：《刑法学》（上）（第6版），法律出版社2021年版，第173页。

〔4〕 吴涛、杨艳荣：《国有控股、参股公司中国家工作人员的认定》，载《人民法院报》2013年6月5日，第6版。

〔5〕 张宁、桑爱红：《国家出资企业人员职务犯罪有关问题的认定——国家出资企业人员职务犯罪研讨会综述》，载《人民法院报》2013年1月23日，第6版。

维（有无根据文件任免等委派程序而获得的身份）来界定国家工作人员的思路，而是在最大化保护国有资产这一价值导向下，秉承了以对国有资产这一法益有无事实上的支配、管理状态为核心标准，来界定身份的实质化解释思维。

因此，从事实上来看，只有特定身份者与法益之间存在紧密的联系，这一联系是如此紧密，以至于导致其现实地支配着法益，考虑到在现实生活中，特定主体与法益所形成的紧密的支配关系这一事实，立法者在规范评价上，为了达到充分保护法益的目的，将其以身份犯的形式加以规范确认。因为立法在先司法在后，在立法者进行规范确认之后，司法者必须根据立法规定来进行法律适用，所以，这就造成违法身份是侵害法益的前提条件这一事实层面上的现象。

第二，认定责任身份的标准。

首先，责任的本质是期待可能性。"刑事责任的本质探讨，人在实施危害社会或者说侵害法益的行为之后，国家为什么能够将该行为作为犯罪而科处刑罚。"[1]此处的刑事责任是狭义的刑事责任，即作为犯罪成立条件之一的有责性（非难可能性）。应当说，责任不但是一个存在意义上的心理事实，更主要的还是一个法规范上的评价。这种规范的评价标准，便是期待可能性（他行为可能性）。

我国刑法采取了规范责任论。我国《刑法》第16条规定，行为在客观上虽然造成了损害结果，但是不是出于故意或者过失，而是由于不能抗拒或者不能预见的原因所引起的，不是犯罪。这里的不能抗拒，是指虽然行为人认识到自己的行为会发生损害结果，但是由于当时主客观条件的限制，不可能排除或者防止结果的发生。"显然，不可抗力缺乏期待可能性，因而不能对行为人作出'不应当实施违法行为'的规范性评价。"[2]这可以

〔1〕 黎宏：《刑法学》，法律出版社2012年版，第171页。
〔2〕 张明楷：《刑法学》（上）（第6版），法律出版社2021年版，第320页。

看作是我国采取规范责任论的有力佐证。[1]在规范责任论的立场下，最为典型的责任身份就是妨害司法类犯罪中的“本犯”，这一点本书在前文已经论及，此处不再赘述。

其次，在期待可能性的基础上，我国的责任还是考虑到预防必要性的可罚的责任。我国《刑法》第13条但书规定表明，当违法没有达到可罚的程度之际，就不是犯罪，与可罚的违法相应，当责任没有达到可罚的程度之际，也当然不是犯罪。原因在于，刑罚是最为严厉的惩罚措施，属于法益保护的最后一道防线，因此，只有在犯罪行为具备可罚的违法与可罚的责任之际，方才值得动用最为严厉的惩罚措施对其加以惩处。而“为了说明行为人具有刑法上的责任即可罚的责任，就要求对其谴责必须强烈到有必要使用刑罚手段加以谴责的程度”[2]。这里的“有必要使用刑罚手段加以谴责的程度”正是与预防必要性有关的目的性思考。

作出以上解读的原因在于我国《刑法》第5条的规定。我国刑法第5条规定：“刑罚的轻重，应当与犯罪分子所犯罪行和承担的刑事责任相适应。”如果我们将刑事责任理解为法律后果，那么本条就应当表述为刑罚与刑事责任相适应即可，而没有必要再加上“犯行”两字。[3]并且，该条所规定的“罪行”就是犯罪行为，即客观上有法益侵害性的行为，否则，我们就没有办法解释第16条中的“损害结果”，因为“损害”本身就代表着对法益的侵害，引起法益侵害结果的行为当然是犯罪行为（损害行为），而意外事件显然是不具备责任的违法。

如此看来，还是将罪行单纯理解为与主观相分离的客观行为较好。结合上述理由可知，这里的责任就“是指犯罪分子的主观恶性与人身危险性

---

〔1〕 张明楷：《刑法学》（上）（第6版），法律出版社2021年版，第320页；黎宏：《关于“刑事责任”的另一种理解》，载《清华法学》2009年第2期。

〔2〕 黎宏：《关于“刑事责任”的另一种理解》，载《清华法学》2009年第2期。

〔3〕 黎宏：《关于“刑事责任”的另一种理解》，载《清华法学》2009年第2期。

的内容”[1]。主观恶性就是指责任(非难可能性),人身危险性就是指决定特殊预防必要性大小的再犯可能性,前者对应着刑罚的报应目的,后者对应着刑罚的预防目的,而报应与预防,两者共同组成了刑罚的正当化根据,也体现着“没有责任就没有刑罚”的消极责任主义。当然,有责任也不一定有刑罚就是消极的责任主义的应有之义。之所以有责任也不一定有刑罚,原因在于,在行为人的预防必要性十分微小之际,我们完全可以在责任刑之下,根据其目的刑的降低而宣告其未达到可罚的责任从而作出罪处理。可见,可罚的责任起着限定刑罚,并对行为人作出罪处理的功能,从而更能起到刑法保障人权的机能。前田雅英对这一在责任中加入预防必要性的思考方法评论道:“作为社会制度的刑罚制度,在能够带来防止犯罪这一广泛意义上的国民利益之际才是被允许的,刑事责任论也必须与抑止犯罪的效果相联系才能得到说明,在这个意义上,近来,考虑预防效果的实质的责任概念或者说可罚的责任概念的有力化,便是理所当然。”[2]应当说,这一评论是中肯的。

除法条规定外,我国的司法实践也采取了可罚的责任论。根据我国最高人民法院、最高人民检察院《关于办理盗窃刑事案件适用法律若干问题的解释》的规定,“偷拿家庭成员或者近亲属的财物,获得谅解的,一般可以不认为是犯罪;追究刑事责任的,应当酌情从宽”。对该司法解释,黎宏教授说道:“期待亲属之间不要盗窃是可能的,即便说在此限度之内能够认可规范责任,但在亲属之间,反对行为动机的反对动机很微弱,期待其不要盗窃明显困难,因此,对这种亲属之间的盗窃行为,认定其责任较轻而否定其具有可罚的责任。”[3]显然,这里的可罚的责任就是在责任存在(应罚性)的基础上,进行有无预防必要性(需罚性)这一目的性思考而来的责

〔1〕 黎宏:《刑法学》,法律出版社2012年版,第28页。
〔2〕 前田雅英『刑法総論講義』(東京大学出版会,2011年)215頁。
〔3〕 黎宏:《关于“刑事责任”的另一种理解》,载《清华法学》2009年第2期。

任。而之所以说期待亲属之间不要盗窃的可能性很微弱，微弱到不需罚的程度，其原因显然不是“因为期待可能性小，所以期待可能性小”这一句话所能解释的，恐怕如此考虑的根本原因是，在“法不入家庭”这一观念的指导下，处罚亲人难以达到预防犯罪的效果，亲属相盗的行为不具有预防必要性或者必要性小到不需要刑事处罚的程度。而“法不入家庭”则是一项刑事政策。此外，我国另有司法解释规定，因为生活、生产需要而非法制造爆炸物的行为，可减轻或者免予处罚。对于这样的行为，虽然期待可能性十分微弱，但尚不足以达到阻却责任的程度，而阻却责任的根本原因，在于处罚这样的行为，难以取得一般预防以及特殊预防的效果从而导致的可罚的责任的阻却。

最后，本书所称责任身份中的“责任”，就是可罚的责任，其兼具期待可能性以及预防必要性两方面的内容。应当看到，我国《刑法》第5条中的“刑事责任”就是在德日刑法学中已经被高度实质化以及刑事政策化了的可罚的责任，其当然包含影响预防必要性的考虑在内。在行为有无期待可能性、期待可能性大小的意义上，我国的“刑事责任”是犯罪的成立要件，在预防必要性大小的意义上，我国的“刑事责任”恰好可以起到指导刑罚裁量的功能。如此看来，我国的“刑事责任”规定，既具备理论内涵，也具备指导量刑的理论功能，可以说是我国刑事立法的一大优越之处。

（三）违法身份、责任身份的类型化

在厘清了违法身份与责任身份的区分标准之后，违法身份与责任身份便可以被区分开来。在此基础上，我们还应当以该标准进一步梳理我国的刑法，类型化我国刑法中所存在的违法身份与责任身份。只有这样，对违法身份、责任身份的探讨才足够完整，以违法身份与责任身份为中心的实质的身份犯共犯理论才能够被系统地建立起来。

第一，违法身份的类型化。

根据违法身份是奠定刑罚的基础，还是起到加重、减轻刑罚的作用为标准，对违法身份进行分类可知，我国存在构成的违法身份与加减的违法身份。

首先，构成的违法身份。在身份是奠定法益侵害的基础之际，没有该身份就不可能成立犯罪，该身份便是构成的违法身份。例如，我国《刑法》第236条强奸罪中的男性，第166条为亲友非法牟利罪中的国有公司、企业、事业单位的工作人员，第385条受贿罪中的国家工作人员，第397条滥用职权罪中的国家机关工作人员等。我国大多数违法身份，都属于构成的违法身份。

其次，加重的违法身份。这分为两种情况：

一是身份代表着对附加法益的侵害。例如，前述日本刑法中的特别公务员暴行罪中的公务员，就是相对于暴行罪而言，侵犯到职务行为公正性这一附加法益的加重的违法身份。我国也存在这样的加重的违法身份，最为典型的莫过于贪污罪。根据《刑法》第382条的规定，贪污罪的成立必须要求“利用职务上的便利”，结合贪污罪所处的具体章节可知，贪污罪所侵犯的法益除去财产之外，尚包含职务行为的廉洁性。那么，相对于仅仅侵犯到财产法益的盗窃罪、诈骗罪、侵占罪而言，贪污罪中的国家工作人员因为体现着对附加法益——职务行为的廉洁性的侵犯，从而属于加重的违法身份。〔1〕此外，挪用公款罪中的国家工作人员，相对于挪用资金罪而言，除去侵犯财产法益之外，也属于体现侵犯附加法益的加重的违法身份。

在我国《刑法》第四章侵犯公民人身权利、民主权利罪之中，也存在一些加重的违法身份。例如，根据《刑法》第238条第4款的规定，国家机关

〔1〕　我国学者陈洪兵认为：“因为不具有国家工作人员身份的也能单独构成职务侵占罪（或侵占罪）、盗窃罪、诈骗罪，所以，贪污罪中的国家工作人员只能属于一种责任身份。”参见陈洪兵：《共犯与身份的中国问题》，载《法律科学》2014年第6期。但是，该观点完全无视贪污罪在侵犯财产法益之外，尚侵犯职务行为廉洁性这一法益的事实，不先从客观违法上寻求刑罚升高的根据，而是将刑罚升高的根据诉诸主观责任，是该观点的最大缺陷。

工作人员利用职权犯非法拘禁罪、故意杀人罪、故意伤害罪的，从重处罚，根据《刑法》第245条第2款的规定，司法工作人员滥用职权犯非法搜查罪、非法侵入住宅罪的，从重处罚，根据法条明文规定的“利用职权”“滥用职权”可知，上述身份代表着对国家工作人员职务行为的公正性这一附加法益的侵犯。

二是身份代表着加重法益侵害结果的危险。例如，我国《刑法》第234条诬告陷害罪第2款规定，“国家机关工作人员犯前款罪的，从重处罚”。此处的国家机关工作人员就是加重的违法身份，“因为当国家机关工作人员去诬告陷害他人时，公检法肯定会更加重视国家机关工作人员的指控，因此被诬告的人被追究的可能性也就会更大”〔1〕，即具备国家工作人员身份代表着加重法益侵害结果的可能性。类似的加重的违法身份还有，《刑法》第253条私自隐匿、开拆、毁弃邮件电报罪中的“邮政工作人员”、第109条叛逃罪中“掌握秘密的国家工作人员”、第307条妨害作证罪与帮助毁灭、伪造证据罪中第3款的“司法工作人员”、第349条包庇毒品犯罪分子罪中的“缉毒人员或者其他国家机关工作人员”等。

最后，我国刑法之中尚未发现减轻的违法身份。〔2〕

第二，责任身份的类型化。

虽然有学者认为，“身份犯中的身份，绝大多数都是违法的身份，责任身份并不多见”〔3〕，但是这不代表我国不存在责任身份，除去妨害司法类犯

---

〔1〕 张明楷：《刑法的私塾》，法律出版社2014年版，第176页。

〔2〕 日本刑法第212条规定的是自己堕胎罪，其主体为孕妇，第213条是同意堕胎罪的规定，主体是孕妇之外的第三人，前者刑罚较轻。平野龙一认为：“如果堕胎罪保护的法益是胎儿的生命与身体，那么，孕妇与第三人的堕胎行为在侵犯法益这一点上相同，孕妇处罚轻就是因为责任减轻……但是，堕胎罪的保护法益是母体的安全而非胎儿，其刑罚较轻是因为孕妇自己实施堕胎行为属于自伤行为，从而减轻违法。”平野龍一『刑法総論・Ⅱ』（有斐閣，1975年）373頁。西田典之也认为，孕妇属于因具备自伤行为的减轻的违法身份。西田典之『新版共犯と身分』（成文堂，2003年）283頁。但是，我国并无减轻的违法身份的规定。

〔3〕 张明楷：《刑法的私塾》，北京大学出版社2014年版，第175-176页。

罪中的"本犯"这一消极的构成的责任身份之外，我国还存在积极的构成的责任身份、加重的责任身份与减轻的责任身份。

首先，刑法分则赌博罪中"以赌博为业"的人是构成的责任身份。我国《刑法》第303条所规定的"以赌博为业"，实质上是"以赌博为习"。因为"职业"就是为人们提供生活来源，人们赖以生存的工作，而"以赌博为业"并不需要以赌博所得为生活来源或者挥霍来源，否则"就会将那些长期赌博，将万贯家私输空，但从来没有赚到钱的职业赌徒排除在'以赌博为业之外'，这显然是不合适的"[1]。既然如此，"只要行为人在业务时间或者任何时间内反复实施赌博行为，就可以断定其'以赌博为业'。"[2]反复性本身就表明，这里的"以赌博为业"是一种常习性，常习性一旦形成，即便现有证据只能证明行为人赌了一次，但是，如果从其赌博的手段、方法、所使用的工具等方面能够得出其具有常习性的结论，我们也完全可以按照赌博罪对其加以处理，即"由于常习性属于行为人的惯习，只要实施了一次行为就有可能构成本罪"[3]。因此，常习性属于体现主观责任达到可罚的程度的责任要素。在此需要特别指出的是，立法者之所以要加上常习性的要求，不是为了处罚行为人的危险性格，而是为了限定处罚范围，即只有赌博常习者才具备可罚的责任从而具有"运用刑罚进行特别预防的必要性"[4]。

其次，我国刑法总则中存在减轻的责任身份的规定。我国对身份采取了广义的定义，通说认为，刑法总则中所规定的影响行为人刑事责任的特定状态，如未成年人、无刑事责任能力人、75周岁以上的老人、审判时怀孕

---

〔1〕 黎宏：《刑法学》，法律出版社2012年版，第815页。

〔2〕 黎宏：《刑法学》，法律出版社2012年版，第815页。

〔3〕 [日]西田典之：《日本刑法各论》(第3版)，刘明祥、王昭武译，中国人民大学出版社2007年版，第312页。

〔4〕 [日]山口厚：《刑法各论》(第2版)，中国人民大学出版社2011年版，第605页。

的妇女[1]都是身份。[2]既然这些身份都是减轻刑事责任的身份，那么就完全可以归纳入减轻的责任身份之中。此外，中止犯也可以看作减免的责任身份。原因在于：一则，中止犯减免处罚的根据并不在于违法减少。着手后的中止犯与未遂犯在客观上相同，都引起了具体的危险，而该危险一旦存在，即无法消灭，但是对前者的“优待”却远高于后者，那么我们就要说明，相对于未遂犯而言，为何其享受如此优待。如此一来，将中止犯与既遂犯相比较而得出其违法减少的结论就没有意义。二则，中止犯刑罚减免的根据在于责任减少。与未遂犯相比，在责任的存在与否上，中止犯对于其所引起的危险是存在责任的，这一责任既然存在，便成过往而无法减少。但是，在存在责任的基础上，我们不能否认行为人出于悔过的意思而避免结果的发生能够导致其“特殊预防必要性的减少”[3]，并且，中止犯的刑罚减免也包含“中止犯的刑法规定能够诱导行为人及时中止犯罪从而保护被害法益”[4]这一政策性的考虑。可以说，上述考虑导致中止犯可罚的责任的减免，既然如此，中止犯就是减免的责任身份。

最后，我国总则与分则中还存在加重的责任身份的规定。总则中的累犯便是典型的加重的责任身份。我国《刑法》第65条、第66条分别规定了一般累犯与特殊累犯，第356条规定了再犯，并且赋予其“从重处罚”的法律效果。以累犯为例，累犯制度的设立根据，一方面是报应，这是累犯制度的正义性根据；另一方面是功利，即对累犯进行特殊预防，这是累犯制

---

〔1〕 高铭暄、马克昌主编：《刑法学》（第10版），北京大学出版社、高等教育出版社2022年版，第90-97页。至少可以说，认为未成年人、14周岁以下的人、年老的人属于身份的观点是我国的通说。肯定其属于身份的文献，另参见马克昌主编：《犯罪通论》，武汉大学出版社1999年版，第588页；陈兴良：《共同犯罪论》（第3版），中国人民大学出版社2017年版，第313页；马克昌主编：《犯罪通论》，武汉大学出版社1999年版，第588页。

〔2〕 将未成年人、14岁周以下的人看作身份不会导致刑法分则中的全部犯罪都是身份犯的结局，在未成年人实施刑法分则中的犯罪之际，身份犯只是针对未成年人实施的特定犯罪而言，这并不意味着刑法分则所规定的所有的犯罪都是身份犯。

〔3〕 张明楷：《刑法学》（上）（第6版），法律出版社2021年版，第469页。

〔4〕 张鹏：《中止犯自动性研究》，法律出版社2013年版，第55页。

度的目的性根据。[1]而累犯被“从重处罚”的原因便是因为对其特殊预防的必要性升高，从而导致在责任刑之下，其目的刑从重。应当认为，特殊累犯与再犯制度的设立根据也无非是报应与预防这两点，既然如此，一般累犯、特殊累犯、再犯就是加重的责任身份。这里所说的加重身份，实际上是在责任刑之下的“从重身份”。值得注意的是，与我国的累犯规定相比，《日本刑法典》第57条规定，对于累犯的刑罚，“是对其犯罪所规定的惩役的最高刑期的二倍以下”，这显然因为突破了责任刑的上限而违背了责任主义立场下的量刑原理，相较之下，我国对累犯的规定是我国刑事立法的又一优越之处。

如前所述，我国分则中的加重的责任身份是《刑法》第361条第2款规定中的“单位的主要负责人”。第361条第1款所规定的组织卖淫、强迫卖淫等犯罪行为中已经包含“利用本单位的条件”，这表明，无论是旅馆等服务业的单位人员，还是单位的负责人，都利用到了单位这一整体所具有的优势，在对单位优势的利用这一点上，主要负责人与次要负责人并不会产生利用程度的差异。例如，某公司拥有五星级酒店一座，内含房间100个，无论是该公司的总经理，还是该公司的客房部主管，都只能在100间房的范围内“利用本单位的条件”来组织、容留卖淫，两者在违法性的程度上很难分出伯仲。因此，对该公司的总经理（主要负责人）从重处罚的根据就并不在于违法的加重，而是责任的加重，即总经理（主要负责人）因具有一定的专业管理能力从而具有更高的预防必要性。

需要指出的是，某身份是违法身份还是责任身份，是以该身份首先影响违法还是责任为标准而作出的。毋庸置疑，违法身份会第二次地影响责任，即违法的升高会导致责任也相应地升高，但是我们不能说全部的违法身份都是责任身份，因为违法升高责任也随之升高是当然之理。

---

〔1〕苏彩霞：《累犯制度设立根据之探究》，载《中国法学》2002年第5期。

三、身份犯共犯定性之教义学原理的构建

在身份的实质化区分的基础上，本部分旨在构建“违法身份连带、责任身份个别”这一实质化的身份犯共犯原理。首先要说明的是，我国的共犯体系应当采取区分制而非单一制。因为，在身份犯的共犯之中，根据单一制正犯体系，无论如何，刑法分则规定的犯罪形态，都必须具备身份，也就是说，无身份者无论作为共犯还是正犯，都不可能触犯刑法分则中的身份犯条款，既然如此，“如果要求贪污罪、受贿罪、徇私枉法罪、刑讯逼供罪的教唆者与帮助者也必须具备国家工作人员、司法工作人员的身份，明显不符合刑法规定与司法实践”〔1〕，那么，区分制体系就仍然是我国所应当坚持的理论方向。在区分制体系下，要解决身份犯的共犯问题，要先界定正犯，而对正犯的界定，则要通过正犯原理来完成。长久以来，我国学者都以普通犯罪为中心来讨论正犯原理，对之能否贯彻于身份犯之中则欠缺讨论。在这一现状下，本部分将先重点界定身份犯的正犯原理。在此基础上，以共犯从属性为根据，展开对具体原理的构建。

（一）身份犯的正犯原理

因为共同犯罪主要解决对不法结果的归责问题，所以，在讨论身份犯的正犯原理之际，针对的是违法身份犯而并非责任身份犯。此外，由于前文已经对将身份犯的实质违法性视为义务违反的观点作过批判，与之相应，以义务违反作为身份犯正犯原理的观点也无法成立。

首先，我国的正犯、共犯区分标准，分为实质化与形式化两类，而形式化正犯、共犯区分标准无法解决身份犯的共犯问题。在当下区分正犯、共

〔1〕 张明楷：《刑法学》（上）（第6版），法律出版社2021年版，第508页。

犯的标准中，主要存在两种对立的理论进路：一是以有无实施定型化的、形式化的实行行为作为区分正犯、共犯的标准。[1]二是以有无支配面向法益侵害结果的因果流程，或者说有无在面向结果发生的过程中，起到重要作用来区分两者。[2]前者属于形式客观说，后者属于实质客观说。形式客观说的不足之前已有指出，此处不赘。

其次，在共同犯罪中，谁实施形式意义上的实行行为并不重要，在危害结果已经发生的前提下，让谁承担“第一次责任”，让谁承担“第二次责任”才是重点所在。换句话说，谁是犯罪结果这一作品的主要作成人，谁就承担主要责任，而这只能是一个规范意义上的结果的归责判断。既然如此，支配原理下的溯责禁止论便有可取性。

最后，根据溯责禁止论，在违法身份犯的共犯中，在成立犯罪的基础上（引起身份犯法益侵害的前提下），违法身份者始终是正犯。以最具代表性的国家工作人员这一违法身份为例，因为国家工作人员的身份是违法身份，属于实现国家法益（如贪污罪中的职务行为廉洁性、受贿罪中的职务行为不可收买性）受到侵害的规范前提，所以，在整个犯罪实现的过程中，是国家工作人员主导了对廉洁性的破坏或者“权钱交易”结果的实现。如果我们从内、外两个视角观察，不难发现，国家工作人员身份与贪污罪、受贿罪的法益之间存在紧密关系，国家工作人员将权力事项纳入自己的答责领域，从而在内部支配着和权力事项相关的法益。

因此，在普通人和国家工作人员一起犯贪污罪、受贿罪的场合，鉴于国家工作人员身份和法益之间的内部支配关系，在规范评价上可以得出结论认为，一直是普通人通过国家工作人员的介入而引起了法益侵害结果，

---

〔1〕 陈家林：《共同正犯研究》，武汉大学出版社2004年版，第25页；钱叶六：《双层区分制下正犯与共犯的区分》，载《法学研究》2012年第1期。

〔2〕 多数学者持这一标准：张明楷：《刑法学》（上）（第6版），法律出版社2021年版，第511页；黎宏：《日本刑法精义》（第2版），法律出版社2008年版，第255页；周光权：《刑法总论》（第4版），中国人民大学出版社2021年版，第340页；刘艳红：《论正犯理论的客观实质化》，载《中国法学》2011年第4期。

哪怕在利用“无身份有故意的道具”之场合，也是如此。这一点，下文还将详述。值得注意的是，根据溯责禁止论，在身份者与无身份者起到对等作用的场合，两者当然可以成立违法身份犯的共同正犯。实际上，我国的共犯立法也是承认无身份者可以成立身份犯的共同正犯这一点的，例如，根据《刑法》分则第382条第3款“与前两款所列人员勾结，伙同贪污的，以共犯论处”的规定，已经为我们提供了如此理解的最佳证明。其说明步骤为：一则，第382条第3款的“共犯”，就是我国刑法总则第二章第三节“共同犯罪”的简称，二者并无区别。二则，既然第三节的“共同犯罪”之下，包含根据分工分类法而来的正犯与广义共犯，即共同正犯、教唆犯、帮助犯，那么，无身份者可以成立身份犯的共同正犯就应当是必然的逻辑结论。实际上，第382条第3款正是在选取典型的违法身份犯即贪污罪的基础上，以注意规定的方式宣示了上述道理而已。

（二）“违法身份连带、责任身份个别”教义学原理的构建

正如陈兴良教授所指出的：“违法身份的连带性、责任身份的个别性这一原理，是建立在违法的连带性、责任的个别性这一前置性原理的基础之上的。”[1]因而，本书欲构建“违法身份连带、责任身份个别”的教义学原理，必先证成“违法连带、责任个别”之原理。

首先，围绕共犯与正犯的关系，存在共犯从属性与共犯独立性之争。共犯独立性说认为，共犯的成立不需要以正犯着手实施犯罪为必要条件；共犯从属性说认为，要成立共犯，至少要求正犯着手实施犯罪。在我国，经过共犯二重性说与共犯从属性说的激烈争论，共犯从属性说已取得通说地位。特别是张明楷将《刑法》第29条第2款所规定的“罪”解释为“既遂犯罪”，为贯彻共犯从属性说扫清了立法障碍。[2]在共犯从属性说之中，根

〔1〕 陈兴良：《共同犯罪论·下册》（第4版），中国人民大学出版社2023年版，第1008页。

〔2〕 张明楷：《刑法学》（上）（第6版），法律出版社2021年版，第551–558页。

据对从属程度的不同理解，又分为最小从属性说、限制从属性说、极端从属性说以及夸张从属性说。最小从属性说认为，只要正犯符合构成要件，就能认可共犯成立；限制从属性说认为，要成立共犯，正犯必须符合构成要件以及违法；极端从属性说认为，要成立共犯，正犯除符合构成要件以及违法之外，尚需具备责任；夸张从属性说在以上共犯成立的必要条件之中另加入了影响刑罚轻重的正犯个人事由。〔1〕虽然我国的传统理论立场是极端从属性说，但是，极端从属性说因背离了共同犯罪是违法形态这一基本原理而遭到了学者的广泛批判。〔2〕正如周光权教授所言：“处于折中立场的学说即限制从属形式是合理的，因为共犯的从属性是行为的从属，而非行为人的从属，这样，采取极端从属形式或者最极端从属形式是没有道理的。”〔3〕此外，限制从属性说还得到了张明楷、〔4〕黎宏〔5〕等教授的支持，在我国已逐步占据通说的地位。

其次，尽管本书提倡最小从属性说，但是在“违法连带、责任个别”这一点上，最小从属性说和限制从属性说是一致的。一则，正犯是对犯罪结果承担“第一次责任”的人，共犯是承担“第二次责任”的人，既然如此，在“第一次责任人”的行为都不违法的前提下，我们就没有发动刑罚来惩罚“第二次责任人”的必要，这便是共犯的成立以正犯违法为必要条件的实质根据。根据结果无价值的基本立场，违法的本质在于客观的法益侵害结果，除了极少数例外场合下承认主观违法要素之外，在原则上，违法是客观的。又根据引起说可知，共犯和法益侵害结果之间至少也必须具备经验法则上的客观因果关联，那么，共犯所引起的法益侵害结果和正犯所引

〔1〕［日］大谷实：《刑法讲义总论》（新版第2版），黎宏译，中国人民大学出版社2008年版，第370页。

〔2〕对于极端从属性说的批判，参见钱叶六：《共犯与正犯关系论》，载《中外法学》2013年第4期。

〔3〕周光权：《刑法总论》（第4版），中国人民大学出版社2021年版，第362页。

〔4〕张明楷：《论教唆犯的性质》，陈兴良主编：《刑事法评论》第21卷，北京大学出版社2007年版，第85-90页。

〔5〕黎宏：《刑法学》，法律出版社2012年版，第269-270页。

起的法益侵害结果在原则上是一致的，即在正犯侵犯法益的前提下，共犯也通过正犯而引起法益侵害，这便导出了“违法连带”原理。二则，无论根据最小从属性还是限制从属性，共犯的成立不以正犯具备有责性为必要条件，因此，责任要素应当在正犯与共犯之间个别判断，这便是“责任个别”原理。据此，“违法连带、责任个别”原理得以证成。

最后，依照实质化区分而来的违法身份、责任身份分别属于违法要素、责任要素，因此，根据“违法连带、责任个别”原理，我们完全可以进一步推导出“违法身份连带、责任身份个别”的原理。根据这一原理，参与违法身份犯（构成、加重的违法身份犯）的人，成立违法身份犯的共犯，参与责任身份犯（构成、减轻、加重的责任身份犯）的共犯，不成立责任身份犯的共犯而只能成立自己所触犯的犯罪。

“违法身份连带、责任身份个别”的原理同样适用于共同正犯。共同正犯是各个参与人互相配合地共同引起了法益侵害结果，因果共犯论仍然可以贯彻于共同正犯之中，即“在与符合构成要件的结果具有因果关系的基础上，对构成要件结果的‘共同引起’”，[1]是共同正犯的因果性本质所在。既然共同引起了法益侵害结果，那么，违法评价于各个参与人之间就在原则上相同。总之，“违法身份连带、责任身份个别”的原理，不仅适用于正犯与共犯之间，在共同正犯之间，也当然适用。

四、“违法身份连带、责任身份个别”教义学原理的应用

“违法身份连带、责任身份个别”的原理能够合理解决身份犯的共犯问题，从而具备理论优越性。如本节开头所述，普通人与身份者的共犯参

〔1〕 山口厚「共同正犯の基本問題」山口厚、井田良、佐伯仁志編『理論刑法学の最前線』(岩波書店，2001年)211頁。

与问题以及不同身份者的共同犯罪问题，是身份犯共犯的两个问题方面，[1]这两方面的问题也是困扰我国理论与司法实务界已久的难题。以下，本书就围绕这两方面的问题，展开对本书所构建原理的应用功能的阐述。

（一）普通主体与身份者的共犯参与类型

首先，在普通主体参与（教唆、帮助以及共同实施）违法身份者的场合，根据“违法身份连带”的原理，普通主体成立违法身份犯的共犯。这一点，无论参与的是构成的违法身份还是加重的违法身份的共犯，其法律效果都一样，即都成立违法身份犯。如此一来，就本节开头所列举的内外勾结窃取银行存款类型的案件而言，因为贪污罪中的国家工作人员相对于盗窃罪中的普通主体而言，其还附加侵犯了职务行为的廉洁性这一法益从而是加重的违法身份，所以，普通主体与国家工作人员双方都应当成立贪污罪。另外，就普通人教唆、帮助或者与军人一起盗窃军用物资的案件而言，因为我国《刑法》第438条盗窃军用物资罪所侵犯的法益是国家的军事利益与财产，而盗窃罪所侵犯的法益仅仅是财产，所以，军人身份相对于普通主体就是侵犯了国家军事利益这一附加法益的加重的违法身份，根据“违法身份连带”原理，对于两者都应当论以盗窃军用物资罪。

此外，加重的违法身份除了侵犯附加法益的类型之外，还有加重法益侵害危险的类型，那么，在普通主体参与后一类型的违法身份犯之际，根据“违法身份连带”的原理，也应当被赋予与违法身份犯相同的法律后果。例如，教唆、帮助国家工作人员诬告陷害他人的普通人，也应当从重处罚，普通主体教唆、帮助掌握国家秘密的国家工作人员叛逃境外或者在境外叛

[1] 因为我国采取广义的身份概念，所以，不仅目的，连犯盗窃、诈骗、抢夺罪的人也可以视为身份。那么，目的犯的共犯与事后抢劫罪的共犯都属于身份犯的共犯问题，可能够根据“违法身份连带、责任身份个别”的原理加以解决。对这两个问题的解决，参见周啸天：《目的犯共犯教义学原理的再建构》，载《清华法学》2014年第3期；周啸天：《事后抢劫罪共犯认定新解——从形式化的理论对立到实质化的判断标准》，载《政治与法律》2013年第4期。

逃的，以及教唆、帮助缉毒人员或者其他国家机关工作人员掩护、包庇走私、贩卖、运输、制造毒品的犯罪分子的，也应当“从重处罚”。

其次，在违法身份者教唆、帮助普通主体实施犯罪的场合，违法身份者成立普通犯罪。例如，在本节开头所举的邮政工作人员教唆普通主体毁弃邮件的例子中，因为普通主体属于正犯，触犯的是侵犯通信自由罪，那么，作为共犯的邮政工作人员实现的也是在侵犯通信自由罪程度之内的法益侵害，根据共犯从属性，其应当成立侵犯通信自由罪的共犯。当然，这样处理可能会导致一个结果，那就是“以后邮政工作人员只要让他人替自己私自开拆、隐匿、毁弃邮件、电报，就可以逃避刑法第253条的罪责了”〔1〕。但是，在作为承担“第一次责任”的正犯所触犯的只不过是侵犯通信自由罪的场合，将承担“第二次责任”的共犯按照比正犯处罚还重的毁弃邮件罪论处，显然违背了共犯从属性原则从而并不合理。

最后，在普通主体与责任身份者互相参与的场合，根据“责任身份个别”的原理，普通主体不成立责任身份犯，而只成立其自身所触犯的犯罪。例如，在教唆本犯、本犯教唆的场合，因为本犯具备消极的责任身份，所以，只有本犯之外的人成立妨碍司法类犯罪而本犯并不成立犯罪。在非常习者教唆常习者赌博之际，只有常习者成立赌博罪，而非常习者不构成赌博罪。在教唆他人犯罪，他人着手犯罪之后自动中止犯罪的场合，中止的法律效果不及于教唆者，教唆者成立未遂犯。在初犯教唆累犯实施犯罪，或者累犯教唆初犯实施犯罪的场合，从重处罚的法律效果只及于累犯。在普通人教唆旅馆业、饮食服务业、文化娱乐业、出租汽车业等单位的主要负责人实施组织、强迫、引诱、容留、介绍他人卖淫行为的场合，或者单位主要负责人教唆普通人实施上述行为的场合，仅从重处罚单位主要负责人而不得从重处罚普通主体。

〔1〕 何庆仁：《义务犯研究》，中国人民大学出版社2010年版，第243页。

（二）不同身份者的共同犯罪类型

在我国司法实践中，最具有代表性的是两种案件类型：一是公司、企业人员与受委派到本单位从事公务的人员，相互勾结，各自利用职务便利侵吞本单位财产的类型。二是被保险人与保险公司工作人员（公司、企业人员或者国家工作人员）相互勾结，共同骗取保险金的类型。

对于第一种情况，应当按照贪污罪处罚两者。因为，职务侵占罪所侵犯的法益是财产，而贪污罪所侵犯的法益除去财产之外，尚包含国家工作人员职务行为的廉洁性，所以，贪污罪相对于职务侵占罪是加重的违法身份。根据“违法身份连带”的原理，应当对两者统一按照贪污罪定罪处罚。

司法解释也肯定上述结论。例如，2003年11月13日最高人民法院颁布的《全国法院审理经济犯罪案件工作座谈会纪要》第2条第3款中规定：“对于在公司、企业或者其他单位中，非国家工作人员与国家工作人员勾结，分别利用各自的职务便利，共同将本单位财物非法占有的，应当尽量区分主从犯，按照主犯的犯罪性质定罪。司法实践中，如果根据案件的实际情况，各共同犯罪人在共同犯罪中的地位、作用相当，难以区分主从犯的，可以贪污罪定罪处罚。”

虽然该司法解释令学者受诟病，认为以主犯这一量刑概念决定定罪，但是，根据本书所构建的“递进型”正犯、主犯关系模型，我国的主犯概念完全包含了位于不法层面的正犯概念，两者呈递进形态，因此，这里的主犯完全可以转化为正犯，从而该司法解释就并未颠倒定罪与量刑，以量刑概念解决定罪。

上述以贪污罪统一定罪的结论，实质上就是根据“违法身份连带”原理，在国家工作人员与公司、企业人员成立共同正犯的场合，以加重的违法身份对两者定罪的规定。另外，公司、企业人员与本单位具备国家工作人员身份的人相互勾结，各自利用职务便利挪用单位财物的，也应当统一按照挪用公款罪对双方定罪，原因同上，此处不再赘述。

与上述情况类似的，是纳税人与税务机关征税人员相互勾结，以虚假申报之后加以审批的手段少缴税款的案例，在该案例中，征税人员所触犯的徇私舞弊不征、少征税款罪位于渎职罪一章，其侵犯的法益是国家机关的正常管理活动，但是，因为成立该罪还要求“致使国家税收遭受重大损失”，所以该罪所保护的法益还包含国家的税收征管秩序。那么，相对于纳税人所触犯的逃税罪而言，征税人员所触犯的徇私舞弊不征、少征税款罪就多侵害了一个附加法益，即国家机关的正常管理活动，因此，征税人员属于加重的违法身份。根据“违法身份连带”原理，对于该案中的双方应当以徇私舞弊不征、少征税款罪论处。

对于第二种情况，应当根据竞合原理加以处理。“所谓共犯，就是数人根据共同行为来实现各自所追求的犯罪，它是实施犯罪的一个方法类型，是为了实现自己的犯罪而利用他人行为，因此而扩大自己行为的因果影响范围的一种形式”〔1〕。共同犯罪的“共同”不要求犯罪故意的完全一致，“共同”的本质是在意思联络基础上，基于行为互补而形成的行为共同。根据基于行为之间的相互补充与利用关系，对第二种情况的处理步骤为：一则，保险诈骗罪与职务侵占罪或者贪污罪属于相异的违法身份犯。由保险诈骗罪所处的章节可知，该罪所保护的法益是社会主义市场经济秩序，但是，职务侵占罪与贪污罪所保护的法益却分别是财产权益，以及职务行为的廉洁性与财产权益，那么，保险诈骗罪与职务侵占罪、贪污罪所保护的就是在本质上相异的法益，双方是相异的违法身份犯。二则，对双方应当以想象竞合犯处理。被保险人在自身触犯保险诈骗罪之外，还通过公司、企业人员或者国家工作人员触犯职务侵占罪或者贪污罪，公司、企业人员或者

〔1〕 黎宏：《刑法总论问题思考》，中国人民大学出版社2007年版，第468页。

国家工作人员在自身触犯职务侵占罪或者贪污罪之外，还通过被保险人触犯保险诈骗罪，一个自然意义上的行为触犯两个规范上的相异罪名，当以想象竞合犯原理处断。

第三节　身份犯共犯中主犯、从犯的区分

根据本书所构建的“递进型”的正犯与主犯关系模型，要划分身份犯共犯中的主犯与从犯，首先需要在不法层面上划定身份犯共犯的正犯与共犯，其次再在身份犯的共同正犯之中，根据责任层面上的大小进一步划分出主犯与从犯。如前所述，身份犯共犯包含两类情形：一是有身份者和无身份者共同犯罪的情形。二是不同身份者共同犯罪的情形。以下，本书将讨论不同类型身份犯共犯中主犯与从犯的划分。

一、有身份者和无身份者共同犯罪中主犯与从犯的区分

（一）普通主体参与身份者的共犯场合

所谓普通主体参与身份者的共犯，是指不具备特定身份的行为人教唆、帮助具备特定身份的行为人实施身份犯罪的情形。不具备国家工作人员身份的妻子教唆具备国家工作人员身份的丈夫贪污公共财产，即属其例。在此情形中，有身份者通常成立主犯，无身份者则通常成立从犯。

众所周知，犯罪是违法与责任的有机统一体，这就决定了只有当行为同时具备违法性与有责性时，其才能够成立犯罪，其中，行为具备违法性的原因在于其侵犯了刑法所保护的法益。因此，如果行为人具备违法身

份，便意味着其支配了某种特定的法益。当行为人利用基于该身份所形成的便利条件而实施犯罪行为时，则意味着其直接造成了法益侵犯的结果。根据溯责禁止理论，如果有身份者此时具备意志自由，则可以将法益侵犯的结果归责于其行为，由其对该结果负“第一次责任”。在有身份者背后教唆或者帮助有身份者实施构成要件行为的无身份者，如果其教唆行为或者帮助行为促进了法益侵害结果的发生，则需要对该结果负“第二次责任”。概言之，有身份者此时属于正犯，而其背后的无身份者属于共犯。由于责任的大小是相对而言，故而如果此时在不法层面上只有一个正犯，那么此时身份犯的正犯也是主犯，身份犯的共犯则是从犯。例如，在不具备国家工作人员身份的妻子教唆具备国家工作人员身份的丈夫贪污公共财产的场合中，由于丈夫直接侵犯了国家对公共财产的所有权和职务行为的廉洁性，因而是贪污罪的正犯，同时亦是贪污罪的主犯。而丈夫背后的妻子则仅是促进了国家对公共财产的所有权和职务行为的廉洁性被侵犯的进程，因而是贪污罪的共犯，同时亦是贪污罪的从犯。

我国司法机关在审理受贿罪、贪污罪的共同犯罪案件时，对普通主体所判处的刑罚往往低于对国家工作人员所判处的刑罚。

案例1：蒋某、唐某受贿案。〔1〕被告人蒋某，原系重庆市规划局局长。被告人唐某，重庆久源商品信息咨询有限公司、重庆嘉汇置业顾问有限公司及重庆瑜然房地产开发有限公司法定代表人。经法院审理查明，2002年上半年，蒋某、唐某确立情人关系后，共谋由唐某出面为开发商办理规划手续和规划调整业务并收受钱财，利用蒋某担任重庆市规划局领导的职务之便协调关系，解决调规问题。2004年11月，唐某在蒋某的帮助下成立重庆嘉汇置业顾问有限公司，取得丙级城市规划资质等级。为了让该公司顺

〔1〕 袁胜强、陈霞：《蒋勇、唐薇受贿案——如何认定国家工作人员与特定关系人的共同受贿行为》，载中华人民共和国最高人民法院刑事审判一、二、三、四、五庭：《中国刑事审判参考指导案例·06》（增订3版），法律出版社2017年版，第246页以下。

利开展代办规划业务，蒋某要求下属市规划局用地处原处长陈明关照唐某的业务，陈某表示同意。后蒋某单独或者伙同唐某收受贿赂多笔。法院认为，蒋某身为国家工作人员，利用职务上的便利，为他人谋取利益，单独或伙同唐某非法收受他人财物共计折合人民币1796.2884万元。唐某伙同蒋某共同收受贿赂1615.0367万元，二人的行为均已构成受贿罪，且情节特别严重。法院判决蒋某犯受贿罪，处死刑，缓期二年执行，唐某犯受贿罪，处有期徒刑15年。

在上述案例中，虽然法院并未直接将唐某认定为从犯，但是，唐某伙同蒋某共同受贿数额十分巨大，根据共犯从属性理论，法院在判处蒋某死缓的情况下，要对唐某判处十五年有期徒刑这一明显较轻的刑罚，无疑需要对其适用从犯从宽的条款才能够得以实现。既然如此，根据本书的观点，法院可选择在判决书说理部分明示唐某为从犯，一来展现出判决书定罪量刑的明示机能，二来有利于充分释法说理，让民众感受到身份犯共犯中主犯、从犯的具体区分标准——身份的有无。

案例2：聂某与张某贪污案。〔1〕聂某，原系宁夏环境科学研究院院长。张某原系宁夏中环国安咨询有限公司司机。2014年6月，被告人聂某在担任宁夏环境科学研究院（以下简称宁夏环科院）院长期间，指使被告人张某伪造了一份宁夏环科院与宁夏惠民环境评估咨询有限公司（以下简称宁夏惠民公司，以张某名义注册，由聂某实际控制）之间关于神华国能宁夏煤电有限公司鸳鸯湖电厂二期2×1000MW机组扩建工程环境质量检测的合同，伪造了环境检测报告，并指使张某到税务局代开了一张面额为18万元的增值税发票。被告人聂某将上述合同、报告和发票交给宁夏环科院财务人员并指使财务人员将18万元转入宁夏惠民公司账户，套取该笔资金用于该公司租赁办公场所、购买试验器材、日常经营等费用开支。

〔1〕宁夏回族自治区银川市中级人民法院刑事判决书，（2017）宁01刑终296号。

法院认为："上诉人聂某身为国家工作人员，利用职务之便，采用伪造环评合同的方式，伙同原审被告人张某侵吞公款18万元；采用虚构发票等方式侵吞公款101,909.65元，上诉人聂某及原审被告人张某的行为均已构成贪污罪，其中上诉人聂某贪污数额巨大，原审被告人张某贪污数额较大。在第一起共同犯罪中，上诉人聂某起主要作用，系主犯；原审被告人张某起次要、辅助作用，系从犯，依法予以从轻处罚。"

上述判决正确。虽然聂某并未实施形式的实行行为，而是指使他人实施，但是，根据溯责禁止论，国家工作人员和其权力事项之间存在紧密的内部支配关系，因而，上述案件中的正犯并非张某，而是作为部门领导的聂某。权力是一种意志的无障碍贯彻，结合权力的特征，从规范的视角来看，表面上是聂某指使并通过张某引起法益侵害结果，在结果归责进程中，介入了一个自律的主体张某，但是，实质上却是张某通过聂某来实现结果，因为聂某的权力更大，其可以无障碍地将意志贯彻于其权力领域内的具体事项——对物、对人的调度，这种意志的无障碍贯彻性使得其与法益之间形成了紧密的内部支配关系，并进一步使聂某成为离结果最近的、直接实现构成要件结果的人。权力的直接意志贯彻性使权力掌握者和法益之间结成了紧密的内部支配关系这一点，在后续的利用"有故意无身份的工具"的场合还将论及。

需要指出的是，在普通主体参与身份犯共犯的场合，并非普通主体一概仅成立共犯与从犯，普通主体完全有可能成立共同正犯，继而以主犯处理，如以下案例：

案例3：洪某受贿案。[1]1997年，被告人洪某与被告人尤某相识，后发展为情人关系。2002年至2007年间，被告人洪某、尤某经通谋，被告人洪某利用担任南京市江宁地方税务局局长的职务便利，为南通金典装饰工程

---

〔1〕 江苏省高级人民法院刑事判决书，(2009)苏刑二终字第0045号。

有限公司、南京科雄工贸有限公司、华润励致洋行家私(珠海)有限公司南京分公司等单位谋取利益,由被告人尤某收受上述单位及个人所送的贿赂共计人民币 348.998万元。被告人尤某将所得大部分赃款用于买房、购车案发后,扣押被告人尤某人民币175万元,奔驰轿车一辆。

江苏省南京市中级人民法院经审理认为,被告人洪某身为国家工作人员,伙同被告人尤某,利用职务便利,非法收受他人财物,并为他人谋取利益,其行为已构成受贿罪,且系共同犯罪。依据相关法律法规作出如下判决:以被告人洪某犯受贿罪,判处有期徒刑14年,并处没收财产人民币20万元;以被告人尤某犯受贿罪,判处有期徒刑14年,并处没收财产人民币50万元。扣押在案的被告人洪某、尤某犯罪所得赃款人民币175万元、奔驰轿车一辆予以追缴,上缴国库,其余赃款继续追缴。江苏省高级人民法院经审理认为,原审判决认定的事实清楚,证据确实、充分,裁定驳回被告人的上诉,维持原判。

在上述案例中,洪某的量刑与尤某一致,由此可知,判决认为两人作用相当,并列为主犯。其法理在于,洪某作为尤某的情人,给其受贿行为提供了很大的心理动因,即两人结成了“通谋”关系。转化为正犯和共犯的判断,便是两人在违法层面上形成了共谋的共同正犯关系。因为洪某作为国家工作人员的情人,在促成国家工作人员腐败堕落这一点上,起到很大作用故而具有较高的主观恶性和人身危险性,所以,两人之间无法在责任上进一步区分出主犯和从犯。判决将两人都论以主犯的结论正确。

(二)利用“有故意无身份的工具”的场合

所谓有身份者利用“有故意无身份者的工具”的场合,是指具备特定身份的行为人教唆、帮助不具备特定身份的行为人实施身份犯罪的情形。有身份者成立身份犯罪的原因,并不在于其具备特定的身份,而在于其利用了该身份所形成的便利条件而实施了犯罪行为。在此意义上,身份与职务便利本身就是一体的，身份是职务的外在表现，职务是身份的实质内容。因此，本书所讨论的身份犯的共犯问题，都是指关涉、利用到身份者职务便利的场合，当有身份者并未利用其身份所形成的便利条件而实施了犯罪行为时，其行为并不成立身份犯罪，也就无关于身份犯的共犯问题。例如，当国家工作人员在骗取公共财产时并未利用其职务上的便利，其行为并不成立贪污罪，而仅成立普通诈骗罪。

刑法的目的是保护法益，根据与利用者身份相应的身份犯所侵犯法益的不同，利用“有故意无身份的工具”问题包含两种法益侵害类型：

第一，侵犯单一法益类型。例如，引起我国学界诸多讨论的经典设例——身为国家工作人员的丈夫教唆妻子帮助拿回贿赂的案例，便属其例。第二，侵犯复合法益类型。例如，司法机关工作人员教唆无身份的“特情人员”“狱内耳目”殴打犯罪嫌疑人逼取口供的，便属其例。

首先，在侵犯国家法益类型的身份犯中，我们可以通过溯责禁止原理将身份犯确定为直接正犯，无身份者确定为共犯。在涉及侵犯国家法益的犯罪中，身份者所代表的职权是犯罪完成不可或缺的重要因素，权力的直接意志贯彻性使身份者与法益之间具备内部的紧密支配关系，因而导致在结果归责的进程中，于规范上始终是普通人通过国家工作人员引起法益侵害，而并非如表面上所看到的国家工作人员通过普通人引起法益侵害结果。例如，受贿罪所侵犯的法益是职务行为的不可收买性，概言之，如果实质化地理解受贿罪的实行行为，受贿罪的实行行为在于对“权钱交易”的实现，而要实现对国家法益的侵犯，其前提是拥有职权。具体而言，在国家公务员的序列里，身份的高低代表着职权大小的不同，权力越大，对应的寻租空间越大，对价越丰厚，对于不具备国家工作人员身份的普通人，因为手无职权，自然不可能存在权力寻租的可能性，除非其参与到前者的犯罪行为之中。

既然如此，在国家工作人员教唆别人收受贿赂之际，如果自己详细策划，并指使明确，就无碍其“权钱交易”本质的实现，此时，我们也可以认为，是身份者基于和法益之间的内部支配关系，自身实现了全部受贿罪的构成要件，对于国家法益受侵犯的结果，其也完全应当承担“第一次责任”（直接正犯责任）。正如山口厚教授所言：“在第三人不具有属于构成要件要素之身份的场合，背后者可能成立直接正犯，该第三人则成立其共犯（共同正犯或者帮助）。比如说，公务员A通过非公务员B而从C那里收受贿赂的时候，除去当B从C那里收受贿赂的阶段就能视为A收受了贿赂的场合（在这样的场合，在此阶段A即成立受贿罪），能够理解为，在A从B那里现实地领受了贿赂的阶段，A则成立受贿罪（此时，由于是通过自己的领受行为而成立了受贿罪，也就是该罪的直接正犯而非间接正犯），而B则成立受贿罪的共犯。”〔1〕

其次，贪污罪所侵犯的首要法益是职务行为的廉洁性，其罪行本质在于“以权肥私”。正如本书在前文所论述的，对于国有资产而言，国家工作人员具有保证人身份，国有资产位于其支配领域内，既然如此，贪污罪的完成依然离不开国家工作人员手中的职权。在国家工作人员教唆普通人盗窃自己保管的公共财物之际，如果国家工作人员积极提供便利，全程指挥，就无碍其“以权肥私”本质的实现，并且该犯罪实现于其支配领域内，与其说是国家工作人员通过普通人完成犯罪，不如说是普通人通过国家工作人员的介入而完成犯罪。因此，国家工作人员对国家法益的侵害结果，也完全应当承担正犯责任。相对而言，此时的普通人只是可以随时被替换掉的一个起到辅助作用的人而已，应当成立帮助犯。

再次，在侵犯复合法益类型（主要是“侵犯国家+人身法益”类型）的身份犯中，只存在身份者与无身份者成立共同正犯一种情况。与侵犯国家法益类型的犯罪不同，在主要侵犯人身法益类型的犯罪中，利用无身份的

〔1〕［日］山口厚：《刑法总论》（第3版），付立庆译，中国人民大学出版社2018年版，第72页。

人的行为，无法被评价为直接正犯。以刑讯逼供罪为例，与受贿罪、贪污罪不同，刑讯逼供罪侵犯的主要法益是人身权利，这表明，谁以肉刑或者变相肉刑的方式逼迫犯罪嫌疑人、被告人作出供述是规范评价的重点。因为在侵犯人身权利的过程中，司法工作人员利用的是“有故意”的人，所以，无身份者完全是在自己的自由意志下实施肉刑与变相肉刑行为，在答责领域内支配了面向人身权利受到侵害结果的因果流程的人，也只能是无身份者。如此一来，无身份者对人身权利受侵害结果的支配就排除了司法工作人员对刑讯逼供罪整个法益侵害过程的支配可能性，这也当然排除了其成立直接正犯的可能性。

但是，在实现侵害人身法益与国家法益的过程中，国家工作人员与普通主体起到了对等重要作用，从而两者应当成立实行的共同正犯。这表现在身份者在其权力领域内支配了面向国家法益受侵害结果的因果流程，因为刑讯逼供罪不仅侵犯公民人身权利，还侵犯了正当程序原则这一刑事诉讼上的公法益，与公法益之间具有直接意志贯彻性的人只能是司法工作人员。无身份者支配了面向人身权利受侵害结果发生的因果流程，两者对犯罪的完成都具有不可替代性。根据本书上述所揭示的共同正犯之两个法理：不可替代性和意思贯彻性，前者对应实行共同正犯，后者对应共谋共同正犯。这里的司法工作人员与无身份者之间成立刑讯逼供罪的实行共同正犯。

那么，在这一情形之中，我们就可以进一步根据责任的大小而区分出主犯、从犯。比如，司法机关工作人员为追求破案率积极教唆“狱内耳目”殴打犯罪嫌疑人，在“狱内耳目”拒绝之际，司法机关工作人员说：“不帮我逼取口供，就等着瞧！”在该情形下，司法机关工作人员系主犯，无身份者系从犯，但是，在“狱内耳目”为积极争取立功机会而主动请缨对犯罪嫌疑人“上手段”，国家机关工作人员默许同意的案件中，国家机关工作人员便属于从犯，而无身份者成立主犯。当然，在难以划定主犯与从犯的情形下，也可以不进一步区分主犯、从犯。

二、不同身份者共同犯罪中主犯与从犯的区分

所谓不同身份者共同犯罪，是指具备不同身份的行为人相互勾结，各自利用其身份所形成的便利条件来实施身份犯罪的情形。在此情形中，不同身份者不仅 实施了各自身份犯罪的构成要件行为，同时也教唆对方实施了其身份犯罪的构成要件行为，因而他们同时触犯了数个罪名。例如，在公司、企业的工作人员与受委派到本单位从事公务的人员相互勾结，各自利用职务便利侵吞本单位财产的情形中，各个行为人均同时触犯了职务侵占罪和贪污罪两个罪名。

根据本书所构建的“递进型”的正犯与主犯关系模型，要将共同犯罪的参与人划分为主犯与从犯，首先需要在不法层面上区分出正犯与共犯。众所周知，不同个罪所保护的法益是不同的，因而行为人支配了侵犯此罪保护法益的因果流程，并不意味着其亦支配了侵犯彼罪保护法益的因果流程，因此，行为人能够成立此罪的正犯，并不意味着其也能够成立彼罪的正犯。例如，在国有公司、企业之中，具备国家工作人员身份的甲和不具备国家工作人员身份的乙互相勾结，共同侵吞本单位财产的案件中，甲承担着监督国有资产的职责因而和国有财产法益之间具有内部的紧密支配关系，但是，乙承担着对公司财产的管理、监督责任因而和公司财产之间具备内部的紧密支配关系。根据溯责禁止原理，甲通过乙侵犯了公司财产法益，因而是职务侵占罪的共犯，乙通过甲侵犯了国家工作人员职务行为的廉洁性和国有财产法益，因而是贪污罪的共犯。两者之间在罪名上形成竞合关系。

罪名关系建立在法益分析的基础上。在不同身份者共同犯罪的场合中，行为所侵犯的法益之间存在两种关系。一是重叠关系。例如，在公司、

企业的工作人员与受委派到本单位从事公务的人员相互勾结，各自利用职务便利侵吞本单位财产的情形中，行为人的行为便同时成立职务侵占罪和贪污罪两个罪名。其中，职务侵占罪保护的法益是被害人的财产权益，而贪污罪保护的法益则是国家对公共财产的权益和职务行为的廉洁性。[1]两者所保护的法益之间具有重合部分，因而是重叠关系。二是异质关系。例如，在被保险人与保险公司工作人员（公司、企业人员或者国家工作人员）相互勾结、共同骗取保险金的场合中，行为人的行为便同时成立保险诈骗罪和职务侵占罪（或者贪污罪）两个罪名。其中，保险诈骗罪保护的法益是社会主义市场经济秩序，而职务侵占罪与贪污罪所保护的法益却分别是财产权益和职务行为的廉洁性、财产权益。两者所保护的法益之间并不具有重叠部分，因而是异质关系。

想象竞合犯与法条竞合犯虽然都属于科刑上的一罪，但是两者却有本质上的区别：前者在评价上属于数罪，而后者在评价上则属于一罪。[2]在上述第一种情形中，由于行为所侵犯的法益之间存在重叠关系，如果认定行为成立数罪的想象竞合犯，会对同一法益进行重复评价，这显然违反了禁止重复评价原则，因而应当认定行为成立数罪的法条竞合犯，按照特别罪名对行为进行处罚。在上述第二种情形中，由于行为所侵犯的法益之间并不存在重叠关系，如果认定行为成立数罪的法条竞合犯，则会对法益评价不足，因而应当认定行为成立数罪的想象竞合犯，按照重罪名对行为进行处罚。

与此相应，在上述第一种情形中，我们应当将直接侵犯特别罪名保护法益的行为人认定为主犯，相应地，其他行为人则应当被认定为从犯。例如，在公司、企业的工作人员与受委派到本单位从事公务的人员相互勾

〔1〕 黎宏：《刑法学各论》（第2版），法律出版社2016年版，第502页。
〔2〕 甘添贵：《罪数理论之研究》，中国人民大学出版社2008年版，第44、109页。

结，各自利用职务便利侵吞本单位财产的情形中，由于应当按照贪污罪对行为人进行处罚，而直接侵犯国家对公共财产所有权和职务行为廉洁性的行为人是国家工作人员，故而其是贪污罪的正犯，同时亦是贪污罪的主犯。如此一来，公司、企业的工作人员则是贪污罪的共犯，同时亦是贪污罪的从犯。在上述第二种情形中，则应当将直接侵犯重罪名保护法益的行为人认定为主犯，相应地，其他行为人应当被认定为从犯。例如，在被保险人与国有保险公司工作人员相互勾结、共同骗取数额特别巨大的保险金的场合中，行为人的行为同时成立保险诈骗罪和贪污罪两个罪名，此时贪污罪的刑罚重于保险诈骗罪的刑罚，故而应当以贪污罪来对行为人进行处罚。其中，国有保险公司工作人员直接侵犯了国家对公共财产的所有权和职务行为的廉洁性，因而其是贪污罪的正犯，同时亦是贪污罪的主犯。国有保险公司工作人员背后的被保险人是贪污罪的共犯，同时亦是贪污罪的从犯。

第三章　不作为犯共犯中“递进型”关系的应用

除了身份犯的共犯之外，另一个特殊共犯形态便是不作为犯的共犯。陈兴良教授指出：“共犯的不作为犯是不作为犯和共犯论的竞合，同时涉及两种理论。就不作为犯论而言，主要是一个作为义务问题；就共犯论而言，主要是一个不作为的正犯与共犯的区分问题，而这两个问题之间又存在密切的联系。可以说，作为义务和不作为的正犯与共犯的区分是一个问题的两个方面。这个问题的核心是不作为犯的正犯性问题，因而值得深入研究。”[1]鉴于此，本章先厘定作为义务的来源，在规范论和事实论之间，取事实论之路径对其加以重构。在此基础上，进一步确定区分不作为犯正犯和共犯的界分基准，并阐明“递进型”关系的应用功能。

第一节　作为义务实质来源事实论的重构

不真正不作为犯是具有作为义务者以消极不作为的方式实现构成要件的犯罪类型。作为义务是保证结果不发生的义务，作为义务者便是具有保证人地位的人。界定保证人地位的两个理论基点是规范与事实，前者认

〔1〕 陈兴良：《共同犯罪论》(下册)(第4版)，中国人民大学出版社2023年版，第692页。

为保证人地位来自人与人之间的关系，后者认为保证人地位来自对法益的现实支配。以此为脉络考察可知，我国学界最初的主流理论是融合两者的二元论。例如，张明楷教授一边认为“基于法规范、制度、体制”〔1〕，母亲对婴儿有哺乳义务，一边认为“行为人处于控制危险源的地位，因而支配了结果发生的原因”〔2〕是监督义务的实质来源。再如，早期的黎宏教授认为，界定保证人地位“必须考察两方面的因素：一是事实性的因素，即行为人对危害结果发生的因果关系能现实性地具体支配。二是规范性因素，即法令、法律行为、职业或业务上的职责等通常意义上的作为义务发生根据”〔3〕。从陈兴良教授一边同意冯军教授早期所持的事实承担说的观点，〔4〕另一边又以形式的作为义务限定保证人地位的做法可知，〔5〕他也属于二元论者。〔6〕二元论的根本问题是判断标准的分裂从而有违教义学的内在统一性，例如，在某母亲刚生下孩子，就立即离家出走导致婴儿死亡的场合，如果采取规范论，母亲违背了基于扶弱体制而来的团结义务，其成立不作为的故意杀人罪，如果采取事实论，除非我们将怀孕理解为对“脆弱之人”的支配或者先行行为，否则我们就难以肯定母亲成立不作为的故意杀人罪，她充其量成立遗弃罪。〔7〕

---

〔1〕 张明楷：《刑法学》（上）（第6版），法律出版社2021年版，第198页。

〔2〕 张明楷：《刑法学》（上）（第6版），法律出版社2021年版，第198页。张明楷紧接着补充道：“单纯的事实上可以控制危险源还不能成为作为义务的来源，还必须对危险源具有监督管理义务的形式根据”。对于形式根据为何，其并未详细阐明。

〔3〕 黎宏：《不作为犯研究》，武汉大学出版社1997年版，第166-167页；黎宏：《“见死不救”行为定性分析——兼论不真正不作为犯的作为义务的判断》，载《国家检察官学院学报》2011年第4期。

〔4〕 陈兴良：《不作为犯论的生成》，载《中外法学》2012年第4期。

〔5〕 陈兴良：《教义刑法学》（第3版），中国人民大学出版社2017年版，第273页。

〔6〕 其他的二元论观点参见许成磊：《不纯正不作为犯理论》，人民出版社2009年版，第526页；郑泽善：《不纯正不作为犯新论》，载《求索》2016年第2期；毛玲玲：《不作为犯义务的限制实质论》，载《东方法学》2014年第3期。

〔7〕 采取事实论的黎宏在一定条件下，以作为犯处罚弃婴行为，比如将孩子生在臭气熏天的厕所里，成立故意杀人罪。从其理论反推可知，在将孩子生在安全场合扬长而去的行为，应被论以遗弃罪而不是故意杀人罪。黎宏：《排他支配设定：不真正不作为犯论的困境与出路》，载《中外法学》2014年第6期。

在此基础上，我国学界出现了分道扬镳，各采一边的现象。一元规范论的代表性论者，是车浩教授与何庆仁教授。前者将阿明·考夫曼（Armin Kaufmann）的机能二分说往前推进一步，有创见地假设了一个只有父母与孩子存在的思想实验场域，并据此推导出父母对孩子的保护是延续社会存续的基础，是作为义务得以生成的原型。[1]后者借鉴了雅各布斯的义务犯理论，[2]以支配犯与义务犯作为统摄作为犯与不作为犯的上位原理，支配犯以支配因果流程为正犯准则，义务犯以违背“与他人共建一个共同世界”为正犯准则，据此，某些不真正不作为犯中的作为义务便是积极义务。[3]

前者的问题是，在实然层面上，思想实验不必然导出理论结果，客观情况决定行为选择，因为在只有父母与孩子的自然状态下，父母不一定会保护孩子甚至相反，这一点从父母出卖亲生子女的大量案件中已经充分地体现出来。少了根植于人性基础上的实然支撑，应然便易落入假想的范畴。后者的根本问题是，提倡积极义务会带来重刑化结局。积极义务的考察重点在于行为人对义务的积极履行态度，根据其逻辑，在母亲抱着杀意而将孩子丢弃到医院大门口的场合，母亲便因对法规范的强烈抵触而成立故意杀人罪（未遂）而并非遗弃罪，警察在巡逻之际看到有人被追杀而见死不救的，成立故意杀人罪，父亲看到有人强奸自己所监护的幼女的，成立强奸罪的正犯，这显然重罚了行为人。

近期，长期以来深入研究该问题的黎宏教授彻底转向了事实论。出

---

〔1〕 车浩：《保证人地位的实质根据》，载公益信托东吴法学基金会主编：《不作为犯的现况与难题》，台北，元照出版有限公司2015年版，第256-292页。

〔2〕 罗克辛早期将“支配”驱逐出不作为犯领域，将根据保证人地位而来的结果回避义务视作义务犯中的特别义务，继而将全部的不作为犯都看作义务犯。Claus Roxin, Kriminalpolitik und Strafrechtssystem, 2. Aufl., 1973, S. 19. 因为罗克辛的义务犯理论面临危机，雅各布斯以制度管辖（违反消极义务，对应支配犯）与组织管辖（违反积极义务，对应义务犯）作为统摄作为犯与不作为犯的统一归责原理，从而极大地发展了义务犯理论。ギュンタ・ヤコブス「支配犯および義務犯における関与」法学57巻3号（1993年）40-46頁。

〔3〕 何庆仁：《义务犯研究》，中国人民大学出版社2010年版，第78-80、282-284页。

于明确化判断义务标准的理论初衷，他从设定对法益的排他性支配（包含“支配行为”与“危险创出”）的角度，构建了彻底的一元化事实论。〔1〕姚诗教授也偏向事实论的进路，以“对引起结果原因的支配”作为保证人地位的判断标准。〔2〕我国事实论的根本问题是，在具有不真正不作为犯总则性立法的德国，根据物本逻辑，从作为犯中的支配原理类推出作为义务的来源并无问题，但是，在并无总则或者分则性立法的我国，以作为犯类推不作为犯的做法则面临与罪刑法定原则的硬性冲突。具体而言，如果我们认为刑法的分则条文直接包含了不真正不作为犯，那么，立法者连处罚重的不真正不作为犯都没有明确规定，单独规定处罚较轻的真正不作为犯就殊无必要，如果我们认为分则条文是以作为犯为原型制定，那么，从作为犯之中类推出不真正不作为犯的构成要件，就有违罪刑法定原则的法律主义要求，即罪与罚必须被成文法所创设。〔3〕

由以上梳理可知，在保证人地位的界定标准上，规范论与事实论的对立已经拉开序幕，而我国以往的理论都存在或多或少的问题。与此相应，本书这部分的核心问题意识便是，如何在作出理论取舍的基础上，构建起既有实定法基础又有清晰明确性的保证人地位理论？本书的解决思路是，先回到原点，对问题的来龙去脉以及两种理论路线的发展进行一番更为细致的考察，继而在作出方向性选择的基础上，以不真正不作为犯的自身结构为着眼点，以实定法中的选择身份为依据，构建出简洁明快而又富有良

〔1〕 黎宏：《排他支配设定：不真正不作为犯论的困境与出路》，载《中外法学》2014年第6期。另外，冯军的早期观点也是一元的事实论，他曾经认为，作为义务的实质来源在于“行为人为防止结果的发生而自愿地实施了具有支配力的行为”。参见冯军：《刑事责任论》，法律出版社1996年版，第47-49页。不过，从冯军其后对雅各布斯理论的吸收与借鉴来看，其观点已然发生了变化。

〔2〕 姚诗：《不真正不作为犯的边界》，载《法学研究》2018年第4期。

〔3〕 提出处罚不真正不作为犯会违反罪刑法定原则这一根本困境的日本学者不在少数，参见松宫孝明「保障人説について」刑法雑誌36巻1期（1996年）171頁；平山幹子『不作為犯と正犯原理』（成文堂，2005年）14頁；金澤文雄「不真正不作為犯の問題性」団藤重光等編『犯罪と刑罰（上）佐伯千仭博士還暦祝賀』（有斐閣，1968年）234頁。

好应用功能的保证人地位理论。

一、德国的规范论与日本的事实论

在域外，对作为义务的研究，呈现出以德国为代表的规范论与以日本为代表的事实论之间的差异，而德日的理论又分别影响着我国，因此，简要梳理域外理论发展，有助于我们对理论发展道路的选择。

（一）德国的研究路径：由事实到规范

德国19世纪的刑法学者并未摆脱自然主义的思维方式，侧重于以因果关系界定作为义务。例如，Luden提出，应当实施作为之际所实施的其他行为，就是不作为的原因力，即他行为说。〔1〕其后，又有奥古斯特·奥托·克鲁格（August Otto Krug）、尤利乌斯·安东·格拉泽（Julius Anton Glaser）、阿道夫·默克尔（Adolf Merkel）等人在一体把握不作为及其之前的作为的基础上，从之前的作为之中寻求原因的先行行为说，以及马克西米利安·冯·布里（Maximilian von Buri）、鲁道夫·奥尔特曼（Rudolf Ortmann）、胡戈·哈尔施内尔（Hugo Halschner）、宾丁从不作为人抑制自己实施防果行为的冲动处寻求原因的干涉说。〔2〕“在（19、20——笔者注）世纪之交，随着自然主义思想被克服，新康德主义关注价值的方法被重视”，〔3〕在此背景下，学者逐渐认识到，作为义务与因果关系并不相关，作为义务属于违法性层面，并转而从违法性中探求不真正不作为犯与作为犯等置的理由。其中，采取形式法义务观点的有弗朗茨·冯·李斯特

---

〔1〕 松宫孝明『刑法立法と犯罪体系』(成文堂，2003年）87頁。

〔2〕 ［日］日高义博：《不作为犯的理论》，王树平译，中国人民公安大学出版社1992年版，第14页。

〔3〕 ［德］克劳斯·罗克辛：《德国刑法·总论：犯罪行为的特别表现形式》（第2卷），王世洲等译，法律出版社2013年版，第535页。

(Franz von Liszt)、埃德蒙·麦兹格(Edmund Mezger)、赖因哈德·冯·弗兰克(Reinhard von Frank),采取实质的法义务观点的有威廉·绍尔(Wilhelm Sauer)、西格弗里德·基辛(Siegfried Kissin)等人。后者与违法一元论相结合,开启了扩大处罚不真正不作为犯的大门,这表现在于纳粹时代盛行的基尔学派的代表性论者乔治·费迪南德·古斯塔夫·达姆(Georg Ferdinand Gustav Dahm)、弗里德里希·沙夫施泰因(Friedrich Schaffstein)主张取消伦理与法律的区别,而代之以整体考察。[1]

至此,在一方面满足扩张不真正作为犯处罚范围,另一方面抵制法与伦理不分的时代任务下,约翰内斯·纳格勒(Johannes Nagler)的保证人说登场了。该保证人说将作为义务首次放置于构成要件之中,具体而言,纳格勒转而在“刑法典的规定中寻求不作为与作为同等看待的线索”,[2]纳格勒认为,不真正不作为犯与作为犯的等置有着规范根据,因为《德国刑法典》分则第221条第1款[3](该条系结果犯)将一般主体的作为与保护责任者的不作为并列规定在一起。这样一来,因为不真正不作为犯违反的仍然是以作为犯为原则而制定的禁止规范,所以其属于“被伪装的作为犯”[4](getarnte Aktivität)。在“二战”后,学者迫切希望寻求一种不受价值干扰,具备稳定结构的刑法思想,存在主义恰好满足了这一时代要求。目的行为论者考夫曼注重不作为与作为之间于存在结构上的差异,并认为不作为并不存在与结果之间的因果关系因而违反的是命令规范,作为具备

〔1〕 车浩:《保证人地位的实质根据》,载公益信托东吴法学基金会主编:《不作为犯的现况与难题》,台北,元照出版有限公司2015年版,第240-253页。

〔2〕 [日]松宫孝明:《刑法总论讲义》(第4版补正版),钱叶六译,中国人民大学出版社2013年版,第65页。

〔3〕 《德国刑法典》第221条规定的是遗弃罪,其第1款规定:“行为人对于他人有下列行为之一,且因而使他人遭受死亡或健康严重损害之危险者,处三月以上五年以下有期徒刑:1.将他人置于无助之状态,或 2.任由受其照顾之人,或其有义务帮助之人处于无助之状态,而弃置不顾。”《2017年最新版·德国刑法典》,李圣杰、潘怡宏编译,台北,元照出版有限公司2017年版,第288页。

〔4〕 松宫孝明「保障人説について」刑法雑誌36卷第1期(1996年)169頁。

因果力因而违背的是禁止规范，两个规范所针对的对象完全不同。[1]在此基础上，考夫曼形成了自己的“新保证人说”。在“新保证人说”之中，等置性问题退为其次。因为不真正不作为犯有自己独立的构成要件，即由保证人地位作为构成要件要素的构成要件，所以不真正不作为犯的核心问题是保证人地位。

既然不真正不作为犯有自己独立的构成要件，那么参照规定作为犯的条文来认定不真正不作为犯的做法便违背了禁止类推原则，不真正不作为犯问题必须依赖立法加以解决。经过一系列修法过程，保证人地位最终被规定于1975年现行《德国刑法典》第13条第1款之中。[2]在存在立法规定的前提下，因为不真正不作为犯与作为犯符合的是各自的构成要件，所以德国的通说不再纠缠于对不作为原因力的弥补，而是肯定不作为行为与结果之间存在假定的因果关系。[3]如此一来，保证人地位才是不真正不作为犯的“唯一之客观成立要件”[4]，等置性只是在分则对行为有特别要求之际，考虑正犯能否成立的因素。[5]少了等置性要求的牵绊，德国的义务犯理论行进在规范化的大方向上。

---

〔1〕 島田聡一郎「不作為犯による共犯について(一)」立教法学64号(2003年)34頁。

〔2〕《德国刑法典》第13条第1款规定：“对于犯罪构成要件结果之发生，法律上负有防止义务，而不防止，且不防止与积极行为实现构成要件相当者，罚之。”德国的修法过程，参见堀内捷三『不作為犯論—作為義務論の再構成』(青林書院新社，1978年)120-173頁。需要指出的是，第13条的总则性立法虽然避免了违反禁止类推原则的质疑，维护了罪刑法定中的法律主义原则，但是，明确性也是罪刑法定原则的内在要求，而“第13条与明确性要求的一致性还是一直存在着质疑”。[德]克劳斯·罗克辛：《德国刑法·总论：犯罪行为的特别表现形式》(第2卷)，王世洲等译，法律出版社2013年版，第480页。

〔3〕 [德]乌尔斯·金德霍伊泽尔：《刑法总论教科书》(第6版)，蔡桂生译，北京大学出版社2015年版，第366页。

〔4〕 许玉秀：《主观与客观之间——主观理论与客观归责》，法律出版社2008年版，第252页，脚注3。

〔5〕 [德]汉斯·海因里希·耶塞克、托马斯·魏根特：《德国刑法教科书》，徐久生译，中国法制出版社2001年版，第759-760页。根据罗克辛的观点，所有的不作为犯都是义务犯，那么不作为的参与在原则上就只成立单独正犯，只有在分则对构成要件要素存在例外要求（如夺取罪中的非法占有目的、自手犯的自手性）而参与人不具备的场合，不作为者才成立共犯。另外，在通常的犯罪类型中不作为者所不阻止的作为犯只是共犯的场合，不作为者也只成立共犯。[德]克劳斯·罗克辛：《德国刑法·总论：犯罪行为的特别表现形式》(第2卷)，王世洲等译，法律出版社2013年版，第506页。

（二）日本的研究路径：趋向彻底的事实化

如果说不真正不作为犯与作为犯有各自独立的构成要件，那么根据罪刑法定原则下的法律主义，不真正不作为犯的构成要件就必须经法律明文规定而创设，那么，在日本现行刑法总则对不真正不作为犯规定阙如的现状下，借鉴考夫曼的新保证人说在日本就不具备实定法空间。在日本流行的，是重视不作为与作为之间等置的纳格勒的保证人说。与此相应，不真正不作为与作为之间的等置性（等价值性）就成为界定作为义务的上位理念，这表现在等置性被日本的通说作为“为实质意义的作为义务的发生根据提供基础、限制作为义务发生根据的指导原理（平野龙一、福田平、大谷实、西田典之）”[1]。因为评价离不开对象，而不作为与作为之间存在着不同的事实结构，所以，日本学者对于等价性的寻求，就建立在弥补作为与不作为之间因果力的不同之上，这当然也就确保了日本的研究路径行进在以事实化为原则的大方向上。在这一方向上又存在三种不同的理论支流，分别是“弥补原因力模式”“事中排他性支配因果关系模式”“事前支配结果的原因模式”。

“弥补原因力模式”最初由日高义博教授所主张，近年来出现了松宫孝明教授所倡导的变种。日高认为，“要填补不真正不作为犯存在结构上的空隙，使其与作为犯在构成要件方面价值相等，就必须考虑不作为人设定原因的情形”[2]，而“只有由于不作为人的故意或者过失的情形才能填补不真正不作为犯存在结构上的空隙”[3]。松宫将设定面向结果的原因的作为与其后续的不作为视为一体化的作为（后者为前者的“延长之手”），

〔1〕张明楷：《外国刑法纲要》（第3版），清华大学出版社2020年版，第85页。
〔2〕［日］日高义博：《不作为犯的理论》，王树平译，中国人民公安大学出版社1992年版，第110页。
〔3〕［日］日高义博：《不作为犯的理论》，王树平译，中国人民公安大学出版社1992年版，第111页。

以从自己的组织管辖领域内输出风险为归责基础，进而将不真正不作为犯以“准作为犯”看待。〔1〕

“事中排他性支配因果关系模式”被西田典之教授所提倡。他明确提出不真正不作为犯与作为犯等置的基础在于排他性支配，即“将正在发生的因果流程控制在自己手中”〔2〕，由“控制在自己手中”之表述可知，该观点中的支配是在整个因果流程中排除了他人救助可能性的“事中支配”。有两种方式能够获得对因果关系的排他性支配：通过自己意思主动获得，以及并非通过自己意思获得，前者被其称为“排他性支配”，后者被其称为“支配性领域”（如父母身份等规范要素）。佐伯仁志教授批判认为，规范要素的背后又无非是道德、伦理与基于社会一般观念的期待。〔3〕进而，佐伯改造了西田的观点，提出“事前支配结果的原因模式”，他认为，“作为与不作为的等价值性要求对法益的排他性支配，自由主义原则要求行为人以自己的行为创出风险，这两点是保证人地位的根据”〔4〕。由此可知，佐伯保留了西田的“排他性支配”〔5〕，但却以“危险创出”代替了西田的“支配性领域”。佐伯以自由主义原理作为限制保证人地位的法理基础的做法得到了山口厚、岛田聪一郎两位教授的认可。不过与佐伯不同的是，山口与

〔1〕 松宮孝明「不真正不作为犯について」阿部耕一等主编『西原春夫先生古稀祝賀論文集』(第1卷)(成文堂，1998年)175頁。松宫教授曾于2016年3月11日莅临山东大学威海校区短期做客，笔者曾当面请教松宫教授：在其理论中，还有什么样的行为可以成立不真正不作为犯？松宫教授仍然仅列举了在控制自动车行进的过程中快要撞到人而不管的行为，并承认其理论大大缩小了不真正不作为犯的成立范围。

〔2〕 ［日］西田典之：《日本刑法总论》，刘明祥、王昭武译，中国人民大学出版社2007年版，第94页。

〔3〕 佐伯仁志「保障人的地位の発生根拠について」内藤謙等編『刑事法学の课题と展望：香川達夫博士古稀祝賀』(成文堂，1996年)101頁。

〔4〕 佐伯仁志「保障人的地位の発生根拠について」内藤謙等編『刑事法学の课题と展望：香川達夫博士古稀祝賀』(成文堂，1996年)111頁。

〔5〕 佐伯认为“排他性支配”的要求是作为与不作为之间等置的保障。其认为，肯定排他性支配并不一定要满足以下三点：一是行为人自愿开始保护法益并持续保护法益；二是空间的闭锁性；三是私法上的所有权与占有。前者例如，家中刚生下孩子的母亲对孩子也具有排他性支配；中者例如，将不能走路的人扔在荒郊野外的行为也具有排他性支配；后者例如，误将他人关在别人拥有所有权的冷库里，此时也能肯定排他性支配。佐伯仁志「保障人的地位の発生根拠について」内藤謙等編『刑事法学の课题と展望：香川達夫博士古稀祝賀』(成文堂，1996年)110–111頁。

岛田认为“支配”是必要的，但是“排他性”却不必要，即支配的对象并非整个因果经过，而是在因果流程开启之前所“事先”取得的对“作为结果的原因”的支配，而“作为结果的原因”可以分为脆弱法益与危险源，与之相应，保证人地位也包含脆弱法益保护地位与危险源监督地位。

二、规范论批判与我国既有事实论的困境

规范论与事实论在我国都有体现，虽然本章开头已经指出了既有理论的各自不足，但据此作出选择并不充分，我们仍有必要对两者加以更为细致的考察。经分析可知，规范论存在难以克服的问题而不应当被采纳，既有的事实论应当被重构。

（一）规范论批判

首先要说明的是，信赖也是支撑规范论的一个基础理念，但是，因为是规则保障信赖而并非信赖保障规则，所以信赖说存在倒果为因的缺陷。正因为这一点，我国采取规范论的学者并未将信赖作为论证理由。根据成果发表时间顺序，我国规范论的代表性思想分别是“特别义务说”与“新功能说”。

义务犯理论与我国刑法总则立法存在直接矛盾之处，因此，不宜对其加以普遍性引进。以总则为例，我国《刑法》第29条第1款中规定：“教唆他人犯罪的，应当按照他在共同犯罪中所起的作用处罚。”据此，不具备不法身份的共犯参与人完全有可能被评价为主犯，例如，法官的情妇事前拉来案源，并以分手相威胁教唆法官徇私枉法，事中详细指导枉法细节，事后收受他人财物归己的，在我国完全可以将情妇论以徇私枉法罪的主犯并处以重于法官的刑罚。但是根据义务犯理论，却无论如何无法导出在普通主体教唆不法身份犯（不法身份的本质是特别义务违反）的场合，普通主

体的刑罚比不法身份者的刑罚还要高的结论。

这一点，让我们看一下义务犯理论的源头——罗克辛那里便知。罗克辛认为，普通人教唆或者帮助法官枉法裁判（《德国刑法典》第339条）的，虽然普通人能够参与法官的枉法裁判行为，但是，因为只有法官才负有特别义务从而能够实现枉法裁判罪所规定的高程度的“特别的不法”，所以，不是法官的人根据第28条而相比法官减轻处罚。[1]或许有学者认为，《德国刑法典》第28条第2款规定：“法定之特别个人要素系属加重、减轻或排除刑罚事由者，仅适用于具备这些要素之参与者。”根据这一规定，在教唆者具备刑罚加重事由之际，也能够对教唆者论以比正犯更高的刑罚。但是，德国立法明确采取了限制从属性，因此教唆者的不法从属于正犯（共犯不法以正犯不法为必要条件，正犯不法为共犯不法划定了上限），而在区分制之下，教唆者的不法程度与正犯的不法程度有着层级上的区别，教唆者的不法只能比正犯的不法低而不可能更高，如此一来，教唆者刑罚重于正犯刑罚就只有两种可能性，即教唆者具备责任加重事由，或者正犯具备责任减轻事由，而这两种事由都与不法无关。前者例如具备满足性欲动机的甲教唆仅具有单纯杀人故意的乙杀人，甲成立谋杀罪的教唆犯，乙成立故意杀人罪的正犯；后者例如第三人教唆未婚母亲杀害刚出生的婴儿，第三人成立故意杀人罪教唆犯，未婚母亲成立责任减轻的杀婴罪（该罪已于1998年被废除——笔者注）。

就分则而言，在不真正不作为犯理论中引入义务犯理论会架空我国《刑法》第397条的适用空间。第397条规定了滥用职权罪与玩忽职守罪，那么，有关国家机关工作人员违反义务的行为，到底是根据该条加以处罚，还是根据具体结果所指涉的罪名加以处罚就成为难解的问题。例如，警察

---

〔1〕［德］克劳斯·罗克辛：《德国刑法·总论：犯罪行为的特别表现形式》（第2卷），王世洲等译，法律出版社2013年版，第191页。

不阻止他人杀人、强奸的，消防员不阻止他人放火的，究竟对他们论以玩忽职守罪还是不作为的故意杀人罪、强奸罪、放火罪？何庆仁教授认为：“既然《刑法》第397条和各特别的职务犯罪间是一般法与特别法的关系，玩忽职守或者滥用职权罪与特别职务犯罪外的职务中的犯罪行为之间也应该是一般法与特别法的关系，根据法条竞合理论，特别法优于一般法，应当排除《刑法》第397条的适用，以故意杀人罪、放火罪等具体罪名处理。”〔1〕因为《刑法》第397条的结果要件便是“致使公共财产、国家和人民利益遭受重大损失”，并且根据相应司法解释，这里的结果被进一步细化为人身伤亡结果、经济损失结果、社会影响等几个方面，所以，几乎因袖手旁观而导致个人法益侵害的所有情形都与玩忽职守罪的处罚范围相重合，既然如此，至少在个人法益受损的范围内，以故意杀人罪（正犯）论处国家机关工作人员，无异于直接架空了《刑法》第397条的适用空间。这一问题的根源，来自“与他人共建一个共同世界”的规范要求本身就指向特定的人而并非具体事态，人的消极态度便可激活法条适用，而我国立法中恰恰存在一个一般意义上的职务犯罪条款——第397条，反观义务犯理论的发源地德国，就不存在这一问题，因为德国刑法并不存在一个违反职务的一般犯罪。〔2〕

对于考夫曼的机能的二分说，其问题在于形式大于内容，因为该说“只对保证人提出分类，其实并没有说明保证人地位的形成根据，因为究竟为什么某些人有排除某些危险来源的义务，功能说只字未提，只是提出一个形式上看起来很便捷的分类方法而已”〔3〕。在敏锐地意识到这一问题的基础上，车浩教授提出了“新功能说”。其思路为：如果做一个思想实验，即限缩所有的社会功能，那么，在维持一个社会不至于解体的最低限度内，

〔1〕 何庆仁：《义务犯研究》，中国人民大学出版社2010年版，第130页。

〔2〕 对义务犯理论的详细批判与反思，参见周啸天：《义务犯理论的反思与批判》，载《法学家》2016年第1期。

〔3〕 许玉秀：《当代刑法思潮》，中国民主法制出版社2005年版，第724页。

就只剩下父、母、孩子这一核心家庭结构。因此，父母的保证人地位是基于维系社会最基本的延续功能之需要而来，这一功能就是衍生出保护法益功能兼及危险源监督功能的母体。〔1〕该观点值得商榷：一则，该观点对家庭功能定位错误。显然，其所言之家庭是只有三人且具备一定生产资料（否则难以抚养后代）、并不能任意解散与变更的家庭，既然如此，这里的家庭就不可能是血缘家庭、普纳路亚家庭、对偶家庭，而只可能是“一夫一妻”制家庭。而一定历史时代和一定地区的人们生活于其中的社会制度，受着两种生产的制约：一方面是生活资料即食物、衣服、住房以及为此所必需的工具的生产；另一方面是人类自身的生产，即种的繁衍。〔2〕既然生育、抚养孩子本身就是人类自身的再生产，而一切生产又离不开对生产资料的占有，那么，一夫一妻制就是“以经济条件为基础，即以私有制对原始的自然长成的公有制的胜利为基础的第一个家庭形式”。〔3〕与此相应，其功能也并非生养孩子，而是在维护生产资料私有制的基础上的再生产，换句话说，生育孩子，也只是被生产资料私有制所决定的结果而已；二则，父母之所以抚养孩子，并非为了承担社会功能或者说维系社会的存在，事实上，人是在不断抚育孩子的过程中才与孩子建立起越来越强的感情纽带，父母抚养孩子的动力源自人类的动物本能与基本情感，而将作为义务的原型建立在本能与情感之上，有失牢靠。

总之，我国规范论者所赖以证成的论据皆难以担负起说明作为义务实质来源的重任，并且，规范论的深处也隐藏着将人与人之间的情感、道德、伦理关系混入作为义务之中的危险，因而是一种开放式的作为义务观念。

〔1〕 车浩：《保证人地位的实质根据》，载公益信托东吴法学基金会主编：《不作为犯的现况与难题》，台北，元照出版有限公司2015年版，第259-287页。

〔2〕 ［德］恩格斯：《家庭、私有制和国家的起源》，中共中央马克思、恩格斯、列宁、斯大林著作编译局译，人民出版社1972年版，第3页。

〔3〕 ［德］恩格斯：《家庭、私有制和国家的起源》，中共中央马克思、恩格斯、列宁、斯大林著作编译局译，人民出版社1972年版，第62页。

这固然有助于促进共同善与公民良好德行的培养，但它却有抵触罪刑法定原则的明确性要求之虞，并且，如本章开头所述，它会带来重刑化的沉重代价。那么，屏蔽文化、道德、伦理等要素，构建一种基于自由主义的、权利义务边界分明的作为义务论，便成为事实论者的努力初衷。本书将遵从这一方向，作出一定的理论尝试。

（二）我国事实论的困境所在

黎宏教授是现阶段我国保证人地位事实化一元论的集大成者。他认为，不作为并无因果力，因此应当将不真正不作为犯还原为作为犯来看待，即行为人主动设定了对法益的排他性支配，是作为义务的实质来源，而排他支配设定“并不限于行为人通过中途介入而掌控因果关系的发展进程的场合（支配行为说），行为人亲自设定面向结果的危险，并对该危险的流向进行支配的场合（新先行行为说），也能实现”〔1〕。然而，其理论尚存需要进一步克服的问题。

首先是其理论中的两难困境，要么模糊故意地认定，要么赋予行为论以不可承受之重。根据黎宏教授的观点，在父母带小孩去游泳其后见孩子溺水而故意不救助的场合，因为带孩子去游泳不能算是支配法益、维持法益的“支配行为”，那么，为了以故意杀人罪处罚父母，就只能将其视为“先行行为”。如此一来，根据行为与责任同时存在原则，为了避免“事后故意”的出现，我们只能说“带孩子游泳”之际父母就有故意，这显然模糊与扩大了故意的范围。

其次，对“排他性”的要求也不具备理论必然性。即便是作为犯的因果关系，也不需要排他性地支配着整个因果流程。例如，在日本著名的

〔1〕 黎宏：《排他支配设定：不真正不作为犯论的困境与出路》，载《中外法学》2014年第6期。

大阪南港案中,〔1〕在因果流程之中就介入了第三人的行为,但是,第一个行为人照样被论以正犯而归责。这一审判结论也得到日本学界的广泛支持。〔2〕再如,类似在大白天的街道上枪击被害人后逃跑这样的作为犯的成立,也不需要留在现场排除或者降低他人救助的可能。〔3〕既然在黎宏教授的理论中,不真正不作为犯是真正的作为犯,那么,在作为犯的成立都不需要“排他性”的前提下,在不真正不作为犯之中额外地要求“排他性”就不具有理论上的必然性。

最后,黎宏教授所采取的“支配行为”与“危险创出”之二元判断标准仍然是分裂的。在作为犯之中,行为人承担正犯责任的基础并不在于支配整个因果流程,而在于现实支配了引起结果的原因。例如,在大阪南港案之中,即便第三人故意介入,但是在行为人已经设定了“死因”并且最后死亡结果确系该“死因”现实化的前提下(也可以说死亡结果并未超出死因同一性的范围),我们仍然可以根据行为人支配了“引起结果的原因”这一点而将结果归属于行为人,从这一点可知,在作为犯之中,“支配”是一种实实在在的原因“设定”因而是一种现实支配(aktuelle Herrschaft)。以此为前提,既然黎宏教授将不真正不作为犯消解于作为犯之中,那么就应当如松宫教授一般仅采“危险创出”这一个标准而舍“支配行为”标准,因为在“支配行为”里,接手救助重病患者而又放弃救助的医生并未实实在在地“设定”“死因”,更未变更“死因”,其只具有结果回避可能性这一意义

〔1〕 被告人在第一现场殴打被害人,致其脑出血而昏迷,被告人将被害人搬运到大阪南港材料仓库,虽然在被害人活着的时候,有人用四棱木棒殴打了其头部,但法院还是肯定了被告人的行为与结果之间的因果关系。最高裁判所1990年11月20日判决,日本最高裁判所刑事判例集44卷8号837頁。

〔2〕 [日]山口厚:《刑法总论》(第3版),付立庆译,中国人民大学出版社2018年版,第63-64页;[日]松原芳博:《刑法总论重要问题》,王昭武译,中国政法大学出版社2014年版,第62-63页;高山佳奈子「死因と因果関係」成城法学63号(2000年)178-181頁;島田聡一郎『正犯・共犯論の基礎理論』(東京大学出版会,2002年)348-351頁。

〔3〕 高山佳奈子「不真正不作為犯」山口厚编著『クローズアップ・刑法総論』(成文堂,2003年)56頁。

上的潜在支配（potentielle Herrschaft über das Geschehen）。现实性与可能性本不相同，但是黎宏教授却将两者并列在"支配"的名目之下，这使其判断标准并未真正统一。

接下来需要反思姚诗教授的观点。在大方向上，其观点与班德·许乃曼（Bernd Schünemann）一致，都是通过对不真正不作为犯与作为犯之间的类比推理，导出"对引起结果原因的支配"是保证人地位的实质来源的结论，而此处的"支配"，只能是一种现实的支配，"仅凭支配可能性是无法推论出支配本身的"〔1〕。在借鉴许乃曼观点的基础上，她以"对引起结果原因的支配"作为保证人地位基本原理，以先行行为作为保证人地位补充原理，并由此构建出二元的保证人理论。〔2〕姚诗教授的理论方向值得肯定，但是问题在于，许乃曼的观点本身就有令人费解之处。例如，他认为"孕妇对无助的胎儿与新生儿拥有本质的先天的支配力"〔3〕，尽管德国通过宪法判例与宪法解释肯定了胎儿作为"人"的宪法地位，〔4〕而怀孕本身就具有对胎儿的现实支配，但是，当胎儿在医院出生之后，医务人员需要给将新生儿抱走洗澡。此时的胎儿与母亲是分离的，在母亲并未开始照顾胎儿之前，这种支配是现实地掌控于医务人员之手，如此一来，母亲的"先天的支配力"实质上只是一种支配可能性，倘若硬要肯定此时母亲的保证人地位，恐怕只能借助于规范意义上的母亲身份加以论证，而这又有违事实论的理论初衷。

这种尚欠明确之处也出现在姚诗的理论中。例如，姚诗教授一方面认为："夫妻和亲子关系一起构筑了人类关系的核心圈，是人类繁衍、生存的根本。这种身份关系形成了共同紧密生活的事实，由此产生高度的互

---

〔1〕 姚诗：《不真正不作为犯的边界》，载《法学研究》2018年第4期。

〔2〕 姚诗：《先前行为问题研究》，清华大学2010年博士学位论文，第81-85页。

〔3〕 ［德］班德·许乃曼：《不纯正不作为犯及以不作为实施犯罪之形式》，王莹译，载梁根林主编：《当代刑法思潮论坛（第一卷）刑法体系与犯罪构造》，北京大学出版社2016年版，第229页。

〔4〕 曲相霏：《胎儿的宪法地位——德国模式与美国模式》，载《环球法律评论》2009年第6期。

相依赖状态，使得夫妻在各自的生活中互为保护屏障，形成事先的常态支配”[1]。另一方面又在夫妻一方经过冷静思考而自杀的场合，否定对自杀者的支配。[2]这就产生了一个疑问：既然夫妻之间借以紧密生活共同体关系而具备了事先的常态化支配，为何一方经过深思熟虑自杀的场合就打破了这种支配，而在情绪激动的情形下则没有打破支配？如果支配来源于共同紧密生活的事实，那么，考虑自杀问题的落脚点就不应在于情绪而应在于紧密生活关系的形成与否，在肯定这一点的基础上，一方基于清醒状态而自杀的，对方见死不救的也应当承担故意杀人罪的责任。而姚诗教授则否定这一点，其背后的隐忧只能是，以紧密生活状态作为义务来源会导致处罚的扩大。

（三）来自事实论困境的启示

经过进一步仔细反思可知，事实论的困境分别带给我们三点努力方向：

一是教义学的理论构建本身就建立在实定法的框架之上，这要求我们在实定法中寻求能够解释不真正不作为犯构成要件的依托，否则，再怎么精细实用的理论都会因缺少实定法的支撑而陷入空中楼阁、沙之城堡的境地，也无法逃脱直接与罪刑法定原则相抵触的诘难。

二是我们应当将目光拉回到不真正不作为犯的存在结构上寻求问题的突破点。就这一努力而言，以往的事实论可以说是走对了方向找错了点，这表现在这些论者都不约而同地于归因层面寻求保证人地位的界定标准从而不是引起了“思维回旋镖”现象，就是模糊了故意的认定。例如，西田的排他性支配因果流程说就一边认为在构成要件层面，不作为与作为都与结果之间具备因果关系，但是另一边在界定保证人地位时，又将两者之

---

〔1〕 姚诗：《不真正不作为犯的边界》，载《法学研究》2018年第4期。

〔2〕 姚诗：《不真正不作为犯的边界》，载《法学研究》2018年第4期。

间的因果关系作为问题，在两者间因果关系的差异处寻求补齐差异的可能性，这是一种典型的“思维回旋镖现象”，[1]是作为义务与因果关系之间的循环论证。[2]

三是我们应当进一步摆脱事实论的模糊性，使其理论标准更为清晰。如前所述，姚诗教授出于对紧密共同生活关系所可能带来归责范围扩张的隐忧，引入了夫妻一方自杀之际的清醒与否作为限缩处罚标准，但又违背了其原先理论标准，造成这一现象的根源是其理论的不彻底。倘若我们更进一步地事实化保证人地位判断标准，紧密生活共同体就不足以成立故意杀人罪的归责基础，而只能成为遗弃罪的归责基础，这便是本书所欲展开的理论构建方向。

三、保证人地位事实论的再构建

就存在结构而言，不真正不作为犯与作为犯在归因层面并无二致，只是具有归责上的差异。不真正不作为犯在归因上是开放的，在归责上是限缩的，以该二元结构为基础，以我国实定法中的选择身份为着眼点，我们能够从选择身份中析出界定保证人地位的判断标准。作为结论，本书认为，“事前自愿选择现实地支配受损法益”是保证人地位的界定标准，基于危险源支配而引起损害的情形要么属于作为犯，要么属于过失犯，与不真正不作为犯无关。

---

〔1〕 西田典之曾批判日高义博道：“在肯定不作为犯具备因果关系（假定的因果关系）的基础上，在构成要件阶段，再次将不作为犯的因果关系作为问题，并通过等价值的方式弥补不作为犯因果关系与作为犯因果关系的存在论差异，这种做法没有理论的必然性。”西田典之「不作為犯論」芝原邦爾等編『刑法理論の現代的展開・総論・Ⅰ』（日本評論社，1988年）87頁。但是西田典之的理论也存在这一问题，其批判日高的话，被随后的镇木用来批判西田。鎮木征樹「刑事製造責任における不作為犯論の意義と展開」本郷法政紀要 8号（1999年）349頁。

〔2〕 车浩：《保证人地位的实质根据》，载公益信托东吴法学基金会主编：《不作为犯的现况与难题》，台北，元照出版有限公司2015年版，第236页。

（一）不真正不作为犯归因上的开放性

不真正不作为犯的因果关系与作为犯的因果关系并无不同，两者的判断标准都是结果回避可能性的有无，两者的判断对象都是一个假定的他行为。与作为犯条件关系中的“没A（作为）没B”相反，“有A（作为）没B”是不真正不作为犯因果关系判断公式，在这一点上，德日与我国的理论通说并无不同。例如，德日理论中将不真正不作为犯的因果关系称为假定的因果关系，其判断标准是“如果实施作为行为的话，则结果十有八九就不会发生”，〔1〕而我国通认为，“应该阻止而没有阻止事物向危险方向发展，以至于引起了危害结果的发生”〔2〕。是不真正不作为犯的因果关系，显然，我国通说也采取的是“有A没B”公式。一个误解是，在不真正不作为犯之中，因为“有作为则无结果”公式“检讨的是一个客观上并不存在的结果——构成要件实现被避免，以及一个客观上不曾出现过的行为”〔3〕，所以不真正不作为犯的因果关系是假定的，而在作为犯之中，因为存在一个提供原因力的人，也存在一个结果，所以作为犯的因果关系是“实存”的。但是，“刑法上因果关系概念的目的在于确立行为人的行为对于结果发生的避免（控制）可能性，并且从此建立刑罚的正当性基础”〔4〕。也就是说，当我们以“没A没B”条件关系加以判断作为犯的因果关系时，实际上是看对于特定结果的发生而言，有没有结果回避可能性，如果在“没A仍有B”的场合我们仍要将结果归属于行为人，此时处罚的就是一种不论结果能否回

---

〔1〕［德］克劳斯·罗克辛：《德国刑法·总论：犯罪行为的特别表现形式》（第2卷），王世洲等译，法律出版社2013年版，第482－483页；［日］大谷实：《刑法讲义总论》（新版第2版），黎宏译，中国人民大学出版社2008年版，第128页。

〔2〕 高铭暄、马克昌主编：《刑法学》（第10版），北京大学出版社、高等教育出版社2022年版，第77页。

〔3〕 徐育安：《不作为犯之因果关系》，载公益信托东吴法学基金会主编：《不作为犯的现况与难题》，台北，元照出版有限公司2015年版，第172页。

〔4〕 黄荣坚：《基础刑法学·下》（第4版），台北，元照出版有限公司2012年版，第696页。

避，死了人就要罚的状态，这种状态只能是一种倒霉的宿命，因而体现出绝对的报应主义刑罚观，[1]它既无助于刑罚一般预防机能的实现，也为现代的并合主义刑罚理念所不允许。不难发现，这里的结果回避可能性，归根结底仍然是一种“假定”的判断，即作为犯与不真正不作为犯都必须判断假定行为人作了其他的行为选择之后，现实发生的结果能否被回避，就判断标准而言，都是结果回避可能性的有无，就判断对象而言，都是一个假定做了其他行为选择的一个并不存在的事实。在这一层面上，归因与罪责的基础都建立在行为人本可以选择他行为从而避免结果的可能性之上，只不过分属不同的判断阶层。如此一来，结论就是：“不管是作为或不作为，其建立因果关系的原理和标准都是完全一样的，都是用一个假设的行为选择来取代现实中既有的行为选择，然后比较其结果的差异。”[2]

实际上，刑法中的因果关系根本不可能被纯粹物理地理解。如上所述，因果关系的存在被其功能所决定，其功能在于筛选出具有结果回避可能性的结果引起行为，而这一功能又被我们的目的理性（一般预防）所决定。那么，因果关系就不可能与刑罚的正当性基础脱钩，它受到刑罚的正当性基础的筛选与制约，这一筛选与制约的思维过程就是结果归责的判断过程。一般认为，结果归责的判断过程存在条件关系与相当因果关系（客观归责）两个层面，与此相应，要说不真正不作为犯的因果关系与作为犯的因果关系有什么不同，就只有一点，那就是在条件关系层面，前者的因果关系呈现开放式结构，而后者的因果关系呈现封闭式结构。例如，A用刀捅B致其死亡，我们马上可以判断出一个可归责的主体来呈现归因与归责判断的一次性，但是，在B落水而岸边的A、C、D都袖手旁观的场合，我们无法马上锁定一个可归责的主体，因为A、C、D都分别符合“救助即不会死”的条件关系公式，要筛选出一个可归责的主体，最终还要看谁具有

〔1〕 山口厚『問題探究·刑法総論』(有斐閣，1998年)10頁。
〔2〕 黄荣坚：《基础刑法学·下》(第4版)，台北，元照出版有限公司2012年版，第696-697页。

应当保证结果不发生的地位，这便是不真正不作为犯归责与归因的二次判断性。

（二）不真正不作为犯归责上的主体限缩性

虽然不真正不作为犯的归因是开放式的，但是，这并不意味着所有与结果之间具有因果关系的人都要对结果负责，否则就是对人自由空间的极大压缩。只有我们能够肯定某结果是某人的“作品”之际，该人才须对结果负责，而该人便是具有保证人地位的人。因为保证人地位的判断位于结果归责层面，而不真正不作为犯的因果关系位于归因层面，所以，保证人地位与不真正不作为犯的因果关系并不相同，两者并列为不真正不作为犯之构成要件要素。

1.主体限缩的法理选择

有两种法理可以限缩主体：自由主义与功利主义，我们应当选择前者。自由主义的核心表述是：“在作为犯的场合，除了不实施引起结果行为之外，一切行为皆可实施，而在不作为犯的场合，除了实施结果避免行为之外，一切行为皆不允许。”〔1〕因为不真正不作为犯对人自由的压缩大于作为犯，所以其“只能例外地被承认”〔2〕。功利主义的核心表述又分两种：效率论与利益衡量论。效率论认为：“根据行为人的能力，和行为人与需要被救助的法益的距离，以及其与被救助法益主体之间掌握信息的差距大小等因素来看，能够最有效率回避结果发生的人，就有可能成为保证人。”〔3〕利益衡量论认为，不法是“基于事情本身对于当事人的利害平衡关系的客观考量……就生命的价值和拨打119电话所耗费的力量和实践做对比，不作为

〔1〕 島田聡一郎「不作為犯」法学教室263号（2002年）116頁。

〔2〕 张明楷：《刑法学》（上）（第6版），法律出版社2021年版，第195页。

〔3〕 鎮木征樹「刑事製造責任における不作為犯論の意義と展開」本郷法政紀要8号（1999年）355頁。单纯以效率为理由而界定保证人地位当然会导致对人自由的侵犯，因此，在效率之后，镇木还加了一个限定要件——对回避结果的地位进行事前选择。

的本身应该可以被理解为违背衡平关系的利益侵害行为"。[1]在自由主义视野下，只有具备保证人地位者才能归责，主体限缩与不法相关联，在功利主义视野下，只要是符合效率要求，或者在救人投入小于所得回报的前提下而不救人的，就存在被归责的可能性。[2]

我们应当选择自由主义法理基础。如果在该处采取功利主义，不仅存在侵犯人的尊严之虞，还会造成以刑罚来确保人们成为"好撒玛利亚人"的强制性结局。例如，在父亲带孩子游泳，孩子溺水，父亲虽然会游泳但是远不如身边一位游泳健将游得好的场合，或者同样前提下父亲身上有价格不菲的私人定制手机，而游泳健将却只穿着游泳裤在一边晒太阳的场合，无论从效率还是利益衡量的角度看，游泳健将都是那个回避结果的最佳人选。如果游泳健将不下水救人，我们可以拿来绳子，一头捆住他，另一头扔到孩子手中然后将他推到水里，因为我们是为了保护一个更高的利益。在这里，游泳健将被当成了我们救人的手段，这违背了人应当作为目的而不是手段的道德律令，[3]侵犯了人的尊严。同时，以正当防卫之名而对游泳健将所实施的强制力，无疑是以私刑来确保人们成为"好撒玛利亚人"，而后者只不过是一项崇高的德性而非法律义务。刑法必须首先建立在自由而非功利基础上，那是因为我们谁都不会选择一个自己随时会被作为算计因素而矮化为一种手段的制度安排，尤其是刑法，其以刑罚作为强制性后盾，如果在刑法中大开算计之门，后果将会是人人自危。

2.主体限缩的具体标准：事前基于选择而现实支配受损法益

综上所述，限缩主体实际上是在缩小犯罪圈，将具有一定可罚性的人作为归责对象，与此相应，保证人地位实际上也就是一种限缩可罚性，将

〔1〕 黄荣坚：《基础刑法学》（下）（第4版），台北，元照出版有限公司2012年版，第701页。

〔2〕 在我国台湾地区学者黄荣坚那里，保证人地位只是进一步限缩入罪范围的一个责任要素。黄荣坚：《基础刑法学》（下）（第4版），台北，元照出版有限公司2012年版，第714页。

〔3〕［德］康德：《实践理性批判》，邓晓芒译，人民出版社2016年版，第37页。

行为之可罚性提高至迈过犯罪门槛程度的要素，因而是一种可罚性升高要素。

在我国刑法分则中，正存在一个起到提高可罚性（被不法所决定）、限缩处罚范围的功能性要素——选择身份。例如，我国刑法分则第251条规定了非法剥夺公民宗教信仰自由罪与侵犯少数民族风俗习惯罪，虽然普通主体与国家机关工作人员都可能实施其实行行为，造成犯罪后果，但是法律只处罚特殊主体。不难发现，这“与在不防止结果发生的众多行为中，只处罚具有作为义务的人的不作为的情况具有一致性”〔1〕。黎宏教授曾经敏锐地指出，其深层次原因在于“有身份者同无身份者相比，有身份者同某种被侵害的法益之间，具有更加亲密的关系”〔2〕。黎宏教授固然找到了界定保证人地位的一种法指导原理，但非未析出具体的判断标准。

本书认为，具体化判断标准的目光可以锁定在贪污罪中的国家工作人员身份之上。首先，假设某国家工作人员在看管国库金条之际，在看到盗窃金条者的众人中有一位是自己儿子而故意不阻止，事后又查证不出两者之间在事前、事中存在明示或暗示的意思联络的场合，根据基于意思联络基础上的行为共同说，该国家工作人员应当被论以贪污罪的正犯，而不是盗窃罪。在此，国家工作人员身份相对于普通主体成了进一步划定可罚性、升高可罚性的要素。既然如此，贪污罪中的国家工作人员与前述选择身份一样，都是升高不法，提升刑罚的要素。或许有人认为，普通主体根本不能成立非法剥夺公民宗教信仰自由罪，而普通主体却可能成立盗窃罪，两者并不相同，但其实这两者并无区别，它们都是升高不法的要素，要说有所不同，也只是普通主体实施剥夺公民宗教信仰自由的行为尚未迈过可罚的门槛，而普通主体盗窃数额较大的行为已经迈过可罚的门槛而已。

---

〔1〕 黎宏：《刑法总论问题思考》，中国人民大学出版社2016年版，第125页。

〔2〕 黎宏：《刑法总论问题思考》，中国人民大学出版社2016年版，第125页。

尽管本书在前述“法益或可罚责任相关说的提倡”部分对身份的本质作出过界定，但鉴于其论述主要集中于身份与法益和责任之间的关联，而对于身份是如何与法益之间形成紧密内部支配关系的分析过程，则展开不足，因而此处加以补充。

长期以来，我国刑法理论以及司法实践对于国家工作人员的范围存在身份论与公务论（职责论）的争议。身份论认为，国家工作人员犯罪是一种职务型犯罪，作为犯罪主体的国家工作人员必须具有国家工作人员的资格身份；公务论则认为，犯罪主体是否为国家工作人员，应以其是否从事公务来决定，而不问其是否具有国家工作人员的资格身份。还有学者主张，应当将身份与公务有机地结合起来，二者不可偏废。在我国刑法理论界，公务论属于通说，如张明楷教授认为：“从相关法律规定与司法实践来考察，应当采取公务论。”〔1〕黎宏教授也赞同公务论，并认为从事公务是从事组织、领导、监督、管理国家事务和社会公共事务的活动，其具有管理性、职务性这两个特征。〔2〕那么，什么是贪污罪中的国家工作人员公务的核心所在呢？答案应当是对受损法益（国有资产）的现实支配。结合新近的司法解释，即可明白这一点。我国于2010年出台了《最高人民法院、最高人民检察院关于办理国家出资企业中职务犯罪案件具体应用法律若干问题的意见》，其中第6条第2款的规定（前文已引，此处不赘）实质性地扩大了“国家工作人员”的范围，加大了对国有资产的保障力度，因为，根据该解释第6条第2款的规定，“经过国家机关、国有公司、企业、事业单位委派不再是认定国有控股、参股公司中国家工作人员的必要条件”〔3〕。另外，该款也包含这一层意思，即对于国家出资企业委派到国家出资企业从事领

〔1〕 张明楷：《刑法学》（上）（第6版），法律出版社2021年版，第173-174页。

〔2〕 黎宏：《刑法学各论》（第2版），法律出版社2016年版，第503-504页。

〔3〕 吴涛、杨艳荣：《国有控股、参股公司中国家工作人员的认定》，载《人民法院报》2013年6月5日，第6版。

导、管理等工作的“二次委派”人员，也完全可以认定为国家工作人员。[1]一方面，该司法解释显然完全抛弃了以形式化的思维（有无根据文件任免等委派程序而获得的身份）来界定国家工作人员的范畴，另一方面，该司法解释将国家工作人员的认定范围延伸至含有国有资本的国有控股、参股的次一级子公司之中。两者共同指明一点：在最大化保护国有资产这一价值导向下，司法解释秉承了在犯罪行为之前，以行为人有无对国有资产的现实支配为核心标准来界定身份的实质化思维。

正是基于一种现实支配，国家工作人员与国有资产之间才建立起了紧密支配关联，这也是贪污罪中“职务便利”的实质内涵。具体而言，该紧密关联是这样展开的：国家工作人员将被害法益纳入自己的自由支配领域之内，从而建立起了一种与行为人自由支配个人组织领域内中的诸多事物（身体、财产、名誉等）的相当程度的“内部支配”。在此，国家工作人员可以完全地贯彻其意志于国有资产之上，而一分自由一分责任，基于这种高度的支配意志贯彻可能性，法规范向国家工作人员发出了强烈的避免法益受损的期待，违背这种期待的法律效果，便是行为人对法益受损结果的完全答责。这里的法益受损结果可以通过作为的方式引起，如国家工作人员监守自盗的，成立贪污罪，也可以通过不作为的方式引起。

从时间上来看，对受损法益的现实支配地位来自事前，并且从取得方式上来看，成为国家工作人员并接受职务安排，是行为人的自愿选择。前者表现在国家工作人员总是在事前就以自己的权力支配着国有财产，后者表现在国家工作人员的身份系通过行为人自愿参与录用、考核、晋升等过程而得来，如果没有自愿参与这一系列进程，行为人根本不会掌握支配国家财产的权力。总结以上，我们从选择身份的法理中可以分别析出“事

〔1〕 张宁、桑爱红：《国家出资企业人员职务犯罪有关问题的认定——国家出资企业人员职务犯罪研讨会综述》，载《人民法院报》2013年1月23日，第6版。

前”“自愿选择”“支配受损法益”这三个要素，这三个要素共同构成了保障人地位的具体限定标准，即“事前自愿选择支配受损法益”。

如此一来，在我国处罚不真正不作为犯，至少就不会与罪刑法定原则的法律主义产生直接冲突，因为刑法分则第251条规定的选择身份，可以看作是保证人身份的实定法基础，为界定保证人身份提供了指引。而我们通过解释与第251条所具有共同法理的具体条文——第382条中的国家工作人员，析出了保证人地位的具体判断标准，这一判断标准也是清晰的，并不会违背明确性原则的要求。这种理论连锁都是基于具体的条文规定而来，它至少在一定程度上弥补了上述事实论的根本缺陷——理论构建缺少实定法支撑，缓和了不真正不作为犯理论与罪刑法定原则之间的硬性冲突。

（三）对危险源监管不当而输出风险的行为应成立作为犯或过失犯

随之带来的一个问题是，危险源监督者因监管不当而致输出风险的，该如何处理？本书认为，对危险源监督不当而致人损害的，可以分别消解于作为犯与过失犯之中。就法理上而言，与“事前现实支配脆弱法益”不同，危险源的监管人只是从外部监管着危险源，从内部自由支配受损法益的人是被害人自己，而自己才是自己法益最好的保全与照顾者，这导致危险源要造成法益侵害结果就必须突破被害人的自我保护屏障。这样一来，危险源监督者与受损法益之间的关联就是并不紧密的间接关联，这种间接关联难以成为不作为者对法益受损之结果答责的正当性基础。实际上，对危险源的监督离作为犯只有一纸之隔，因为我们的身体就是一个最大的危险源，当我们用我们的手去杀人致死的时候，就支配了引起结果的原因——手。正因如此，许乃曼将行为人对身体的控制作为类比推理的基点，他说道：“等价性问题的本质在于行为人和身体动作之间的关系……这种关系是行为人对身体的控制……因为看来身体动作作为结果的直接根据与结果具有因果上的连接，对于结果直接根据的直接支配就是结果的直接原因，而这种直接原因就是对行为人归责的根据。”〔1〕顺着这个逻辑再往前推进一小步，我们就会导出对危险源的监督并非不足以作为创设保证人地位的指导性原理，而只不过是描述了一个基本归责范围——谁支配造成结果的原因，谁对结果负责，而这种基本归责范围本身就是刑法分则构成要件所划定的单独正犯。

在具体分类上，我们可以将对危险源的监督分为两种情形：一是在事前现实地支配了危险源，并且于侵害发生过程中不行使支配力而致使危险源伤人的情形。例如，养狗的人在牵着狗的过程中，看到狗咬断绳子而咬死别人，自己放任不管的。二是在事前还尚未开始对危险源的现实支配结果便已经发生的场合。例如，广告维护工刚一上岗，其辖区内的广告牌就轰然倒塌压死路人的。对于后者而言，本书同意高艳东教授的观点，主张将其分解到过失犯之中。〔2〕本书进一步提出的论证理由是，在行为人并未实地查看危险的场合，行为人即便再希望广告牌倒塌而压死人，也不过是一种单纯的愿望而难以称为故意，因为成立故意至少需要对表明结果发生可能性的事实有所认识。〔3〕在刑事诉讼过程中，我们也难收集到足够的证据证明行为人的故意心态，而此时，所谓的不作为状态也只不过是司法实践中法官用以判断“行为人是否欠缺必要的内心意识的紧张感从而违背注意义务的判断资料而已”，〔4〕那么，将此处的行为人论以过失犯罪即可。

如此处理也符合我国的立法规定，例如，第134条重大责任事故罪、第138条教育设施重大安全事故罪、第408条环境监管失职罪、第408条之一食品监管渎职罪、第409条传染病防治失职罪等，其处罚范围都包含违背

---

〔1〕［德］班德·许乃曼：《不纯正不作为犯及以不作为实施犯罪之形式》，王莹译，载梁根林主编：《当代刑法思潮论坛（第一卷）刑法体系与犯罪构造》，北京大学出版社2016年版，第228页。

〔2〕高艳东：《不纯正不作为犯的中国命运：从快播案说起》，载《中外法学》2017年第1期。

〔3〕［日］松宫孝明：《刑法总论讲义》（第4版补正版），钱叶六译，中国人民大学出版社2013年版，第137页。

〔4〕堀内捷三『不作為犯論—作為義務論の再構成』（青林書院新社，1978年）259卷。

危险源的监管义务的过失不作为行为。或许有学者质疑，过失犯也分为过失作为犯与过失不作为犯，这里的过失犯是作为还是不作为呢？本书认为，过失犯以法律明文规定为处罚前提，当某个过失犯的法条表述方式（如第138条的“不采取措施或者不及时报告”、第408条的“严重不负责任”等）本身就包含不作为的方式之际，这里的过失犯就是真正的不作为犯，我们也就无须讨论其作为义务的来源。倘若从新过失论出发的话，问题就更为简明，因为在新过失论者看来，过失犯是对客观行为要求的违反，在过失犯之中，最为重要的理论工作，便是对基本行为标准设定。如此一来，在过失犯之中，“即使存在如何设定基准行为的问题，但也并无导入保证人理论来谋求筛选行为人的必要性”〔1〕。

对于上述第一种情形，本书认为其成立作为犯而并非不真正不作为犯。作为是“使法益状态恶化的身体活动”〔2〕，不作为是“不阻止处于危险中的法益状态进一步恶化”〔3〕。具体而言，若某行为的存在使得法益恶化的因果流程被开启，该行为是作为，在法益恶化之因果流程已经开启之际，不使得法益好转的行为是不作为。〔4〕如此来看，作为与不作为的区别标准可以具体化为：在我们判断某行为样态时，法益是否已经恶化，已经恶化的，是不作为，尚未恶化或者已经趋于平稳的，是作为。既然如此，在上述第一种情形中，被害法益并未在行为人有所行动之前就已经恶化，毋宁说，正是行为人从自己的组织领域内输出风险到被害人的自由领域之内，引起了法益侵害结果的发生，因此，行为人的行为应当是作为而并非不作为。或许有人质疑道：此时的行为人并无举动，而只是不阻止狗咬绳子，因此应当是不作为。但是，这一质疑回到了以能量投入与否区分作为与不作为

〔1〕［日］稻垣悠一：《刑事过失责任与不作为犯论》，张光云译，载《四川师范大学学报》2015年第3期。

〔2〕黎宏：《刑法学总论》（第2版），法律出版社2016年版，第81页。

〔3〕黎宏：《刑法学总论》（第2版），法律出版社2016年版，第81页。

〔4〕黎宏：《刑法学总论》（第2版），法律出版社2016年版，第81页。

的思路从而并不妥当。

实际上，上述案例中的行为人并非什么都未为，其行为经过了一个“从牵着狗到不阻止狗咬绳子”的“从作为到不作为的转化”过程，正是这一转化设定了被害人法益由平稳转向恶化的因果进程。让我们稍想一下行为人关掉电源让电磁力消失从而使吸附在磁铁上的铁片掉下伤人的案例即可明白。“现实世界并非静止不动，而是每一刻都在变动的统一体，统一体中的各个事物作为相互之间关联而存在，并保持着平衡”〔1〕，从动态平衡的角度来看，因为起重机吸附铁片之际，吸力与引力使得铁片处于一种力学上的平衡状态，而切断电流则是将吸力从作为状态变更为不作为状态，正是这一状态变更打破了力学上的平衡，造成了铁片的跌落，设定了死因（被砸死）。〔2〕如此来看，从作为转化为不作为并输出风险的行为样态，从表面上看是不作为，实质上是作为，具体而言是“撤回对某物的作用之作为”。那么，上述牵着狗的人的行为同样是从作为转化为不作为并且通过该转化设定了被害人的死因（被咬死）因而是作为犯。显然，在撤回对狗的看管作用使狗飞奔而出之际，对被害人生命的具体危险已经产生，行为人的行为已经是杀人罪的实行行为，而对实行行为的认识足以为杀人的主观故意奠定基础。

第二节　不作为犯共犯中主犯、从犯的区分

根据本书所构建的“递进型”正犯与主犯理论模型，要在不作为的共

〔1〕 梅崎進哉『刑法における因果論と侵害原理』(成文堂，2001年）271頁。

〔2〕 梅崎進哉『刑法における因果論と侵害原理』(成文堂，2001年）267-268頁。

犯之中区分出主犯与从犯，首先需要在不法层面上根据溯责禁止理论将共同犯罪的参与人划分为正犯和共犯，如果此时只存在一个正犯，那么正犯便是主犯，共犯则是从犯；如果此时存在数名正犯（共同正犯），那么责任较大的正犯则是主犯，责任较小的正犯则是从犯，共犯则依然是从犯。应当说，这一理论不仅能够适用于以作为方式参与共同犯罪场合中的主犯与从犯的区分，而且也能够适用于以不作为方式参与共同犯罪场合中的主犯与从犯的区分。

对于不作为者的参与行为应当被论以正犯还是共犯的问题，我国学说争议颇多。概言之，我国现存四种主要理论模式：一是管辖理论模式。该模式认为，在支配犯之中，不作为者存在成立共犯的可能，在义务犯之中，具有积极义务的不作为者成立单独正犯。〔1〕二是结果避免支配理论模式。该模式认为，只要履行作为义务就能确实避免结果的场合，不作为人成立共同正犯，否则成立帮助犯。〔2〕三是结果原因支配理论模式。该模式在无意思联络且不救助他人自杀的场合认为：“在他人自杀的场合特定关系人并不具有对法益脆弱性的支配——支配法益的正是自杀者本人”〔3〕。四是广义行为支配理论模式。该模式认为，作为者原则上支配着结果实现进程从而是正犯，不作为者原则上只能成立片面帮助犯，但是，在作为者犯罪结束后不防止结果发生的不作为者，原则上成立正犯。〔4〕

简言之，第一种理论模式中的特别义务来自刑法之外，其始终具有强烈的道德色彩而难以成为刑法中的义务。第二种理论模式易造成身强力壮者成立正犯而羸弱矮小者成立帮助犯的结局。第三种理论模式则只是

〔1〕何庆仁：《义务犯研究》，中国人民大学出版社2010年版，第284页。

〔2〕张明楷：《刑法学》（上）（第6版），法律出版社2021年版，第592页；周光权：《刑法总论》（第4版），中国人民大学出版社2021年版，第386-387页；温登平：《以不作为参与他人的法益侵害行为的性质——兼及不作为的正犯与帮助犯的区别》，载《法学家》2016年第4期；袁彬：《论不作为片面共犯》，载赵秉志主编：《刑法论丛》（第13卷），法律出版社2008年版，第309页。

〔3〕欧阳本祺：《论不作为正犯与共犯的区分》，载《中外法学》2015年第3期。

〔4〕何龙：《不阻止他人故意犯罪的行为性质认定》，载《中外法学》2017年第6期。

表面引用了许乃曼的“结果原因支配”理论，实际上得出的结论与许乃曼的结论恰恰相反。许乃曼认为，在支配脆弱法益的场合，不作为者成立正犯，在监管危险源的场合，不作为者成立共犯。〔1〕第四种理论模式系何龙博士借鉴自日本学者岛田聪一郎的观点而来，〔2〕因为岛田根据溯责禁止论来区分共犯与正犯，这当然会导致在作为者实行终了离去之后，负有法益保护义务的不作为者尚且留在现场的场合，不作为者成立正犯的结论。

第四种理论作为一种本土理论且和溯责禁止论一脉相承，因而具有一定的合理性，但是却值得改进。因为不作为者并非在原则上应成立帮助犯，不作为者应当成立正犯还是共犯，取决于其和构成要件结果之间的规范归责关系如何。正如本书以往所揭示的，如果权力者可以将其意志直接贯彻于某个事项（可以是人或者物），则其便具备和法益之间的一种内部紧密支配关系，这一关系使权力者始终是在其答责领域内直接实现了构成要件结果因而应当负“第一次责任”。这可以看作一种“权力意志贯彻说”。当国家工作人员达成“权钱交易”合同之际，便将其意志贯彻于“权钱不可交易”这一受贿罪保护法益的事项之中，当国家工作人员贪污公款“以权谋私”之际，便给公款打上了谋私意志的烙印，从而引发了权属的变更。

同理，根据本书所提倡的“事前自愿现实支配受损法益说”，对脆弱法益的支配是一种内部支配。在这种场合，无论作为者是否在能够避免结果的最后时点离场，不作为者都应当成立正犯。因为要伤害脆弱法益，必须突破脆弱法益之外所包裹着的来自支配者的“保护屏障”，这一层“保护屏障”是保护脆弱法益的最后一道防线，这导致保护者的不作为才始终是最后一个介入因素。这种介入因素的最后性确保了保护者的不作为与法益侵害结果之间的直接答责性。〔3〕

〔1〕 Bernd Schünemann, Grund und Grenzen der unechten Unterlassungsdelikte, 1971, S. 377.

〔2〕 島田聡一郎「不作為による共犯について（二・完）」立教法学65号（2004年）298-300頁。

〔3〕 李志恒:《不作为参与理论的反思与构建》，载《苏州大学学报（法学版）》2017年第3期。

如此看来，溯责禁止论仍然能够作为不作为犯中的正犯与共犯的区分标准，只不过需要规范地看待。在保护脆弱法益的场合，从保护者与脆弱法益之间的规范紧密关系来看，保护者的不作为才是“对结果原因的支配”，作为者是通过保护者的不作为来间接地侵害法益，作为者在自然意义上固然是作为，但是，这种作为必须突破保护脆弱法益者的不作为，才能够最终侵害法益。从规范的意义上来看，脆弱法益的保护者对“保护壁”的弱化与撤回才和构成要件结果之间发生了直接的规范关联，应当对结果承担“第一次责任”。

之所以如此理解，是因为溯责禁止论提倡基于自律而来的自我答责性原理，本身便是一种规范性的思考方式。这种思考方式的核心在于——正犯是自律地在自己的答责领域内引起结果的人，因而对构成要件结果承担“第一次责任”，而共犯是通过正犯来间接引起法益侵害结果，因而仅能在法律有规定的前提下（符合共犯构成要件的前提下）作为一种处罚的扩张形态被论处，其仅对构成要件结果承担“第二次责任”。

值得注意的是，“介入”的判断并非简单的时间序列。否则，在甲已经点着了稻草，而路过的乙给稻草上又添了把火的案例中，便会得出乙为正犯，而甲却退居幕后为共犯的不当结论。在这个案例中，根据客观归责理论，乙对于结果的贡献微乎其微（与给快要决堤的水库里倒一盆水相似），即便没有添这一把火，结果照样出现，因此，乙的行为便因并未使结果进一步恶化而不可归责，只须处罚甲即可。同理，在前述国家工作人员甲教唆妻子乙帮助自己取回贿赂的案例中，将甲论以直接正犯，乙论以帮助犯看似违背了自然意义上的时间先后顺序，但是，溯责禁止论是一种规范性的思考方式，有着变时间为空间的理论能力。从答责“空间”的角度来看，甲是权力者以及实现“权钱交易”者，受贿罪的构成要件结果落在了权力者的答责空间之内，因此与结果之间直接发生关联，是正犯，而乙只不过是通过甲而间接实现“权钱交易”之人，仅为共犯。因此，在自愿承担对法益的保护的场合，保护者通过对法益的支配而将其引入自己的答责领域（生活支配范围）从而与结果直接发生规范关联，是承担“第一次责任”的正犯，而作为者只有通过他才能间接侵害法益，是承担“第二次责任”的共犯这一点，同样是变时间为“空间”的规范性思考方法。

在第三人伤害自己的孩子，母亲躲在一旁坐视不理，待第三人行凶结束之后，只是上前看了一眼就走开的场合，母亲成立不作为的正犯，第三者成立共犯。或者有学者认为，这是一种“狗只咬最慢的人”的思考方式，从而不当，但是，这并未看到溯责禁止论通过答责领域而变时间为空间的一面，错以为表面上的时间先后顺序便是溯责禁止论的思考方式，从而不当地批判了溯责禁止论的正确思考方法。

因此，在事前自愿选择对脆弱法益的支配的场合，对脆弱法益的支配者以不作为的方式实现构成要件结果的，其始终是正犯。另外，本书将对危险源监管不当而输出风险的行为理解为作为，对危险源的监管者并未在内部和被害法益之间形成紧密的支配关系。毋宁说，其要侵害法益，需要通过另一个行为媒介者来完成，而此时的危险源监管者和行为媒介者都位于法益的外部。那么，在监管危险源的场合，就始终存在一个危险源使用者（行为媒介者）的介入，这种介入使使用者才是直接引起结果的人，而危险源监管者只是通过使用者而间接地引起法益侵害结果而已，即监管者应当成立共犯。例如，在甲故意不保管自己的公务配枪而将其放在一再扬言要杀其仇人的匪徒乙面前，导致乙使用该枪支杀了人，因为甲是通过乙而引起法益侵害结果（甲和结果之间介入了一个自我答责的乙），所以，甲成立故意杀人罪的共犯，乙成立正犯。需要指出的是，该结论虽然与义务区别说的结论一致，但却建立在与义务区分说根本不同的正犯归责原理之上，且有效避免了义务区别说所遭受的两种义务难以区别、区分标准过于形式化等批判，从而在保持一定的简洁明快性的同时，还具备理论自洽性。

如果在不法层面上难以区分正犯与共犯，而是认定为共同正犯，则需要根据责任的大小来将其进一步区分出主犯与从犯。如前所述，这主要是指影响主观恶性和人身危险性的要素。例如，谁的动机更为强烈、谁不实施犯罪行为的期待可能性更大、谁的违法性认识更为明确、谁的人身危险性即特殊预防必要性更大，等等。

将本书的观点运用到审判实践中，能够得出合理的结论。例如，在“父亲为收集证据，不阻止智障女儿被强奸案”[1]之中，因为父亲与智障女儿之间是一种对脆弱法益的现实支配关系，所以，父亲应当负有防止结果发生的义务，在其具有作为可能性、结果回避可能性的前提下，父亲应当成立不作为强奸罪的正犯。如果能够认为作为者的作为起到了与父亲相当重要的、不可替代的支配作用（往往能够肯定这一点），则两人在不法层面上成立强奸罪的共同正犯。但是，作为者是为了满足自身的性欲而强奸被害人，父亲则是为了收集证据自证清白而放任被害人被强奸，两相比较，前者的主观恶性和预防必要性显然远大于后者，因而前者应当成立强奸罪的主犯，后者则应当成立强奸罪的从犯。

再如，在“母亲不阻止男友虐童案”[2]之中，不阻止男友虐待自己孩子的母亲应当成立不作为的故意伤害罪的正犯，但是，鉴于其男友通过现实支配对结果贡献很大，所以，两人也应当在不法层面上成立故意伤害罪的

---

〔1〕 桂良：《为拿证据，父亲看着女儿被强暴？》，载《信息时报》2013年5月22日，G2版。原案情为：父亲李某因自己女儿李某某（系智力障碍者）多次怀孕并打胎，怀疑是被人强奸。某日李某某出去放牛，李某跟踪在后，当加害人曾某强奸李某某时，李某并未阻止，而是在曾某奸淫行为实施完毕后，才上前用弹力拉力器打了曾某的面部和背部。李某之所以不阻止曾某，其称是为了拿到曾某强奸的证据，因为同村村民怀疑是李某强奸了自己女儿。

〔2〕 原案情为：被告人刘某（女）和赵某（男）存在不正当两性关系。2015年9月二人同居期间，赵某嫌刘某不满两岁的女儿刘某某哭闹，遂采用透明胶带捆绑、扇耳光、烟头烫等方式对刘某某进行伤害，刘某均未制止。9月18日晚，赵某将刘某某捆作一团，提住腰部头朝下倒立在床边半个小时左右。次日，刘某发现刘某某情况异常后，与赵某一同将刘某某送往医院治疗。经鉴定，刘某某所受损伤为重伤一级，构成一级伤残。一审法院以故意伤害罪（主犯）判处赵某无期徒刑，剥夺政治权利终身，以（不作为方式）故意伤害罪（从犯）判处刘某有期徒刑十年。被告人提出上诉，二审维持原判。河南省高级人民法院刑事判决书，(2017)豫刑终289号。

共同正犯关系。因为在共同正犯之中，我们尚且能够根据可罚的责任之大小进一步划分出主犯与从犯，[1]由于男友的特殊预防必要性较大，而母亲的特殊预防必要性较小，这决定了法院认定男友成立故意伤害罪的主犯，母亲成立故意伤害罪的从犯的结论是正确的。还如，在“妻子不阻止精神病丈夫杀人案”[2]中，杨某的行为样态属于从作为到为不作为的转化，该转化是释放出危险源并设定被害人死因的作为，因此，杨某成立作为的故意杀人罪的帮助犯（应当从轻、减轻或者免除处罚）。

需要补充的是，与被害法益没有任何先在关系的人参与保护责任者的遗弃行为的，因为遗弃罪是基于团结义务而来的义务犯，而违背义务本身便是其正犯原理，所以，参与者成立遗弃罪的作为的帮助犯，保护责任者成立遗弃罪的正犯。例如，在“出租车司机遗弃案”[3]中，武某为与被害人长期同居的人，在带被害人到医院看病一天而未治愈的前提下，出门来到出租车司机面前，与出租车司机达成一笔70元价格的交易，让出租车司机将被害人拉到一个偏僻的地方遗弃，致使被害人没有得到及时医治而死亡，该案中的出租车司机，便成立遗弃罪的帮助犯。

---

〔1〕 周啸天：《正犯与主犯关系辨正》，载《法学》2016年第6期。

〔2〕 原案情为：被告人杨某和其丈夫丁某（精神病人，经鉴定无刑事责任能力）于某日凌晨3时来到两被害人（丁某的父母）家中，双方爆发争吵，后丁某在客厅持菜刀，反复砍击二被害人头面部及双上肢，致二被害人伤重倒地。被告人杨某在明知丈夫丁某患有精神疾病，并正在实施故意杀人行为的情况下，未实施合理的制止、呼救行为，并在明知二被害人尚未死亡时，与丁某关闭室内灯及房门后离开现场，后续亦未有任何施救行为。当日17时20分许，二被害人的女儿丁某某前往看望二被害人，方发现二被害人遇害，遂案发。北京市海淀区人民法院刑事附带民事判决书，(2016)海刑初字第2799号。

〔3〕 原案情为：2007年3月18日9时许，被告人武某将因发烧住淮安市第二人民医院治病一天尚未痊愈的王某某扶至该医院门口，见被告人王某驾驶出租车在医院门口等客，被告人武某即扶王某某上前对王某说：“师傅，你把她带撂得了，我给你30元钱。”王某先没有同意，后当武某给其70元人民币时，王某便接过该款，武某遂将王某某扶进王某出租车的后排座位上，自己便回医院结账。被告人王某独自载着王某某寻找丢弃地点，当其由南向北行驶至淮安市清浦区境内二河河堆处见路上无人，即停车把后门打开，将王某某往车下拖。此时，王某某讲要小便，王某在帮王某某拎裤子时顿起奸淫歹念，便将王某某推倒在车内后排座位上，强行与王某某发生了性关系。后被告人王某驾车带着王某某沿二河河堆继续向北行驶至清浦区武墩境内二河堆无人处将王某某抛弃于路旁，自己驾车逃离现场，致使被害人王某某因两肺粟粒性结核致呼吸循环衰竭而死亡。就遗弃罪，法院判处王某与武某各拘役六个月。江苏省淮安市清浦区人民法院刑事判决书，(2007)浦刑初字第134号。

结　语

本书以正犯与主犯这一对分属学理、立法层面的话语为中心，先梳理我国共同犯罪的立法沿革，揭示出主犯概念的古今演变，继而立足当下，通过分析审判实践中主犯概念的功能延展性来揭示其丰富内涵，通过揭示德日正犯概念的主犯化演进趋势证明了我国主犯概念的优越性与包容性。中华法系源远流长，主犯概念的优越性与包容性充分表明，我国立法是学界在展开研究之际，以海纳百川之势兼容并包他国优秀法学研究积淀的坚实依靠。在此意义上，本书可以看作构建中国特色共犯教义学话语体系的积极尝试。

同时，本书还以基于自律性的答责原理填充了正犯概念的规范内涵，提倡溯责禁止论，并在此基础上构建出“递进型”正犯、主犯关系理论模型，并通过分析普通犯罪共同犯罪中的主犯、从犯区分问题；身份犯共犯中的主犯、从犯区分问题；不作为犯共犯中的主犯、从犯区分问题而依次展示了该理论模型的应用功能。以兼容并蓄德日前期研究中的溯责禁止说（基于自律的答责性说）填充正犯的规范内涵，一方面完全符合我国主犯的归责价值（在这个意义上，正犯可以视为是不法层面的主犯），另一方面也有利于在量刑之际展开具体判断，并层层推进，从而取得量刑的精准化。

本书从明晰我国主犯概念的优越性而开始，经由正犯概念的归责内涵之填充，而至主犯、从犯区分标准的层次化、明确化而终结，除了逻辑自洽之外，更重要的是为司法实践提供了可资参考的、简洁明快的判断标准。

本书仍然位于刑法教义学范畴，属于偏向于基础理论但兼顾实践应用的基础性学理研究。应当看到，本土立法亮点挖掘与共犯理论深化是其创新性所在，但本书也存在两点不足：一是主犯、从犯的判断标准包含许多责任要素，这些责任要素在不同个罪之中发挥的作用是否不同以及有何不同，有着进一步结合类罪加以类型化深入研究的空间；二是对于一些新型研究，比如网络空间中的共同犯罪问题、有组织犯罪中的共同犯罪问题，甚至是单位共同犯罪问题，都尚未涉及，有进一步拓展的必要。当然，主犯是我国立法中极具智慧的概念，对其研究也必然是长期性的，这两处不足也是研究者未来的研究方向，因而也是两个未竟的课题。对此，将留待在以后的研究中，予以补足。

参考文献

一、中文文献

（一）著作类

1.［德］恩格斯:《家庭、私有制和国家的起源》，中共中央马克思、恩格斯、列宁、斯大林著作编译局译，人民出版社1972年版。

2.［德］恩施特·贝林:《构成要件理论》，王安异译，中国人民公安大学出版社2006年版。

3.［德］汉斯·海因里希·耶塞克、托马斯·魏根特:《德国刑法教科书》，徐久生译，中国法制出版社2001年版。

4.［德］汉斯·韦尔策尔:《目的行为论导论：刑法理论的新图景》（增补第4版），陈璇译，中国人民大学出版社2015年版。

5.［德］康德:《纯粹理性批判》，邓晓芒译、杨祖陶校，人民出版社2004年版。

6.［德］克劳斯·罗克辛:《德国刑法学·总论：犯罪原理的基础构造》（第1卷），王世洲译，法律出版社2005年版。

7.［德］克劳斯·罗克辛:《德国刑法学·总论：犯罪行为的特别表现形式》（第2卷），王世洲等译，法律出版社2013年版。

8.［德］李斯特著，施密特修订:《德国刑法教科书》（修订译本），徐久生译、何秉松校订，法律出版社2006年版。

9.［德］乌尔斯·金德霍伊泽尔:《刑法总论教科书》(第6版),蔡桂生译,北京大学出版社2015年版。

10.［德］约翰内斯·韦塞尔斯:《德国刑法总论》,李昌珂译,法律出版社2008年版。

11.［日］大谷实:《刑法讲义总论》(新版第2版),黎宏译,中国人民大学出版社2008年版。

12.［日］大塚仁:《刑法概说(总论)》(第3版),冯军译,中国人民大学出版社2003年版。

13.［日］大塚仁:《刑法概说(各论)》(第3版),冯军译,中国人民大学出版社2003年版。

14.［日］高桥则夫:《共犯体系和共犯理论》,冯军、毛乃纯译,中国人民大学出版社2010年版。

15.［日］泷川幸辰:《犯罪论序说》,王泰译,法律出版社2005年版。

16.［日］平野龙一:《刑法的基础》,黎宏译,中国政法大学出版社2016年版。

17.［日］前田雅英:《刑法总论讲义》,曾文科译,北京大学出版社2017年版。

18.［日］日高义博:《不作为犯的理论》,王树平译,中国人民公安大学出版社1992年版。

19.［日］山口厚:《刑法总论》(第2版),付立庆译,中国人民大学出版社2011年版。

20.［日］山口厚:《刑法总论》(第3版),付立庆译,中国人民大学出版社2018年版。

21.［日］山口厚:《日本刑法中的共犯与身份》,载马克昌、莫洪宪主编:《中日共同犯罪比较研究》,武汉大学出版社2003年版。

22.［日］松宫孝明:《刑法总论讲义》(第4版补正版),钱叶六译,中国人民大学出版社2013年版。

23.[日]松原芳博:《刑法总论重要问题》,王昭武译,中国政法大学出版社2014年版。

24.[日]西田典之:《共犯理论的展开》,江溯、李世阳译,中国法制出版社2017年版。

25.[日]西田典之:《日本刑法总论》,刘明祥、王昭武译,中国人民大学出版社2007年版。

26.[日]西田典之:《日本刑法各论》,刘明祥、王昭武译,中国人民大学出版社2007年版。

27.[日]西原春夫:《犯罪实行行为论》,戴波、江溯译,北京大学出版社2006年版。

28.[日]小野清一郎:《犯罪构成要件理论》,王泰译,中国人民公安大学出版社1991年版。

29.[日]野村稔:《刑法总论》,全理其、何力译,法律出版社2001年版。

30.[日]佐伯仁志:《刑法总论的思之道·乐之道》,于佳佳译,中国政法大学出版社2017年版。

31.《2017年最新版·德国刑法典》,李圣杰、潘怡宏编译,台北,元照出版有限公司2017年版。

32.《奥地利联邦共和国刑法典》,徐久生译,中国方正出版社2004年版。

33.《巴西刑法典》,陈志军译,中国人民公安大学出版社2009年版。

34.《日本刑法典》(第2版),张明楷译,法律出版社2006年版。

35.《唐律疏议》,中华书局出版社1983年版。

36.《最新意大利刑法典》,黄风译注,法律出版社2007年版。

37.蔡圣伟:《刑法问题研究(二)》,台北,元照出版有限公司2013

年版。

38. 陈家林:《共同正犯研究》,武汉大学出版社2004年版。

39. 陈兴良、周光权:《刑法学的现代展开》,中国人民大学出版社2006年版。

40. 陈兴良主编、周光权副主编:《刑法学》(第3版),复旦大学出版社2016年版。

41. 陈兴良:《本体刑法学》,中国人民大学出版社2011年版。

42. 陈兴良:《判例刑法学(上卷)》,中国人民大学出版社2009年版

43. 陈兴良:《共同犯罪论》(第3版),中国人民大学出版社2017年。

44. 陈兴良:《规范刑法学·上册》(第4版),中国人民大学出版社2017年版。

45. 陈兴良:《教义刑法学》(第3版),中国人民大学出版社2017年版。

46. 狄世深:《刑法中身份论》,北京大学出版社2005年版。

47. 杜国强:《身份犯研究》,武汉大学出版社2005年版。

48. 冯军:《刑事责任论》,法律出版社1996年版。

49. 高铭暄:《中华人民共和国刑法的孕育诞生和发展完善》,北京大学出版社2012年版。

50. 高铭暄、马克昌:《刑法学》(第10版),北京大学出版社、高等教育出版社2022年版。

51. 高铭暄、马克昌主编、赵秉志执行主编:《刑法学》(第9版),北京大学出版社、高等教育出版社2019年版。

52. 高铭暄、马克昌主编:《刑法学》,中国法制出版社2007年版。

53. 何庆仁:《共同犯罪的归责基础与界限》,中国社会科学出版社2020年版。

54. 何庆仁:《义务犯研究》,中国人民大学出版社2010年版。

55. 何荣功:《实行行为研究》,武汉大学出版社2007年版。

56. 黄荣坚:《基础刑法学》(下)(第4版),台北,元照出版有限公司2012年版。

57. 江溯:《犯罪参与体系研究——以单一正犯体系为视角》,中国人民公安大学出版社2010年版。

58. 黎宏:《不作为犯研究》,武汉大学出版社1997年版。

59. 黎宏:《日本刑法精义》(第2版),法律出版社2008年版。

60. 黎宏:《刑法学总论》(第2版),法律出版社2016年版。

61. 黎宏:《刑法总论问题思考》(第2版),中国人民大学出版社2016年版。

62. 李成:《共同犯罪与身份关系研究》,中国人民公安大学出版社2007年版。

63. 林文肯、茅彭年:《共同犯罪理论与司法实践》,中国政法大学出版社1987年版。

64. 刘明祥:《刑法中错误论》,中国检察出版社2004年版。

65. 马克昌主编:《犯罪通论》,武汉大学出版社1999年版。

66. 马克昌:《马克昌文集》,武汉大学出版社2005年版。

67. 宁汉林:《中国刑法通史》(第2分册),辽宁大学出版社1986年版。

68. 钱叶六:《犯罪实行行为着手研究》,中国人民公安大学出版社2009年版。

69. 钱叶六:《共犯论的基础及其展开》,中国政法大学出版社2014年版。

70. 阮齐林:《刑法学》(第3版),中国政法大学出版社2011年版。

71. 睡虎地秦墓竹简整理小组编:《睡虎地秦墓竹简》,文物出版社1990年版。

72. 吴光侠:《主犯论》,中国人民大学出版社2007年版。

73. 吴振兴:《论教唆犯》,吉林人民出版社1986年版。

74. 熊选国:《刑法中行为论》,人民法院出版社1992年版。

75. 许成磊:《不纯正不作为犯理论》,人民出版社2009年版。

76. 许恒达:《法益保护与行为刑法》,台北,元照出版有限公司2016年版。

77. 许玉秀:《当代刑法思潮》,中国民主法制出版社2005年版。

78. 许玉秀:《主观与客观之间——主观理论与客观归责》,法律出版社2008年版。

79. 阎二鹏:《共犯与身份》,中国检察出版社2007年版。

80. 杨辉忠:《身份犯研究》,中国检察出版社2007年版。

81. 叶良芳:《实行犯研究》,浙江大学出版社2008年版。

82. 张开骏:《共犯从属性研究》,法律出版社2015年版。

83. 张明楷:《刑法的基本立场》,中国法制出版社2002年版。

84. 张明楷:《刑法的私塾》,北京大学出版社2014年版。

85. 张明楷:《刑法学》(第6版),法律出版社2021年版。

86. 张明楷:《责任刑与预防刑》,北京大学出版社2015年版。

87. 张鹏:《中止犯自动性研究》,法律出版社2013年版。

88. 赵秉志:《犯罪主体论》,中国人民大学出版社1989年版。

89. 赵秉志:《新刑法教程》,中国人民大学出版社1997年版。

90. 郑昕:《康德学述》,商务印书馆2011年版。

91. 中华人民共和国最高人民法院刑事审判第一、二、三、四、五庭主办:《中国刑事审判指导案例》(总第79集),法律出版社2011年版。

92. 中华人民共和国最高人民法院刑事审判第一、二、三、四、五庭主办:《中国刑事审判指导案例06·贪污贿赂罪·渎职罪·军人违反职责罪》,法律出版社2012年版。

93. 中华人民共和国最高人民法院刑事审判第一、二、三、四、五庭主办:《中国刑事审判指导案例·危害国家安全罪·危害公共安全罪·侵犯财产罪·危害国防利益罪》，法律出版社2009年版。

94.周光权：《刑法总论》（第4版），法律出版社2021年版。

95.周光权：《刑法各论》（第4版），中国人民大学出版社2021年版。

96.周啸天：《共犯与身份论的重构和应用》，法律出版社2017年版。

（二）论文类

1.［德］班德·许乃曼：《不纯正不作为犯及以不作为实施犯罪之形式》，王莹译，载梁根林主编：《当代刑法思潮论坛（第一卷）刑法体系与犯罪构造》，北京大学出版社2016年版。

2.［日］桥爪隆：《构成要件的推迟实现与构成要件的提前实现》，王昭武译，载《苏州大学学报（法学版）》2015年第4期。

3.［日］松宫孝明：《犯罪论体系的意义》，张小宁译，载《法学评论》2014年第3期。

4.［日］稻垣悠一：《刑事过失责任与不作为犯论》，张光云译，载《四川师范大学学报》2015年第3期。

5.柏浪涛：《构成要件错误的本质：故意行为危险的偏离》，载《法学研究》2018年第3期。

6.柏浪涛：《结果的推迟发生与既遂结论的质疑》，载《法学家》2016年第1期。

7.柏浪涛：《狭义的因果错误与故意归责的实现》，载《法学》2016年第3期。

8.车浩：《保证人地位的实质根据》，载公益信托东吴法学基金会主编：《不作为犯的现况与难题》，台北，元照出版有限公司2015年版。

9.陈洪兵：《共犯论的分则思考——以贪污贿赂罪及渎职罪为例》，载《法学家》2015年第2期。

10.陈洪兵：《共犯与身份的中国问题》，载《法律科学》2014年第6期。

11. 陈洪兵:《加减的违法身份概念之提倡——以日本共犯与身份理论为借鉴》,载《同济大学学报(社会科学版)》2007年第6期。

12. 陈洪兵:《违法身份与责任身份分类的尝试——以日本刑法第65条的规定为视角》,载《云南大学学报(法学版)》2007年第4期。

13. 陈兴良:《身份犯之共犯:以比较法为视角的考察》,载《法律科学》2013年第4期。

14. 陈兴良:《不作为犯论的生成》,载《中外法学》2012年第4期。

15. 陈璇:《论客观归责中危险的判断方法——"以行为时全体客观事实为基础的一般人预测"之提倡》,载《中国法学》2011年第3期。

16. 陈璇:《论主客观归责间的界限与因果流程的偏离》,载《法学家》2014年第6期。

17. 陈子平:《论共犯之独立性与从属性》,载陈兴良主编:《刑事法评论》第21卷,北京大学出版社2007年版。

18. 杜文俊、陈洪兵:《二元的行为无价值论不应是中国刑法的基本立场》,载《东方法学》2009年第4期。

19. 范莉:《〈唐律疏议〉之共同犯罪研究》,中国政法大学2007年硕士论文。

20. 冯殿美:《论犯罪的共同实行行为》,载《山东大学学报(哲学社会科学版)》2011年第3期。

21. 冯殿美:《实行行为的着手及其认定——兼论西原春夫的犯罪着手学说》,载《法学论坛》2008年第4期。

22. 高艳东:《不纯正不作为犯的中国命运:从快播案说起》,载《中外法学》2017年第1期。

23. 何龙:《不阻止他人故意犯罪的行为性质认定》,载《中外法学》2017年第6期。

24. 何庆仁:《归责视野下共同犯罪的区分制与单一制》,载《法学研究》2016年。

25.胡洋:《论过失犯实行行为的不作为犯解释》,载《甘肃政法学院学报》2016年第5期。

26.胡宗金:《"正犯主犯化":趋势、原因及启示》,载《法学论坛》2020年第1期。

26.江溯:《共犯与身份—大陆法系与我国之比较研究》,载陈兴良主编:《刑事法评论》(第15卷),中国政法大学出版社2004年版。

27.康怀宇:《特定身份与共同犯罪研究》,载赵炳寿、向朝阳主编:《刑事法问题研究》,法律出版社2005年版。

28.劳东燕:《论实行的着手与不法的成立根据》,载《中外法学》2011年第6期。

29.黎宏:《"见死不救"行为定性分析——兼论不真正不作为犯的义务的判断》,载《国家检察官学院学报》2011年第4期。

30.黎宏:《关于"刑事责任"的另一种理解》,载《清华法学》2009年第2期。

31.黎宏:《排他支配设定:不真正不作为犯论的困境与出路》,载《中外法学》2014年第6期。

32.黎宏:《行为无价值论批判》,载《中国法学》2006年第2期。

33.李志恒:《不作为参与理论的反思与构建》,载《苏州大学学报(法学版)》2017年第3期。

34.林维:《真正身份犯之共犯问题展开——实行行为决定论的贯彻》,载《法学家》2013年第6期。

35.林亚刚:《共谋共同正犯问题研究》,载《法学评论》2001年第4期。

36.林亚刚:《论共同犯罪的若干问题——以共犯为中心》,载马克昌、莫洪宪主编:《中日共同犯罪比较研究》,武汉大学出版社2003年版。

37.刘明祥:《"被教唆的人没有犯被教唆的罪"之解释》,载《法学研究》2011年第1期。

38.刘明祥:《从单一正犯视角看贿赂罪中的共同犯罪疑难问题》,载《法学家》2017年第2期。

39.刘明祥:《单一正犯视角下的身份犯的共犯问题》,载《政治与法律》2020年第11期。

40.刘明祥:《论我国刑法不采取共犯从属性说及利弊》,载《中国法学》2015年第2期。

41.刘明祥:《论中国特色的犯罪参与体系》,载《中国法学》2013年第6期。

42.刘明祥:《主犯正犯化质疑》,载《法学研究》2013年第5期。

43.刘宪权:《保险诈骗罪疑难问题的司法认定》,载《浙江大学学报(人文社会科学版)》2008年第4期。

44.刘艳红:《共谋共同正犯论》,载《中国法学》2012年第6期。

45.刘艳红:《论正犯理论的客观实质化》,载《中国法学》2011年第4期。

46.马克昌:《共同犯罪与身份》,载《法学研究》1986年第5期。

47.毛玲玲:《不作为犯义务的限制实质论》,载《东方法学》2014年第3期。

48.欧阳本祺:《论不作为正犯与共犯的区分》,载《中外法学》2015年第3期。

49.欧阳本祺:《论因果流程偏离的主观归责》,载《法学评论》2015年第6期。

50.钱叶六:《不作为犯的实行行为及其着手之认定》,载《法学评论》2009年第1期。

51.钱叶六:《教唆行为的实行行为性之否定——兼与李凤梅博士商榷》,载《中国刑事法杂志》2009年第9期。

52. 钱叶六:《双层区分制下正犯与共犯的区分》,载《法学研究》2012年第1期。

53. 武晓雯:《实行行为及其判断标准》,载《云南大学学报(法学版)》2015年第6期。

54. 张开骏:《区分制犯罪参与体系与"规范的形式客观说"正犯标准》,载《法学家》2013年第4期。

55. 秦雪娜:《共犯的实行从属性说在我国的困境与出路》,载《法学家》2015年第4期。

56. 曲相霏:《胎儿的宪法地位——德国模式与美国模式》,载《环球法律评论》2009年第6期。

57. 瞿俊森:《正犯与正犯体系研究》,载陈兴良主编:《刑事法评论》第32卷,北京大学出版社2013年版。

58. 苏彩霞:《累犯制度设立根据之探究》,载《中国法学》2002年第5期。

59. 孙国祥:《论刑法中的国家工作人员》,载《人民检察》2013年第11期。

60. 童德华:《身份犯中的犯罪参与问题比较研究》,载林维主编:《共犯论研究》,北京大学出版社2014年版。

61. 王海涛:《行政法规范之违反与过失实行行为之认定——基于新过失论的阐释》,载《法学研究》2014年第2期。

62. 王俊:《因果关系认识错误研究》,载陈兴良主编:《刑事法评论》第27卷,北京大学出版社2010年版。

63. 王志祥、韩雪:《论共谋共同正犯概念在我国刑法中的确立》,载《中南民族大学学报(人文社会科学版)》2013年第2期。

64. 温登平:《以不作为参与他人的法益侵害行为的性质——兼及不作为的正犯与帮助犯的区分》,载《法学家》2016年第4期。

65. 吴光侠:《主犯与从犯区分根据论》,载《法学评论》2008年第2期。

66. 吴涛、杨艳荣:《国有控股、参股公司中国家工作人员的认定》,载《人民法院报》2013年6月5日,第6版。

67. 徐伟群:《通往正犯之路:透视正共犯区分理论的思路》,载《台大法学论丛》2011年第1期。

68. 徐育安:《不作为犯之因果关系》,载公益信托东吴法学基金会主编:《不作为犯的现况与难题》,台北,元照出版有限公司2015年版。

69. 阎二鹏、任海涛:《再议实行行为的"着手"——以未遂犯处罚根据为视角的展开》,载《中国社会科学院研究生院学报》2011年第1期。

70. 阎二鹏:《扩张正犯概念体系的建构——兼评对限制正犯概念的反思性检讨》,载《中国法学》2009年第3期。

71. 阎二鹏:《胁从犯体系定位之困惑与出路——一个中国问题的思索》,载《中国社会科学院研究生院学报》2012年第2期。

72. 杨兴培、何萍:《非特殊身份人员能否构成贪污罪的共犯》,载《法学》2001年第12期。

73. 杨延军:《论阶段过失的实行行为》,载《政治与法律》2010年第11期。

74. 姚诗:《先前行为问题研究》,清华大学2010年博士学位论文。

75. 姚诗:《不真正不作为犯的边界》,载《法学研究》2018年第4期。

76. 袁彬:《论不作为片面共犯》,载赵秉志主编:《刑法论丛》(第13卷),法律出版社2008年版。

77. 张开骏:《共犯限制从属性说之提倡——以共犯处罚根据和共犯本质为切入点》,载《法律科学》2015年第5期。

78. 张开骏:《共谋共同正犯理论的反思》,载《中国法学》2018年第6期。

79. 张开骏:《区分制犯罪参与体系与"规范的形式客观说"正犯标

准》，载《法学家》2013年第4期。

80. 张明楷：《共犯对正犯故意的从属性之否定》，载《政法论坛》2010年第5期。

81. 张明楷：《共犯人关系的再思考》，载《法学研究》2020年第1期。

82. 张明楷：《论教唆犯的性质》，载陈兴良主编：《刑事法评论》第21卷，北京大学出版社2007年版。

83. 张明楷：《论身份犯的间接正犯——以保险诈骗罪为中心》，载《法学评论》2012年第6期。

84. 张明楷：《事后抢劫的共犯》，载《政法论坛》2008年第1期。

85. 张明楷：《刑法学研究的五个关系》，载《法学家》2014年第6期。

86. 张明楷：《行为无价值论的疑问—兼与周光权教授商榷》，载《中国社会科学》2009年第1期。

87. 张明楷：《以违法与责任为支柱构建犯罪论体系》，载《现代法学》2009年第6期。

88. 张宁、桑爱红：《国家出资企业人员职务犯罪有关问题的认定——国家出资企业人员职务犯罪研讨会综述》，载《人民法院报》2013年1月23日，第6版。

89. 张伟：《间接正犯泛化与统一正犯体系的确立》，载《法商研究》2018年第3期。

90. 赵秉志：《论原因自由行为中实行行为的着手问题》，载《法学杂志》2008年第5期。

91. 郑军男：《一元的行为无价值论及其批判——德日违法性理论考察》，载《吉林大学社会科学学报》2010年第2期。

92. 郑泽善：《不纯正不作为犯新论》，载《求索》2012年第2期。

93. 周光权：《论身份犯的竞合》，载《政法论坛》2012年第5期。

94. 周光权：《造意不为首》，载《人民检察》2010年第23期。

95. 周啸天:《正犯与主犯关系辨正》,载《法学》2016年第6期。

96. 周啸天:《利用“有故意无身份工具”犯罪定性的法教义学重构》,载《法学评论》2015年第3期。

97周啸天:《身份犯共犯教义学原理的重构与应用》,载《中外法学》2016年第2期。

98. 周啸天:《事后抢劫罪共犯认定新解——从形式化的理论对立到实质化的判断标准》,载《政治与法律》2013年第4期。

99. 周啸天:《正犯共犯间违法性量差的刑法解释》,载《清华法律评论》编委会编:《清华法律评论》第7卷第1辑,清华大学出版社2014年版。

100. 周啸天:《最小从属性说的提倡:以对合法行为的利用为中心》,载《法律科学》2015年第6期。

101. 周漾沂:《从实质法概念重新定义法益:以法主体性论述为基础》,载《台大法学论丛》2012年第3期。

102. 邹兵:《论过失犯的实行行为》,载《中国刑事法杂志》2012年第1期。

二、日文文献

(一)著作类

1. 曽根威彦『刑法の重要問題(総論)』(成文堂,2005年)。

2. 川端博『刑法総論講義』(成文堂,2006年)。

3. 島田聡一郎『正犯・共犯論の基礎理論』(東京大学出版会,2002年)。

4. 高橋則夫『刑法総論』(成文堂,2010年)。

5. 亀井源太郎『正犯と共犯を区別するということ』(弘文堂,2005年)。

6. 今井猛嘉、小林憲太郎、島田聡一郎、橋爪隆『刑法总论』(有斐閣,

2009年)。

7. 堀内捷三『不作為犯論—作為義務論の再構成』(青林書院新社,1978年)。

8. 林幹人『刑法総論』(東京大学出版会,2008年)。

9. 林阳一『刑法における因果関係理論』(成文堂,2000年)。

10. 梅崎進哉『刑法における因果論と侵害原理』(成文堂,2001年)。

11. 木村光江『刑法』(東京大学出版会,2002年)。

12. 平山幹子『不作為犯と正犯原理』(成文堂,2005年)。

13. 平野龍一『刑法総論・Ⅰ』(有斐閣,1975)。

14. 平野龍一『刑法総論・Ⅱ』(有斐閣,1975年)。

15. 斉藤金作『共犯判例と共犯立法』(有斐閣,1959年)。

16. 前田雅英『刑法各論講義』(東京大学出版会,2011年)。

17. 前田雅英『刑法総論講義』(東京大学出版会,2015年)。

18. 橋本正博『「行为支配论」と正犯理論』(有斐閣,2000年)。

19. 山口厚『危険犯の研究』(東京大学出版会,1982年)。

20. 山口厚『問題探究・刑法総論』(有斐閣,1998年)。

21. 山口厚『刑法総論』(有斐閣,2001年)。

22. 山中敬一『刑法总论』(成文堂,2008年)。

23. 十河太朗『身分犯の共犯』(成文堂,2009年)。

24. 市川啓『間接正犯と謀議』(成文堂,2021年)。

25. 松宮孝明『刑事立法と犯罪体系』(成文堂,2003年)。

26. 団藤重光『刑法綱要総論』(創文社,1990年)。

27. 藤木英雄『刑法総論講義』(弘文堂,1975年)。

28. 西田典之『新版共犯と身分』(成文堂,2003年)。

29. 香川達夫『身分概念と身分犯』(成文堂,2014年)。

30. 小林憲太郎『刑法的帰責』(弘文堂,2007年)。

31. 小林憲太郎『刑法総論』(新世社，2014年)。

32. 小林憲太郎『因果関係と客観的帰属』(弘文堂，2003年)。

33. 小泉英一『刑法要論・総論』(改訂)(厳松堂，1943年)。

34. 照沼亮介『体系的共犯論と刑事不法論』(弘文堂，2005年)。

35. 仲道祐樹『行為概念の再定位—犯罪論における行為特定の理論』(成文堂，2013年)。

36. 佐伯仁志『刑法総論の考え方・楽しみ方』(有斐閣，2013年)。

(二)论文类

1. 奥村正雄「実行行為概念の意義と機能」刑法雑誌45巻2号(2006年)。

2. 島田聡一郎「間接正犯と共同正犯」斉藤豊治等『神山敏雄先生古稀祝賀論文集・第一巻・過失論・不作為犯論・共犯論』(成文堂，2006年)。

3. 島田聡一郎「いわゆる『故意ある道具』の理論について(三)・完」立教法学62号(2002年)。

4. 島田聡一郎「不作為による共犯について(一)」立教法学64号(2003年)。

5. 島田聡一郎「不作為犯」法学教室263号(2002年)。

6. 島田聡一郎「広義の共犯の一般的成立要件—いわゆる『中立的行為による幇助』に関する近時の議論を手がかかりとして」立教法学57号(2007年)。

7. 島田聡一郎「実行行為という概念について」刑法雑誌45巻2号(2006年)。

8. 町野朔「惹起説の整備・点検—共犯における違法従属と因果性」『松尾浩也、芝原邦尔主编「内藤謙先生古稀祝賀—刑事法学の現代的状況』(有斐閣，1994年)。

9. 町野朔「因果関係と錯誤理論」法学研究29巻1号（1993年）。

10. 高橋則夫「『早すぎた構成要件の実現』の一考察——いわゆるクロロホルム殺人事件をめぐって」早稲田法学80巻4号（2005）。

11. 高山佳奈子「『実行行為』概念の問題性」法学論叢162巻1-6号（2008年）。

12. 高山佳奈子「死因と因果関係」成城法学第63号（2000年）。

13. 高山佳奈子「不真正不作為犯」载山口厚编著『クローズアップ・刑法総論』（成文堂，2003年）。

14. 高山佳奈子「相当因果関係」载山口厚主编『クローズアップ刑法総論』（成文堂，2003年）。

15. 金澤文雄「不真正不作為犯の問題性」载团藤重光等编『犯罪と刑罰（上）佐伯千仞博士還暦祝賀』（有斐閣，1968年）。

16. 林幹人「相当因果関係と一般予報」上智法学論集40巻4号（1997年）。

17. 林幹人「早過ぎた結果の発生」判例時報1869号。

18. 平野龍一「正犯と実行」载团藤重光等编『佐伯千仞博士還暦祝賀：犯罪と刑罰（上）』（有斐閣，1968年）。

19. 泉健子「『表見的身分犯』小稿」鹿児島大学法学論集25集 1・2合并号（1990年）。

20. 山口厚「『実行行為』論の一断面」研修627号（2000年）。

21. 山口厚「共同正犯の基本問題」载山口厚、井田良、佐伯仁志主编『理论刑法学の最前線』（岩波书店，2001年）。

22. 山口厚「実行行為と責任非難」载三井誠、中森喜彦等主编『鈴木茂嗣先生古稀祝賀論文集・上巻』（成文堂，2007年）。

23. 松宫孝明「保障人説について」刑法雑誌36巻1期（1996年）。

24. 松生光正「錯誤を利用した間接正犯」犯罪と刑罰2号（1986年）。

25. 田川靖紘「『正犯と狭義の共犯の区別論』における“多様な要素”の課題」高橋則夫、松原芳博等编『野村稔先生古稀祝賀論文集』(成文堂，2015年)。

26. 西田典之「不作為犯論」芝原邦爾等主编『刑法理論の現代的展開・総論・Ⅰ』(日本評論社，1988年)。

27. 西田典之「共謀共同正犯いついて」載内藤謙等主编『平野龍一先生古稀祝賀論文集・上』(有斐閣，1990年)。

28. 鎮木征樹「刑事製造責任における不作為犯論の意義と展開」本郷法政紀要8号(1999年)。

29. 中義勝「いわゆる義務犯の正犯性」载团藤重光、平场安治、平野龍一等编『犯罪と刑罰(上)佐伯千仭博士還曆祝賀』(有斐閣，1968年)。

30. 佐伯千仭「共犯と身分—その問題史的概観(二)・完」法学論叢33巻3号(1936年)。

31. 佐伯仁志「保障人的地位の発生根拠について」載内藤謙等主编『刑事法学の课题と展望：香川達夫博士古稀祝賀』(成文堂，1996年)。

三、德文文献

(一)著作类

1. Claus Roxin, Kriminalpolitik und Strafrechtssystem, 2. Aufl. 1973.

2. Claus Roxin, Strafgesetzbuch, Leipziger Kommentar, 11. Aufl. 1993.

3. Hans Welzel, Das Deutsche Strafrecht, 11. Aufl. 1969.

4.Karl Lackner/Kristian Kühl, Strafgesetzbuch, Kommentar, 26. Aufl. 2007.

（二）论文类

1.Bernd Schünemann, Grund und Grenzen der unechten Unterlassungs delikte, 1971.

2.Manfred Hake, Beteiligtenstrafbarkeit und "besondere persönliche Merkmale", 1994.

3.Javier Sánchez–Vera, Pflichtdelikt und Beteiligung, 1999.